# UNE ARCHÉOLOGIE DE L'INTERACTION

## DANS LA MÊME COLLECTION

*Autour de l'*Esprit et le monde *de John McDowell*, sous la direction de A. Le Goff et Chr. Al-Saleh, 2013, 302 pages

CHAUVIER (S.), *Le sens du possible*, 2010, 272 pages

DEBAISE (D.), *Un empirisme spéculatif. Lecture de* Procès et réalité *de Whitehead*, 2006, 192 pages

GOODMAN (N.), *La structure de l'apparence*, traduction coordonnée par J.-B. RAUZY, 2004, 352 pages

HALIMI (B.), *Le Nécessaire et l'universel. Analyse et critique de leur corrélation*, 2013, 256 pages

*Herbert Feigl. De la physique au mental*, édité par B. ANDRIEU, 2006, 224 pages

HUTCHESON (F.), *Système de philosophie morale,* introduction, traduction et notes de J. SZPIRGLAS, 2016, 656 pages

*La philosophie en Pologne, 1918-1939*, sous la direction de R. POUIVET et M. REBUSCHI, 2006, 256 pages

*La philosophie naturelle de Robert Boyle*, édité par M. DENNEHY et Ch. RAMOND, 2009, 416 pages

LEMAIRE (S.), *Les désirs et les raisons. De la délibération à l'action*, 2008, 256 pages

MCDOWELL (J.), *L'esprit et le monde*, traduction de Ch. Al-Saleh, 2007, 240 pages

PERRIN (D.), *Le flux et l'instant. Wittgenstein aux prises avec le mythe du présent*, 2007, 256 pages

*Philosophie française et philosophie écossaise, 1750-1850*, édité par E. AROSIO et M. MALHERBE, 2007, 224 pages

REID (T.), *Essais sur les pouvoirs actifs de l'homme (1788)*, traduction de G. KERVOAS et E. LE JALLE, 2009, 398 pages

– *Recherches sur l'entendement humain d'après les principes du sens commun (1764)*, introduction, traduction et notes de M. MALHERBE, 2012, 264 pages

SEGUY-DUCLOT (A.), *Recherches sur le langage*, 2011, 304 pages

SCHMITZ (F.), *Le Cercle de Vienne*, 2009, 432 pages

SWINBURNE (R.), *La probabilité du théisme*, traduction de P. CLAVIER, 2015, 440 pages

THOMAS-FOGIEL (I.), *Référence et autoréférence. Étude sur le thème de la mort en philosophie dans la pensée contemporaine*, 2005, 336 pages

VERNANT (D.), *Discours et vérité. Analyses pragmatique, dialogique et praxéologique de la véridicité*, 2009, 272 pages

WHITE (M.), *Une philosophie de la culture. Du point de vue pragmatiste*, traduction de G. KERVOAS, 2006, 192 pages

WHITEHEAD (A.N.), *Modes de pensée*, traduction et notes de H. VAILLANT, préface de G. DURAND, 2004, 208 pages

WITTGENSTEIN (L.), *Dictées à Friedrich Waismann et pour Moritz Schlick*, 2015, 384 pages

ANALYSE ET PHILOSOPHIE

Fondateur : Michel MALHERBE Directeur : Laurent JAFFRO

# UNE ARCHÉOLOGIE DE L'INTERACTION

## De David Hume à Erving Goffman

par

**Céline BONICCO-DONATO**

PARIS
LIBRAIRIE PHILOSOPHIQUE J. VRIN
6 place de la Sorbonne, V^e^

2016

*Imprimé en France*

ISSN 1624-2459
ISBN 978-2-7116-2689-2

*www.vrin.fr*

*À Juliette et Camille*

# INTRODUCTION

Ce livre ambitionne de dégager l'ensemble des discours qui, par une série de transformations, de déplacements ou encore d'altérations, ont pu donner lieu à l'analyse des interactions, magistrale étude de la vie quotidienne et des phénomènes urbains, déployée notamment par Erving Goffman (1922-1982). Décrire les archives de cet interactionnisme que l'on qualifiera de réaliste[1] par opposition à l'interactionnisme symbolique, relevant d'un autre type d'analyse, n'obéit nullement à un souci d'exégète érudit, soucieux de repérer des filiations plus ou moins conscientes, mais à une volonté de compréhension d'une certaine manière d'aborder le monde social. En nous réclamant de la méthode utilisée par Michel Foucault dans *L'archéologie du savoir*[2], il ne s'agit ni de faire la généalogie d'une œuvre ni de retracer l'histoire linéaire d'une idée, mais de déterminer les conditions d'émergence d'un type de description et d'explication du monde social, porteur d'une nouvelle épistémologie, qui engage non seulement la sociologie à renouveler ses pratiques[3], mais aussi la philosophie à renoncer à quelques-uns de ses schèmes traditionnels : la compréhension substantielle de la subjectivité, l'analyse du lien social en termes de légitimité ou encore la détermination de la règle à partir de son fondement. En ce sens, l'œuvre de Goffman ne constitue nullement une unité définitive mais un espace de focalisation et de diffraction où un certain

1. Nous empruntons cette expression à Albert Ogien qui veut démarquer la sociologie de Goffman d'autres courants qui considèrent que les situations sociales sont des constructions élaborées par les acteurs, dont la signification est subjective. À leur encontre, il analyse les interactions comme « préordonnées ». Voir A. Ogien, « Le remède de Goffman ou comment se débarrasser de la notion de sujet », *Les règles de la pratique sociologique*, Paris, P.U.F., 2007, p. 229.

2. M. Foucault, *L'archéologie du savoir*, Paris, Gallimard, 1969.

3. Voir P. Corcuff, *Les nouvelles sociologies*, Paris, Nathan, 1995, p. 96 *sq*.

nombre de discours antérieurs accèdent à un seuil de scientificité et de formalisation inédit[1], qui leur permet de donner le jour à un ensemble de concepts, d'énoncés et de méthodes se référant d'une manière originale à une expérience particulière souvent délaissée – les relations en public –, et se réfléchissant, à leur tour, dans d'autres territoires d'analyse : les ethnographies du vivre-ensemble, certaines théories de l'action collective, des versions politiques des *gender studies*, etc. Si notre archéologie lui accorde une attention considérable, ce n'est donc pas en l'analysant comme une unité autonome ou comme une entité close, mais comme une carte reconfigurant, de manière cohérente, des notions précédemment élaborées dans d'autres discours, et permettant de servir de guide pour explorer de nouvelles contrées.

Seule la mise au jour des conditions qui régissent l'apparition de la notion d'interaction peut permettre de comprendre son caractère iconoclaste et d'éclairer sa constitution en concept scientifique opératoire, susceptible d'expliquer, sinon le monde social, du moins l'une de ses strates. En effet, l'analyse interactionniste apparaît profondément déconcertante, eu égard à un certain nombre de développements classiques en sciences humaines : délaissant les structures macrosociales, elle s'intéresse aux miettes de notre ordinaire, les rencontres les plus banales pouvant se nouer dans la vie quotidienne, tout en les analysant comme des cérémonies en miniature ; loin de dénoncer l'aliénation, elle semble avant tout s'émerveiller de la manière dont les gens arrivent à faire des choses ensemble malgré tout et pose une solidarité des intérêts individuels et sociaux ; méprisant les lourds systèmes théoriques, elle revendique l'utilisation de « cadres conceptuels à basse portée »[2] ; démythifiant la subjectivité, elle considère la personnalité comme une chose sociale qui sacralise notre individualité. Produisant un véritable tournant dans le champ des sciences humaines, elle fait entrer dans son aire d'investigation des objets qui n'avaient jusqu'alors jamais été isolés comme tels : la conversation et la connaissance ordinaires, les relations en public et la distribution des places, l'écologie de l'attention, etc.

1. Voir M. Foucault, *L'archéologie du savoir*, *op. cit.*, p. 252-253. Le seuil de scientificité désigne, chez lui, l'étape où les énoncés d'une figure épistémologique répondent à un certain nombre de critères formels, en suivant notamment des lois de construction de propositions. Le seuil de formalisation renvoie, pour sa part, au moment où le discours scientifique se trouve en mesure d'inventer son propre appareil conceptuel pour répondre aux questions posées par la synthèse qu'il opère des différents énoncés le précédant.

2. E. Goffman, « Program Committee Encourages Papers on Range of Methodologies », *American Sociological Association*, Footnotes, vol. 6, n° 9, 1981, p. 4.

Or la mise en évidence de l'existence de dépendances entre le discours de l'interaction ainsi formalisé et d'autres énoncés offre l'avantage de dissiper son apparente bizarrerie en le replaçant dans une formation discursive qui analyse avec une remarquable cohérence les relations intersubjectives sous l'angle d'une communication physique, processuelle et normée : l'empirisme de David Hume au XVIII^e siècle et plus précisément ses analyses sur la sympathie, certains champs des sciences humaines françaises du XIX^e siècle (la psychologie expérimentale de Théodule Ribot et la sociologie de Gabriel Tarde), et plus tard au XX^e siècle le pragmatisme américain de George Herbert Mead et John Dewey, ainsi que la sociologie urbaine de l'école de Chicago, à laquelle sera ultérieurement formé Goffman. Entre la sympathie philosophique et l'interaction sociologique, ces énoncés se distribuent dans deux veines de discours, l'une continentale et l'autre américaine, qui se rejoignent dans le manuel de base des étudiants de l'école de Chicago, *Introduction to the Science of Sociology*[1], pour étayer le concept sociologique d'interaction. À sa manière, chacune de ces archives isole, dans le champ des relations humaines, ce qui se joue lors d'une rencontre en face-à-face, en mettant l'accent sur la possession d'un vocabulaire commun qui nous permet d'interpréter nos comportements et de les ajuster les uns par rapport aux autres. Plaçant la communication au cœur du processus social, les territoires archéologiques de l'interaction dessinent ainsi un paradigme alternatif à celui de la philosophie habermassienne[2]. Loin de s'identifier à un échange discursif rationnel, la communication en jeu dans l'interaction nous permettant de faire société s'avère résolument physique. Sont moins échangés des représentations que des attitudes et des comportements dont la signification s'épuise à fleur de peau dans la situation. Le discours de l'interaction dépsychologise la relation de communication, en faisant peu à peu l'impasse sur un arrière-plan mental, émotif ou opinatif, auquel renverraient les informations corporelles. Il montre qu'elles n'ont d'autre référentiel que la manière dont les personnes se situent, au sens propre, par rapport à l'action, autrement dit leur ligne de conduite. La substitution d'un langage physique au sens fort à une simple diffusion des impressions n'assure pas simplement une délocalisation de la signification dans la situation, elle présente également le mérite de dessiner une grammaire des attitudes quotidiennes pour autant

1. R. E. Park et E. W. Burgess, *Introduction to the Science of Sociology*, Chicago and London, The University of Chicago Press, 1921.

2. Voir J. Habermas, *Théorie de l'agir communicationnel* (1981), trad. fr. J.-L. Schlegel, Paris, Fayard, 1987.

que celles-ci doivent se plier aux contraintes immanentes aux cadres dans lesquelles elles se déploient pour être intelligibles.

Il appartient à l'analyse goffmanienne, véritable espace de maturation discursive, de conceptualiser de manière précise comme interactions les relations en face-à-face décrites dans les discours antérieurs, en ressaisissant, hybridant et modulant leur appareil théorique plus ou moins vague et dispersé, pour en tirer toutes les conséquences. Lorsque nous nous croisons, nous ajustons, peu à peu, nos comportements les uns aux autres, en interprétant nos attitudes qui sont fonction des règles de la situation dans laquelle nous nous trouvons. Les relations ne dépendent ni du bon vouloir de chaque participant ni de l'application mécanique d'une structure transcendante : elles se déploient à partir d'une théorie expressive du comportement dont la syntaxe est fournie par les règles intrinsèques de la situation, et nous permettent de faire société. Offrant les moyens conceptuels pour répondre à la question que posait Simmel des conditions de possibilité de la société[1] et pour enquêter sur la manière dont elle se fait ici et maintenant, l'interaction prémunit l'analyse des relations intersubjectives aussi bien contre la psychologie sociale que contre un holisme rigide réduisant le social à des structures surplombant les individus. Elle invite à développer une authentique sociologie morale, attentive à la manière dont les relations valorisent ou non les personnes en leur accordant une face[2], donnant à penser une autre éthique de l'agir communicationnel, pour reprendre le vocabulaire de Jürgen Habermas.

Mais si la sociologie interactionniste a trouvé sa possibilité dans les formations discursives la précédant, leurs recompositions notionnelles apparaissent tout aussi importantes pour saisir son originalité. En ce sens, leurs modifications mêmes apparaissent également comme des conditions d'émergence. Elles ne doivent nullement être comprises comme des origines premières ou des fondements absolus ne demandant qu'à être répétés : commencements relatifs, porteuses de discontinuités intrinsèques, elles instaurent tout en offrant des possibilités de transformations. Si dépendance il y a d'un discours à l'autre, celle-ci s'avère toujours différenciée. Le long de chaque trame d'énoncés, il convient d'être au moins

1. Voir G. Simmel, « Comment la société est-elle possible ? », *Sociologie* (1908), trad. fr. L. Deroche-Gurcel et S. Muller, Paris, P.U.F., 1999, p. 63 *sq*.

2. Empruntant le concept de face aux études anthropologiques sur la Chine, Goffman la définit dans *Les rites d'interaction* (1967), trad. fr. A. Kihm, Paris, Minuit, 1974, p. 9, comme « la valeur sociale positive qu'une personne revendique effectivement à travers la ligne d'action que les autres supposent qu'elle a adoptée au cours d'un contact particulier. »

aussi attentif aux écarts qu'aux répétitions, aux nuances qu'aux ressemblances, aux détours qu'aux filiations. Dans cette archéologie, les inflexions apparaissent comme autant de renouvellement conceptuels : léguant des problèmes sinon épistémologiques, du moins théoriques, elles obligent les différents discours à repenser les relations interindividuelles dans un cadre ne se superposant jamais totalement au précédent et, ce faisant, à déplacer les enjeux et le réseau notionnel. En opérant le basculement de la sympathie philosophique vers l'interaction sociologique, les différentes archives vont notamment externaliser la psychologie humaine dans le champ de la conduite et penser une normativité sociale immanente aux situations matérielles. Elles engagent ainsi une compréhension inédite de l'expérience à partir de l'environnement qui l'organise et des contraintes qui s'y logent, pour rendre compte de la manière dont nous sommes liés les uns aux autres. Cette refonte de la notion permet à l'interactionnisme d'offrir des éléments de réponse à l'un des plus épineux problèmes de la théorie sociale : comment rendre compte des changements qui affectent la société, alors qu'elle se présente comme un système ordonné ?

Exhumant l'ensemble des énoncés philosophiques, sociologiques et psychologiques, en amont de l'analyse de l'interaction, cet ouvrage se propose ainsi d'explorer un autre croisement entre la philosophie et la sociologie que ceux traditionnellement étudiés. Alors que le rôle du néokantisme, de l'hégélianisme, du marxisme ou encore du bergsonisme dans l'élaboration des sciences sociales est bien connu, l'importance de la théorie des sentiments moraux des Lumières écossaises, qui donne un tour aussi spécifique que déconcertant à une certaine branche de la sociologie, principalement américaine mais pas seulement, demeure sous-estimée. Aborder l'interaction sociologique à partir des discours qui ont permis son émergence nous invite à revenir au *Traité de la nature humaine*. En effet, entre ses différentes archives et l'interactionnisme, il n'existe pas seulement un aller simple, fût-il marqué par des arrêts et des dérivations : il est logiquement possible et analytiquement fécond d'effectuer le trajet inverse pour les relire avec un regard décalé, en prenant au sérieux leur statut d'énoncés discursifs ayant rendu possible l'émergence d'un certain savoir. C'est alors que la science de la nature humaine peut recevoir quelque chose en retour des sciences humaines qui permettent de s'intéresser à certains de ses aspects, habituellement négligés. Initiant une sociologie de la coordination et non de la domination, elle autorise une perspective critique sur nos menus arrangements sociaux, tout en permettant de garder une indéfectible confiance dans la capacité des hommes à s'ajuster les uns aux autres et à réduire des situations problématiques. Elle propose, en outre, une articulation inédite entre monde social et monde politique, où la vie quotidienne est envisagée comme une succession d'instants de politisation donnant littéralement corps aux concepts d'égalité et de justice. Si la politique est l'étude des « hommes unis en société et dépendants les uns des autres »[1], le pouvoir doit s'aborder moins dans le cadre d'une réflexion sur la légitimité des institutions que dans celui d'une observation *in situ* de la manière dont il irrigue les relations banales de la vie quotidienne.

Je remercie Laurent Jaffro, Professeur à l'université Paris 1 Panthéon-Sorbonne, pour ses remarques toujours avisées et précises, ainsi que mes collègues de l'UMR Ambiances, Architectures, Urbanités pour nos discussions sur la pensée de Goffman et l'aménagement urbain.

1. D. Hume, *Traité de la nature humaine* (1739-1740), trad. fr. P. Baranger et P. Saltel, Paris, Gf-Flammarion, 1995, I, « Introduction », 5, p. 33. Pour toutes les citations du *Traité*, sont indiqués le livre, éventuellement la partie et la section, ainsi que le numéro de paragraphe.

## Chapitre premier

# SEUILS ET INFLEXIONS

La sympathie analysée par David Hume dans son *Traité de la nature humaine* au XVIII$^{e}$ siècle, constitue l'une des archives de l'interaction, telle que l'élabore au XX$^{e}$ siècle l'école de Chicago et plus particulièrement Erving Goffman, au prix d'un certain nombre d'interprétations qui se présentent comme autant d'altérations et de refondations, au gré de son émigration hors du champ philosophique. Repérer dans l'œuvre du penseur écossais cette notion, au carrefour d'énoncés anthropologiques, politiques et sociaux, invite à prendre la mesure des conditions de constitution et d'individualisation du discours de l'interaction, tout en s'attachant aux seuils que constitue sa diffraction dans le, ou plutôt les, discours des sciences humaines naissant en France à la fin du XIX$^{e}$ siècle et aux États-Unis au XX$^{e}$ siècle : la psychologie expérimentale de Théodule Ribot, la sociologie de Gabriel Tarde et Robert Ezra Park et le pragmatisme de John Dewey et George Herbert Mead.

## La sympathie dans la philosophie de David Hume : entre la philosophie morale et les sciences humaines

Si la sympathie suscita de bonne heure l'intérêt des philosophes, il appartient à David Hume de l'avoir élevée au rang de principe anthropologique fondamental, en la cantonnant dans la sphère humaine. En effet, dans le stoïcisme à l'âge antique, elle s'étend au *cosmos* dans son ensemble, dans la mesure où elle assure la concordance des parties d'un tout, quelle que soit l'échelle de ce dernier, depuis l'univers jusqu'au plus petit organisme. Véritable principe d'union, elle garantit, dans ce système philosophique, non seulement la solidarité mais aussi l'affection réciproque des différentes parties du système[1]. Outre sa portée éthique, puisqu'elle commande à l'homme de faire coïncider ses actions avec l'ordre universel, elle possède des implications physiques et ontologiques, dans la mesure où l'harmonie se présente comme le principe de constitution du réel. « La substance tout entière est animée par un *pneuma* qui la parcourt entièrement ; sous l'effet de celui-ci, l'univers est contenu et rendu sympathique à soi-même »[2].

L'*Encyclopédie* de Diderot et d'Alembert hérite cette tradition antique, en recourant à elle pour comprendre les affinités électives entre certains corps chimiques, comme le mercure et l'or ou encore l'eau et le sel[3].

Bien que le *Traité de la nature humaine* conserve quelques échos de cette tradition[4], c'est néanmoins avant tout comme principe anthropologique qu'elle bénéficie de l'attention de Hume :

> Nulle qualité n'est plus remarquable dans la nature humaine, à la fois en elle-même et dans ses conséquences, que notre propension à sympathiser avec les autres et à recevoir par communication leurs inclinations et leurs sentiments, fussent-ils différents des nôtres, voire contraires aux nôtres[5].

La réduction du champ d'extension de la notion, désormais cantonnée dans la sphère humaine, se voit compensée par un gain analytique : par cette spécialisation, Hume peut, en effet, non seulement préciser la manière dont elle opère, au-delà de toute mystique de l'harmonie préétablie, mais également enrichir le champ de ses manifestations au-delà de l'affection réciproque. En bon sceptique, il ne se préoccupe pas tant de son aspect ontologique que de sa portée morale et sociale : la sympathie ne l'intéresse nullement comme fondement de la composition du réel mais comme principe explicatif des passions, de l'identité personnelle, du jugement moral ou encore des mœurs. Elle anime notre vie affective, permet d'accéder à la conscience de soi à travers le regard de l'autre, fournit la possibilité d'évaluer en termes axiologiques le caractère ou le

1. Voir Épictète, *Entretiens*, XIV, trad. fr. R. Muller, Paris, Vrin, 2015, p. 90.

2. Citation de Chrysippe *in* V. Goldschmidt, *Le système stoïcien et l'idée de temps*, Paris, Vrin, 1953, p. 106.

3. Diderot et d'Alembert (éd.), *Encyclopédie*, Paris, Briasson, David, Le Breton, Durand, 1751-1772, t. 15, p. 735 b.

4. Voir D. Hume, *Traité de la nature humaine*, *op. cit.*, I, 4, 6, 1, 12, p. 349.

5. D. Hume, *Traité de la nature humaine*, II, 1, 11, 2, trad. fr. J.-P. Cléro, Paris, GF-Flammarion, 1991, p. 155-156.

comportement des hommes et assure l'extension progressive du lien social depuis la sphère familiale jusqu'à la société civile, en stabilisant les coutumes au sein de celle-ci. Cette oscillation entre sphère passionnelle, sphère morale et sphère sociale se retrouve tout au long des différentes analyses de Hume, dans la mesure où il invalide le rôle de la raison dans le domaine éthique et où toute réflexion sur les bonnes mœurs entraîne inévitablement la prise en compte des mœurs au sens large.

Cette « anthropisation » offre à la sympathie la possibilité de basculer du champ de la science de l'homme déployée par le philosophe[1] à celui des sciences humaines, en invitant à remettre en question les découpages disciplinaires trop bien établis. En effet, c'est bel et bien son rôle dans la sphère passionnelle et sociale qui interpellera au XIXe, puis au XXe siècle, certains psychologues et sociologues français, ainsi que les pragmatistes américains, et permettra de donner naissance à l'interaction. Alors que les penseurs américains retiendront particulièrement l'ancrage de la sympathie dans la nature humaine, à l'origine d'une naturalisation de la morale, ainsi que son rôle dans la constitution sociale de l'identité personnelle qui ferme la voie à tout solipsisme philosophique, ceux du vieux continent se révèleront, pour leur part, particulièrement sensibles à son aspect communicationnel qui constitue le lien social en deçà de toute démarche rationnelle et volontaire. Toutefois, malgré les différences d'accentuation, naturalisme et communication se mêlent dans les deux perspectives permettant au concept philosophique de jouer un rôle théorique majeur au sein d'une sociologie originale, attentive aux relations intersubjectives et à la logique sociale dont elles procèdent. La sympathie assure et stabilise le lien social entre les individus, en communiquant non seulement des opinions, mais aussi des affects, et surtout, de manière novatrice, des manières d'être et d'agir. Ces différents aspects de la sympathie philosophique constituent donc les véritables archives de l'interaction sociologique, donnant à comprendre sa complexité et le renouvellement de la théorie sociale qu'elle propose.

### *Le moteur des passions et de l'identité personnelle*

La sympathie humienne n'a pas grand-chose à voir avec la notion telle que nous l'entendons aujourd'hui, lorsque nous disons d'une personne qu'elle est sympathique. Elle ne désigne pas l'attirance pour une personne agréable, plaisante ou encore aimable – Hume parlera plutôt dans ce cas-là

1. Voir D. Hume, *Traité de la nature humaine*, *op. cit.*, I, « Introduction », 4, p. 33.

de bienveillance[1] –, mais le principe qui nous rend capables d'éprouver ce qu'éprouve l'autre, autrement dit de ressentir soi-même à la première personne ce qu'il ressent. Ni sentiment agréable, ni passion, elle se présente comme une séquence complexe d'opérations intellectuelles, permettant d'expérimenter les sentiments des autres comme s'il s'agissait des siens. Véritable principe de communication, brouillant les frontières individuelles, elle se révèle assez proche de ce que nous désignons de nos jours par empathie. Hume introduit la notion dans le livre II du *Traité de la nature humaine*, lorsqu'il s'intéresse aux passions indirectes que sont l'orgueil et l'humilité : il n'hésite pas à la qualifier d' « âme » ou encore de « principe animateur »[2] de toutes les passions qui peuvent nous agiter et dévoile son rôle constitutif dans notre identité personnelle. Il insiste, ce faisant, sur sa dimension anthropologique universelle : elle forme un principe de notre nature transcendant les différences d'âge ou de culture.

> Cette qualité n'est pas seulement frappante chez les enfants qui embrassent sans réflexion toute opinion qu'on leur propose ; elle l'est aussi chez les hommes du plus grand jugement et de la plus haute intelligence, qui estiment bien difficile de suivre leur propre raison ou inclination, quand elle va à l'encontre de celle de leurs amis ou de leurs compagnons ordinaires[3].

Dans les différentes analyses du livre II, affleure sans cesse la dimension sociale de la sympathie, permettant sa conversion en interaction au prix d'un certain nombre d'inflexions : qu'elle insuffle vie aux passions ou qu'elle nous permette de prendre conscience de nous-mêmes, elle joue toujours le rôle d'un principe d'union entre les hommes. Les relations intersubjectives sont passionnelles et sociales. Sociales parce que passionnelles.

### *Le fonctionnement de la sympathie et l'élaboration d'une théorie expressive du comportement*

Comment opère-t-elle ? Quelles sont les opérations intellectuelles permettant de ressentir ce que ressent autrui, de se mettre à sa place et de partager avec lui ses impressions ? Selon les explications de Hume,

1. Voir D. Hume, *Enquête sur les principes de la morale* (1751), trad. fr. M. Malherbe, Paris, Vrin, 2002, II, p. 51 *sq*. Pour toutes les citations de l'*Enquête sur les principes de la morale*, sont indiqués la section et le numéro de paragraphe.
2. D. Hume, *Traité de la nature humaine*, *op. cit.*, II, 2, 5, 15, p. 211.
3. *Ibid.*, II, 1, 11, 2, p. 156.

la sympathie comprend deux opérations: l'inférence d'une idée et la conversion de cette idée en impression.

> Quand une affection s'infuse par sympathie, elle est d'abord connue par ses effets et par les signes extérieurs qui, dans l'attitude et la conversation, en transmettent une idée. Cette idée se convertit sur-le-champ en une impression et elle acquiert un degré de force et de vivacité tel qu'elle se transforme dans la passion elle-même et produit une émotion égale à une affection originelle[1].

Autrement dit, lorsque je vois une personne en face de moi, j'infère tout d'abord d'après les signes de son comportement l'idée de ce qu'elle éprouve. Par exemple, si je vois quelqu'un rougir après lui avoir rappelé qu'il a oublié de me souhaiter mon anniversaire, j'infère que sa rougeur est causée par la honte qu'il ressent, dont je me forme alors une idée. Cette dernière se transforme aussitôt en impression, c'est-à-dire, selon les explications du livre I du *Traité* en une perception plus vive et plus forte[2]. Je ne me représente pas seulement intellectuellement ce qu'il éprouve mais je le ressens affectivement: je partage littéralement son malaise. Cette deuxième opération s'avère cruciale pour comprendre la différence entre la sympathie et la simple inférence qui permet d'induire une cause après avoir observé un effet (voyant de la fumée s'échapper d'une cheminée, j'infère qu'elle est provoquée par un feu de bois) : je ne me contente pas de penser mais j'éprouve. Ainsi la sympathie présuppose-t-elle, d'une part une théorie expressive du comportement (notre comportement traduit physiquement nos états d'âme intérieurs) et d'autre part une mutation de l'idée inférée en impression ressentie.

Il convient cependant d'ajouter que Hume n'exclut pas que l'on puisse sympathiser avec l'opinion d'autrui[3], analyse qui jouera un rôle décisif dans sa compréhension du lien social. Dans la mesure où il distingue impression et opinion et où la seconde semble plus intellectuelle que la première, il convient alors de se demander en quoi peut consister la conversion dans le second cas. Comment peut-on ressentir une opinion comme une impression et pas simplement comme une idée ? La réponse de Hume fait intervenir l'autorité : la vivacité et la force de l'opinion éprouvée

1. *Ibid.*, II, 1, 11, 3, p. 156.
2. *Ibid.*, I, 1, 1, 1, p. 41.
3. Voir *ibid.*, II, 1, 11, 7, p. 159 : « Telle est la nature et la cause de la sympathie ; c'est de cette façon que nous entrons si profondément dans les opinions et affections des autres à chaque fois que nous les découvrons. »

grâce à la sympathie et non simplement pensée, résident dans la contrainte qu'elle exerce sur moi.

> (...) Bien qu'en de nombreuses occasions, ma sympathie pour elle ne va pas jusqu'à changer complètement mes sentiments et ma façon de penser, il est pourtant rare qu'elle soit assez faible pour ne pas déranger le cours aisé de ma pensée et donner l'autorité à l'opinion que me recommandent l'assentiment et l'approbation de cet homme[1].

L'opinion communiquée par sympathie s'éprouve sous la forme d'un « il faut » impersonnel auquel je ne peux me dérober. Ainsi la sympathie diffuse-t-elle une forme de normativité et permet-elle de comprendre un mécanisme de régulation sociale.

Reste à saisir les modalités de déroulement de ce processus d'inférence et de conversion qui caractérise la sympathie. Dans un premier temps, Hume souligne le rôle de l'habitude, « grand guide de la vie humaine », et parle de transfert de vivacité dans un second temps. Notre comportement apparaît comme un signe indiquant notre état d'esprit (des tremblements signifient la peur, un sourire la joie, etc.), or dans la mesure où Hume n'hésite pas à rapprocher effet et signe[2], il considère que l'on peut, sur la base d'une expérience passée et répétée un certain nombre de fois, « remonter » des manifestations physiques observées à l'état d'esprit qui les a provoquées. Je m'appuie donc sur mon habitude de voir associés chez moi tel geste, telle attitude, telle mimique à telle émotion, pour passer de l'un à l'autre lorsque je côtoie autrui, alors même que je n'observe pas directement la seconde. Si la relation de cause à effet constitue une relation de fait[3], elle est la seule à dépasser les phénomènes sentis pour inférer l'existence de l'imperceptible. Elle s'appuie sur la supposition que le futur sera conforme au passé, c'est-à-dire qu'un effet semblable à celui déjà expérimenté comme provoqué par une cause déterminée, sera à son tour suscité par cette dernière.

1. D. Hume, *Traité de la nature humaine*, III, 3, 2, 2, trad. fr. P. Saltel, Paris, GF-Flammarion, 1993, p. 217.

2. *Ibid.*, I, 3, 9, 12, p. 180.

3. Autrement dit, une relation dépendant de l'expérience et ne pouvant jamais être totalement certaine, à la différence des relations d'idées concernant la géométrie, l'algèbre et l'arithmétique, qui nous procurent une connaissance indubitable relevant de la démonstration ou de l'intuition. Voir D. Hume, *Traité de la nature humaine*, *op. cit.*, I, 3, 1, 1, p. 127 et *Enquête sur l'entendement humain* (1748), trad. fr. M. Malherbe, Paris, Vrin, 2008, IV, 1, p. 95 et IV, 18, p. 117. Pour toutes les citations de l'*Enquête sur l'entendement humain*, sont indiqués la section et le numéro de paragraphe.

Hume enrichit cette analyse de l'expressivité de notre comportement en insistant sur son caractère conventionnel et sur l'importance des règles dites générales intervenant dans notre interprétation[1]. Le spectateur d'une pièce de théâtre sympathise avec les sentiments des personnages alors que les acteurs ne les éprouvent pas en réalité, dans la mesure où ceux-ci puisent dans le répertoire des signes physiques exprimant un état intérieur, culturellement admis par les membres d'une même société. Généralisant notre propre expérience et déployant de la sorte des règles générales extensives[2] (nous sourions lorsque nous sommes heureux, tremblons lorsque nous sommes émus, etc.), nous instituons, comme signes conventionnels, des comportements qui ne renvoient pas nécessairement à un état intérieur réellement éprouvé. Par là même, la manière d'exprimer son état d'esprit se normalise. Le livre II du *Traité* offre, ce faisant, à la sociologie interactionniste le socle conceptuel pour élaborer une sémantique et une syntaxe de ce que Goffman appellera plus tard le *body idiom*[3].

L'idée simplement inférée me « parle » particulièrement en me rappelant ma propre impression passée, par exemple le malaise éprouvé dans des occasions semblables. Elle me fait ainsi penser à moi-même, ce qui constitue sans aucun doute l'impression la plus vive que nous puissions jamais ressentir.

> Il est évident que l'idée, ou plutôt l'impression que nous avons de nous-mêmes, nous est toujours intimement présente et que notre conscience nous donne une conception si vive de notre propre personne qu'il n'est guère possible d'imaginer qu'une autre puisse la dépasser de ce point de vue[4].

Par une relation liant les impressions aux idées dont Hume a déjà donné plusieurs exemples, l'acuité de l'impression de notre moi se voit alors transférée à l'idée inférée, de sorte que celle-ci se transforme, à son tour, en impression. Si ce transfert de vivacité peut se réaliser à propos de tous les états d'esprit induits, dans la mesure où l'« on ne remarque jamais aucune passion ni aucun principe chez les autres qui ne puisse trouver à un degré ou

1. Voir D. Hume, *Traité de la nature humaine*, *op. cit.*, II, 2, 7, 3, p. 218.

2. Voir *ibid.*, I, 3, 13, 9, p. 100. Hume distingue les règles générales extensives, produit de la tendance de l'imagination à généraliser une inférence sur la base d'une extension hasardeuse, des règles générales correctrices servant à les amender, une fois reconnu leur caractère indu.

3. Voir E. Goffman, *Comment se conduire dans les lieux publics. Notes sur l'organisation sociale des rassemblements* (1963), trad. fr. D. Cefaï, Paris, Economica, 2013, p. 34-35. La pagination est celle du texte anglais, mentionnée entre crochets droits dans la traduction française.

4. D. Hume, *Traité de la nature humaine*, *op. cit.*, II, 1, 11, 4, p. 157.

à un autre leur parallèle en nous-mêmes »[1], il n'en demeure pas moins qu'il sera d'autant plus aisé que l'émotion observée chez l'autre trouve un fort écho en nous. Hume peut ainsi préciser que « plus forte est la relation entre nous et un objet, plus facile est la transition de l'imagination qui apporte à l'idée reliée la vivacité de la conception avec laquelle nous ne cessons de former l'idée de notre propre personne »[2].

Pour cette raison, nous ne sympathisons pas avec tout le monde de la même manière : nous pourrons d'autant plus partager les impressions d'autrui qu'il nous ressemble ou que nous le connaissons depuis longtemps. Notre sympathie varie en fonction de la proximité géographique et psychologique des personnes avec lesquelles nous sommes en relation. « Nous sympathisons avec des personnes proches de nous plus qu'avec des personnes éloignées, avec des gens de notre connaissance plus qu'avec des inconnus, avec nos compatriotes plus qu'avec des étrangers »[3]. Ainsi la sympathie se déploie-t-elle selon une géométrie variable, même si elle n'est jamais totalement absente.

### *L'âme de notre vie affective et de son articulation avec la vie sociale*

Fort de cette explication, Hume peut faire jouer un rôle décisif à la sympathie dans le livre II du *Traité* en la présentant comme le moteur de nombreuses passions indirectes[4], telles l'orgueil, l'humilité, l'amour ou encore la haine, n'hésitant pas à préciser que ces dernières « perdraient même toute force si nous devions nous dégager entièrement des pensées et des sentiments des autres »[5].

Envisageant ainsi la sphère affective à partir des relations intersubjectives et non du sujet isolé, il peut dessiner les contours d'un espace social où les émotions et les passions ouvrent les sphères individuelles les unes sur les autres, brouillent les frontières subjectives et allument le feu d'un véritable « brasier commun »[6].

1. D. Hume, *Traité de la nature humaine*, *op. cit.*, II, 1, 11, 5, p. 157.
2. *Ibid.*
3. *Ibid.*, III, 3, 1, 14, p. 203.
4. Les passions se divisent en passions directes et indirectes. Les premières naissent uniquement du plaisir et de la douleur, à l'instar du désir et de l'aversion, du chagrin et de la joie, de l'espoir et de la crainte, ou encore de la volition, alors que les secondes « procèdent des mêmes principes, à condition toutefois d'y joindre d'autres qualités ». Voir *Traité de la nature humaine*, *op. cit.*, II, 1, 1, 4, p. 111.
5. *Ibid.*, II, 2, 5, 15, p. 211.
6. D. Hume, *Enquête sur les principes de la morale*, *op. cit.*, IX, 1, 9, p. 132.

Pour rendre compte de la manière dont la sympathie stimule les passions, Hume donne différents exemples. Si l'orgueil est provoqué par la possession d'une qualité agréable comme la beauté ou d'un bien remarquable comme une grande fortune, il est évident que ce plaisir est renforcé par le regard d'autrui et par son approbation. Or comment en ai-je connaissance, sinon par sympathie ? Hume remarque finement que « notre réputation, notre personnalité, notre nom sont des considérations d'un poids et d'une importance immenses ; les autres causes de l'orgueil que sont la vertu, la beauté, la richesse, n'ont que peu d'influence sans le soutien des opinions et des sentiments d'autrui »[1].

Ainsi les causes objectives de l'orgueil n'opèrent-elles que si elles sont connues d'un autre que moi m'admirant pour cette raison. Je n'en jouis que dans la mesure où je sais qu'un autre y attache de l'importance et m'envie pour cela. De la même manière, c'est encore la sympathie qui permet de comprendre les passions que sont l'envie et la méchanceté. En pénétrant, grâce à ce principe, le bonheur d'un autre et en le comparant à ma propre situation, j'en viens à le jalouser : ressentant sa félicité, je n'en éprouve que plus fortement ma propre misère. « La saisie directe du bonheur d'un autre nous procure naturellement du plaisir, et donc de la peine dès que nous le comparons au nôtre propre »[2]. On mesure par là combien la sympathie au sens humien se révèle différente de la notion moderne ! Elle est au principe de notre souci des autres, sans que ce dernier soit nécessairement synonyme de bienveillance ou d'attirance.

Dans la seconde partie du livre II du *Traité*, Hume s'intéresse à une passion quelque peu étrange : l'estime que nous portons aux riches, dont l'explication permet de préciser l'importance de la sympathie et l'articulation entre sphère affective et sphère sociale, particulièrement importante dans la constitution du concept d'interaction[3]. Comment comprendre « la satisfaction que nous procurent les richesses des autres et l'estime que nous portons à leurs détenteurs »[4] ? Le philosophe propose trois candidats susceptibles de produire cet effet : la réflexion sur les objets agréables procurés par la richesse, l'espérance intéressée d'un bénéfice futur, et la sympathie. Il invalide aisément le premier principe en remarquant que quand bien même la personne riche serait un avare qui ne dépense pas son argent pour se procurer des objets agréables, nous n'en continuerions pas

1. D. Hume, *Traité de la nature humaine*, *op. cit.*, II, 1, 11, 1, p. 155.
2. *Ibid*, II, 2, 8, 9, p. 225 *sq*.
3. Voir *ibid.*, II, 2, 5, p. 205 *sq*.
4. *Ibid.*, II, 2, 5, 2, p. 205.

moins de l'estimer. Il récuse également le second puisque l'on respecte des personnes aisées que nous ne connaissons pas et qui ne sont donc pas susceptibles de nous faire bénéficier de quelque avantage que ce soit. Reste la sympathie qui nous fait éprouver par « procuration » le plaisir pris à sa propre fortune par la personne aisée. Cette émotion agréable apparaît comme l'origine de l'estime que nous lui accordons. La satisfaction originelle procurée au riche par sa fortune, autrement dit son orgueil, fait naître par sympathie l'estime chez le spectateur : une impression agréable associée à l'idée d'autrui engendre l'estime ou l'amour de ce dernier. Ainsi l'estime pour les personnes fortunées apparaît-elle totalement désintéressée : c'est eux que nous aimons et non leurs richesses, nous les considérons parce qu'ils sont heureux et non parce que nous espérons bénéficier de leurs largesses. Cette capacité à éprouver du plaisir indépendamment de son intérêt personnel servira d'argument à Hume dans le livre III du *Traité* pour faire de la sympathie le principe de l'approbation morale et pour critiquer, dans l'*Enquête sur les principes de la morale*, l'hypothèse dite égoïste soutenue notamment par Thomas Hobbes et Bernard Mandeville, selon laquelle toutes les actions de l'homme sont toujours dictées par l'amour de soi.

Poursuivant cette analyse, Hume montre de manière très fine que notre estime procure, à son tour, au riche « une satisfaction secondaire ». Autrement dit, il en vient lui-même à partager l'opinion aimable que les autres se font de lui et à en éprouver du plaisir. Nous sommes donc en présence de trois degrés de plaisir successifs : le plaisir pris par la personne aisée à sa fortune ; celui du spectateur, éprouvé par sympathie et produisant en lui de l'estime ; et enfin le dernier ressenti par la personne aisée prenant conscience de l'admiration qu'elle suscite. Or ce plaisir « de sympathie » devient, écrit Hume, « l'un des principaux titres par lesquels la richesse se recommande », autrement dit, il se substitue, en vérité, au plaisir initial. Ainsi le riche est-il peut-être moins heureux de sa richesse que de l'appréciation des autres. On retrouve ici toute l'importance de l'amour de la renommée analysée dans la première partie du livre II du *Traité :* le regard d'autrui et l'appréciation qu'il porte sur moi que j'éprouve par sympathie, permettent de conforter le sentiment de ma propre valeur, thèse que la sociologie interactionniste radicalisera en comprenant ce regard comme l'origine absolue de la valorisation, pour autant qu'il soit porteur d'attentes sociales. Dans la philosophie humienne, l'estime des autres fixe et confirme le sentiment initial en lui conférant de la force et de la vivacité. De manière tout à fait remarquable, le reflet (l'opinion du spectateur) vient renforcer l'original (le plaisir premier du riche) en se réfléchissant à son tour en lui, puisqu'il est communiqué grâce à la sympathie. Le reflet secondaire peut même être plus apprécié que l'original puisque « c'est la raison capitale » qui nous fait désirer la richesse pour nous-mêmes et pour les autres. On assiste donc à une confusion entre l'image et l'original qui contraint Hume à interrompre ici l'analyse, bien qu'il reconnaisse lui-même que ce jeu de reflets des passions les unes dans les autres se poursuit sans aucun doute à l'infini.

Cette analyse offre l'occasion à Hume d'insister sur la nature réflexive des passions. Selon sa comparaison célèbre, « les esprits des hommes sont des miroirs les uns pour les autres »[1], où les passions s'échangent et se reflètent en se renforçant et en dessinant un réseau d'affects où les sphères individuelles débordent largement les unes sur les autres : l'espace social. Ce dernier constitue un véritable nœud de communication que les autres archives du discours de l'interaction dépsychologiseront, tout en en conservant la structure dialogique.

### *La constitution sociale du soi*

Dans l'économie du livre II, la sympathie joue également un rôle essentiel dans la compréhension de notre identité personnelle. En effet, suite au désarroi dans lequel l'a plongé l'échec de son analyse sceptique dans le livre I du *Traité*[2], Hume reprend la question en appréhendant cette fois-ci le *self*[3] dans sa relation avec les passions et non plus avec l'entendement, espérant ainsi échapper aux difficultés de l'analyse précédente.

La première analyse constituait une sévère critique de tous les philosophes qui ont affirmé l'évidence de la connaissance de soi par conscience réflexive immédiate, notamment Descartes et Locke. Dans cette première mouture de la question, Hume montrait que le *self* n'existe pas à proprement parler et se réduit à une simple fiction, c'est-à-dire à une idée vive forgée par notre imagination entraînant notre adhésion mais sans correspondre à aucune impression. Or, à la fin du livre I, Hume affiche son

1. D. Hume, *Traité de la nature humaine*, *op. cit.*, II, 2, 5, 21, p. 213.

2. Voir *ibid.*, I, « Appendice », p. 382 *sq.*

3. Nous conservons le terme anglais de *self*, dans la mesure où la tradition pragmatiste reprendra, à son tour, ce terme, en nous démarquant de sa traduction française habituelle par « moi ». Voir J. Dewey, « The Reflex Arc Concept in Psychology » (1896), *The Early Works, 1882-1898*, vol. 5, Carbondale, Southern Illinois University Press, 1972, p. 96-109 ; G. H. Mead, « The Definition of the Psychical », *Decennial Publications of the University of Chicago*, 1903, First Series, vol. 3, p. 77-102 ; G. H. Mead, *L'esprit, le soi et la société* (1934), trad. fr. D. Cefaï et L. Quéré, Paris, P.U.F., 2006.

embarras en considérant cette analyse comme un véritable labyrinthe. En effet, elle s'avère grevée par deux difficultés : elle ne permet pas de penser un principe d'individuation (la différence entre mon identité et celle de l'autre demeure problématique) et surtout elle présuppose la réalité de ce *self* qu'elle veut présenter comme une fiction (elle commet un diallèle)[1]. Loin de se laisser abattre par cet échec, Hume reprend la question dans le livre II du *Traité* consacré à la vie affective, en envisageant le *self* comme une réalité engendrée par les passions sociales[2], advenant au cours d'une interaction médiatisée par des symboles, eux-mêmes interprétés grâce à la sympathie. Ainsi considère-t-il que l'orgueil et l'humilité par exemple, engendrent le même objet, c'est-à-dire « le *self* ou cette succession d'idées et d'impressions reliées les unes aux autres dont nous avons le souvenir intime et la conscience »[3]. Notre soi ne nous est donc pas immédiatement donné mais s'élabore au sein des relations sociales. À ce titre, il est susceptible d'une analyse génétique.

Le lecteur se trouve cependant face à une difficulté dont la résolution permet de mieux comprendre l'importance de la sympathie et l'originalité de la compréhension humienne de l'identité personnelle dans le champ philosophique, opérant une véritable déflation de la subjectivité que la sociologie de l'interaction radicalisera. En effet, Hume ne se contente pas de présenter le *self* comme une réalité dérivée mais semble également le faire intervenir en amont de la production, en précisant que le *self*, certes objet de la passion sociale, en constitue également la cause : « Tout ce qui procure une sensation plaisante et se trouve relié au *self* suscite la passion de l'orgueil (…) »[4].

1. Hume n'a pu se contenter de l'analyse du livre I du *Traité*, puisque la solution à laquelle il s'acheminait était proche de celle apportée par Kant un peu plus tard au même problème, faisant intervenir un « je transcendantal » inacceptable pour un sceptique. Nier l'existence d'un moi substantiel ou d'une conscience de soi au profit de l'affirmation d'une unité synthétique de la conscience déjà donnée, aurait été pour Hume un simple tour de passe-passe douteux. En effet, on remarque dans cette première analyse de l'identité personnelle qu'il ne distingue pas la thèse de Descartes posant une identité substantielle, de celle de Locke faisant de la conscience de soi le principe de l'identité personnelle. Il leur adresse à tous deux une seule et même critique, puisque dans sa perspective, il n'y a pas lieu de les différencier : avoir conscience de soi, c'est avoir conscience d'une impression de soi, donc posséder une impression de la substance que l'on est. Or, lui-même, dans l'explication génétique de la croyance en l'identité personnelle, fait intervenir une forme de conscience, c'est-à-dire qu'il semble présupposer comme donné ce qui relève pourtant de la fiction.

2. Voir D. Hume, *Traité de la nature humaine*, *op. cit.*, II, I, 2, 2, p. 111-112.

3. *Ibid.*, II, 1, 2, 2, p. 111-112, trad. mod.

4. *Ibid.*, II, 1, 5, 8, p. 124, trad. mod.

Ainsi une passion indirecte comme l'orgueil est-elle doublement liée au *self*: si elle porte sa vue sur ce dernier, elle est également engendrée par lui, dans la mesure où elle est provoquée par un objet ou une qualité qui lui appartient. Par exemple, la cause de l'orgueil de Pierre sera *sa* grande et belle maison. Mais alors comment comprendre que le *self* puisse être produit par l'orgueil, si cette passion elle-même est causée par un objet appartenant au sujet ? Une attention soutenue au texte montre que Hume ne commet nullement un cercle vicieux en présupposant déjà donné le *self* dont il doit retracer la genèse : le *self* qui intervient en amont de la passion sociale apparaît lui-même comme le résultat d'un processus social s'effectuant par l'intermédiaire de la structure de communication assurée par la sympathie.

Dans le cas des passions indirectes, il faut dire qu'une qualité ou qu'un objet est véritablement relié au *self*, lorsque leur propriétaire éprouve ce qu'éprouvent les autres à cet égard en tant qu'observateurs, ce dont rend compte l'analyse de l'amour de la renommée. Pour considérer que quelque chose lui appartient, Pierre doit être capable d'éprouver et de susciter en lui-même l'attitude de l'autre par rapport à cette possession. Ou encore, pour donner un autre exemple, un homme ne s'enorgueillira de son intelligence que lorsque l'admiration d'autrui lui aura fait prendre conscience qu'elle est sienne. L'appréciation d'autrui individualise et singularise : le plaisir qu'il éprouve à côtoyer un individu, dont ce dernier peut avoir idée par inférence, devient, grâce à la sympathie, une impression qui lui révèle que les qualités à l'origine de son agrément lui sont propres. Ainsi l'impression particulière que l'individu retire de ses avantages ne lui permet-elle d'avoir conscience de lui-même que dans la mesure où l'impression suscitée chez les autres lui montre, par l'intermédiaire de leurs attitudes physiques et verbales, que ces avantages sont bel et bien constitutifs de leurs opinions à son égard. Autrement dit, seule la manière dont autrui réagit à la possession d'un attribut valorisant, communiquée par la sympathie, me permet de me saisir moi-même comme objet. La comparaison avec autrui, par le truchement de son appréciation, s'avère indispensable : l'appropriation de mes avantages, source potentielle d'orgueil, pouvant engendrer le soi, ne peut se faire qu'à partir de la prise de conscience de ma différence. « Les hommes tiennent toujours compte des sentiments d'autrui pour se juger eux-mêmes »[1]. La subjectivité ne se voit atteinte que par la médiation d'autrui.

1. *Ibid.*, II, 1, 8, 9, p. 140.

Si l'orgueil permet d'engendrer le *self* par ce sentiment d'une différenciation, il importe de préciser que cette différenciation s'effectue à partir de critères socialement valorisés. Il existe des attributs dont la possession est reconnue de manière générale par autrui comme digne de louange. Cette valorisation apparaît comme le fruit d'une croyance partagée par les spectateurs de la scène, en fonction de laquelle je vais me singulariser. Puisque la valeur des attributs est sociale, on comprend le rôle que Hume accorde à « l'amour de la renommée », ou sens de la distinction, qu'il présente comme constitutif de notre personnalité[1]. Chacun se demande sans cesse : que vont penser les autres de moi ? Cette opinion est fonction des valeurs de la société dans laquelle l'on vit, puisque « les *règles générales* exercent une grande influence sur l'orgueil et l'humilité, comme d'ailleurs sur l'ensemble des autres passions »[2].

Cette mention des règles générales s'avère déterminante : en effet, elles exercent une influence sur l'orgueil et l'humilité, au sens où l'habitude et la pratique enseignent à chacun ce qu'il peut considérer comme objet d'orgueil et d'humilité, c'est-à-dire comme digne ou indigne de louange. Les règles générales, dans ce cas-là, expriment l'ensemble des valeurs d'une société dont l'individu s'imprègne et auquel il adhère par habitude. Ainsi les qualités immédiatement valorisées par le regard d'autrui n'ont-elles pas de valeur en elles-mêmes ; elles sont investies de cette dignité par la société.

> Il est évident que si une personne d'âge adulte, et de même nature que nous était brusquement plongée dans notre monde, elle se trouverait fort embarrassée par quelque objet que ce soit et ne découvrirait pas aussitôt quel degré d'amour ou de haine, d'orgueil ou d'humilité, comme de toute autre passion, elle devrait lui attribuer[3].

Nous n'estimons pas les choses par leur prix et leur valeur intrinsèques, mais en fonction de ce qu'en pensent les autres[4]. Loin d'exister en elle-même, la valeur des objets apparaît comme une construction sociale dont la légitimité se voit fixée par l'opinion. La comparaison de nos avantages avec ce que les autres prisent apparaît décisive pour augmenter l'estime que nous leur portons et pour pouvoir nous les attribuer, dans la mesure où nous prenons conscience de leur singularité[5] : l'opinion fait autorité en

1. D. Hume, *Traité de la nature humaine*, *op. cit.*, II, 1, 11, 1, p. 155.
2. *Ibid.*, II, 1, 6, 8, p. 129.
3. *Ibid.*, II, 1, 6, 9, p. 130.
4. Voir *ibid.*, II, 2, 8, 2, p. 221-222 et *ibid.*, II, 2, 8, 8, p. 224-225.
5. *Ibid.*, II, 1, 10, 12, p. 155.

exprimant un certain nombre d'attentes normatives correspondant à des valeurs sociales nous individualisant.

Que l'amour de la renommée soit le ressort de notre constitution[1] doit s'entendre en un double sens : comme ce qui est inhérent à notre nature (constitution au sens de complexion), et comme ce qui participe de notre construction (constitution au sens d'élaboration). L'opinion que l'autre se fait de moi s'avère capitale puisque la sympathie me permet d'éprouver comme impression la façon dont j'apparais à mon admirateur, de prendre conscience de la possession d'attributs socialement valorisés et ainsi de me satisfaire de ma personne. Le soi est assuré et rassuré par autre que lui. Tout se passe comme si l'individu, plein de doutes, possédait une conscience imparfaite de lui-même, et que cette conscience imparfaite nécessitait l'autorité d'un regard extérieur pour s'affermir. L'approbation d'autrui « fixe » ce qui n'était que conscience fugitive et « confirme »[2] ce qui n'était que conscience mal assurée. Les impressions particulières que nous éprouvons indépendamment de nos relations avec autrui sont certes les nôtres, mais leur vivacité en elle-même est incapable de donner naissance à la conscience d'une personnalité, stable et constante. Elles s'épuisent dans une succession d'intermittences nécessitant une unification par sympathie, via l'appropriation de ma différence.

Le rôle joué par la sympathie dans la constitution de notre identité personnelle se révèle crucial pour comprendre le succès ultérieur du concept hors du champ philosophique *stricto sensu*. La psychologie de Hume ne repose pas sur une compréhension substantielle du sujet comme chez Descartes où la sphère de l'identité personnelle est constituée antérieurement à et indépendamment de toute interaction sociale. Bien au contraire, le *self* émerge au cours d'un processus de communication sociale où je prends conscience de moi par l'intermédiaire de l'opinion d'autrui et de la valeur sociale qu'il attache à mes différents attributs. L'identité personnelle chez Hume apparaît comme le fruit paradoxal d'une subjectivation s'effectuant moins par décentrement – puisque cela supposerait l'existence d'un centre préalable –, que dans une structure de relations externes : on ne devient soi qu'en s'associant et en communiquant avec les autres par le partage de valeurs communes. La fusion précède l'individualisation.

1. Voir D. Hume, *Enquête sur les principes de la morale*, *op. cit.*, « Appendice 2 », p. 154.

2. Ces deux termes sont employés par Hume à propos de l'amour de la renommée. Voir *Dissertation sur les passions*, II, 10, dans le *Traité de la nature humaine*, *op. cit.*, II, p. 80.

Cette analyse jouira d'une grande postérité dans le pragmatisme américain de Mead qui nourrira, à son tour, la conception de l'identité d'Erving Goffman. L'un et l'autre refusent une compréhension substantielle du sujet pour mettre en avant le rôle de l'interaction dans la constitution de la personnalité. Ils accentueront la dimension physique de la communication présente chez Hume : nous ne partageons pas l'opinion d'autrui par un quelconque processus de télépathie, mais bel et bien par la lecture que l'on en fait à même sa peau. Seul son corps peut nous la faire partager. De la sorte, ils procèdent à une déflation de la notion de subjectivité : le *self* dont nous prenons conscience lors d'une interaction ne doit pas se confondre avec une personnalité profonde qui apparaît hors jeu. Il coïncide seulement avec le personnage que nous sommes pour un temps et qui permet d'ajuster notre comportement à celui des autres interactants. Le texte humien fournit ainsi au discours sociologique les linéaments d'une réflexion faisant basculer l'interrogation classique en philosophie sur le sujet et sa réalité vers une analyse descriptive des rôles sociaux, qui refuse toute référence à l'intériorité et extériorise la subjectivité dans le comportement et la conduite.

### *Le principe du jugement moral*

Si la sympathie permet de penser la communication de la normativité sociale et de dépasser la compréhension substantielle de l'identité, Hume lui attribue également un autre rôle dans le livre III du *Traité* : celui de principe du jugement moral. Grâce à elle, non seulement nous approuvons la vertu et désapprouvons le vice, mais nous nous sentons également tenus de réaliser ce que nous louons et de nous abstenir de faire ce que nous blâmons. Le principe d'évaluation se double d'un principe d'obligation. La compréhension originale de la morale qui en résulte joue un rôle décisif pour la réception du concept dans les autres champs disciplinaires.

#### *Une affaire de sentiments*

Cette promotion de la sympathie va de pair avec une diminution de l'importance accordée à la raison dans la sphère morale. Loin d'être des idées découvertes par cette dernière, la vertu et le vice se révèlent des impressions de réflexion demandant par là même à être éprouvées plutôt que prouvées, senties plutôt que démontrées ou inférées.

> Le vice vous échappe totalement tant que vous considérez l'objet. Vous ne pourrez jamais le trouver avant d'orienter la réflexion vers votre propre cœur et de constater qu'un sentiment de désapprobation s'élève en vous

contre cet acte. Voilà un fait, mais il est l'affaire de l'impression et pas de la raison[1].

Hume se démarque ainsi de la morale rationaliste de Nicolas Malebranche, Samuel Clarke ou encore John Balguy[2]. Autrement dit, pour reprendre le vocabulaire contemporain de la méta-éthique, Hume critique le cognitivisme qui réduit le jugement moral à un jugement de connaissance élaboré par nos facultés intellectuelles et se range dans la grande famille des émotivistes considérant qu'il repose sur un sentiment d'une nature particulière. Le vice et la vertu ne sont pas des qualités objectives mais des qualités secondes, des perceptions de l'esprit au même titre que les sons, les couleurs et la température.

L'impression de réflexion se voit définie dans le livre II du *Traité* comme ce qui procède de quelque impression originale, « soit immédiatement, soit par l'interposition de son idée »[3]. Il s'agit donc d'une impression dérivée. Dans le cas de la vertu, elle se présente comme un type de plaisir bien particulier, un plaisir désintéressé provoqué par la qualité d'une personne et constituant, à ce titre, la première impression. « Ce n'est que lorsqu'un caractère est considéré en général sans référence à notre intérêt particulier qu'il produit une impression ou un sentiment qui le distinguent comme moralement bon ou mauvais »[4].

Sitôt que j'éprouve un tel plaisir, j'approuve son origine que je qualifie de vertu. Telle est la donnée sur laquelle repose la distinction du vice et de la vertu. L'accent mis sur le caractère non égoïste du plaisir éprouvé vise à garantir la possibilité d'une morale commune, transcendant les particularismes affectifs, comme l'énonce Hume de manière emphatique dans la conclusion de l'*Enquête sur les principes de la morale :* « La notion de morale implique un sentiment commun à tous les hommes, qui recommande les mêmes objets à l'approbation générale et qui fait que la plupart

1. D. Hume, *Traité de la nature humaine*, *op. cit.*, III, 1, 1, 26, p. 64.

2. Dans les décennies qui précèdent la publication du *Traité*, la question du fondement de la morale fait rage. Les champions de la raison considèrent que non seulement cette faculté constitue la source des distinctions morales mais également qu'elle fonde la morale pour autant que cette dernière repose sur des principes éternels. Voir N. Malebranche, *Traité de morale* (1684), O.C., t. 11, Paris, Vrin, 1966 ; S. Clarke, *Discourse concerning the Unchangeable Obligations of Natural Religion* (1706), in *Works*, London, 1738, fac. New York, Garland Press, 1978, vol. 2, p. 579-733 ; J. Balguy, *The Foundation of Moral Goodness* (1728-1729), New York, Garland Press, 1984.

3. D. Hume, *Traité de la nature humaine*, *op. cit.*, II, 1, 1, 1, p. 109.

4. *Ibid.*, III, 1, 2, 4, p. 68.

des hommes, sinon tous, se rejoignent à leur sujet dans la même opinion ou dans la même décision »[1].

C'est bien parce que le plaisir éprouvé est désintéressé que l'on peut supposer que n'importe quelle autre personne ressentirait la même chose : les sentiments ne sont susceptibles d'une telle universalité que lorsque leur teneur est telle qu'ils s'affranchissent des complexions individuelles. Il apparaît alors légitime de penser qu'ils entretiennent une relation non arbitraire avec certaines qualités de l'agent évalué.

Quelles sont les qualités humaines susceptibles de donner lieu à un tel plaisir ? Celles qui sont bénéfiques ou agréables à la personne qui les possède ou à ceux qui en bénéficient, autrement dit les qualités causant du plaisir aux autres que moi. Dans l'*Enquête sur les principes de la morale*, Hume dresse ainsi un catalogue des vertus en donnant des exemples pour chacune des catégories précédentes : la capacité d'attention et la grandeur d'âme sont des qualités respectivement utiles et agréables à leur possesseur ; la justice et la gaieté d'un individu des qualités respectivement utiles et agréables aux autres. Il est bien évident qu'une même qualité, telle l'honnêteté ou le courage, peut être doublement utile ou agréable, et à la société et à son possesseur.

La question se pose alors de savoir quelle modalité permet de prendre plaisir à ce qui ne me concerne pas directement : pourquoi est-ce que j'approuve l'homme juste ou de bonne compagnie indépendamment de mon intérêt ? Pourquoi est-ce que j'éprouve du plaisir à le contempler alors qu'il ne m'apporte rien ? La réponse de Hume fait intervenir la sympathie : « C'est (...) ce principe qui nous conduit assez loin de nous-même pour nous donner le même plaisir ou le même désagrément devant le caractère d'autrui que s'il tendait à notre avantage personnel ou à nous être préjudiciable »[2]. Ainsi le plaisir désintéressé peut-il se définir comme un plaisir éprouvé par communication. J'éprouve indirectement, par infusion et communication, le plaisir de celui qui possède des qualités qui lui sont utiles ou agréables, ainsi que celui de ceux qui en bénéficient par ricochet.

### *De la sympathie restreinte à la sympathie étendue*

Aussi élégante que soit l'analyse de Hume, elle présente une difficulté liée au concept même de sympathie. En effet, nous avons vu précédemment que cette dernière, malgré son caractère universel, connaissait des

1. D. Hume, *Enquête sur les principes de la morale*, *op. cit.*, IX, 5, p. 130.
2. D. Hume, *Traité de la nature humaine*, *op. cit.*, III, 3, 1, 11, p. 201.

variations en raison même des opérations intellectuelles qui la composent. La force de la sympathie est proportionnelle à la facilité avec laquelle je peux inférer les impressions d'autrui sous forme d'idées et convertir ces dernières en impressions. Or cette facilité se voit elle-même corrélée à la proximité de la personne avec laquelle je suis en relation : j'infère plus aisément ce qu'éprouve une personne si je la connais bien parce qu'elle me ressemble ou si je suis habitué à la côtoyer; je convertis plus aisément l'idée inférée en impression, si elle m'est reliée, c'est-à-dire si elle fait appel à une passion que j'ai déjà éprouvée et donc si je suis proche de la personne avec laquelle je sympathise.

Dans ces conditions, comment la sympathie peut-elle donner lieu à ce principe d'approbation stable que Hume nomme l'estime ? Comment la partialité, synonyme de sympathie restreinte, peut-elle constituer un jugement de valeur et non de simple agrément limité par ma situation particulière ? Bref, le caractère désintéressé du plaisir éprouvé n'est-il pas synonyme de leurre ? Le philosophe risque une réponse dans la dernière partie du livre III en montrant comment la sympathie connaît un progrès naturel lui permettant de s'étendre au-delà du proche géographique ou psychologique. Selon lui, nous apprenons à sympathiser avec autrui, indépendamment de notre position à son égard, afin de pouvoir communiquer entre nous et dépasser les points de vue particuliers qui rendraient nos appréciations morales incommensurables les unes aux autres. Seule la volonté de converser ensemble peut nous pousser à adopter des perspectives fermes et générales à l'égard de ceux que nous évaluons. Ainsi la compagnie des autres hommes dans la société nous pousse-t-elle à nous comporter en spectateur impartial pour reprendre la terminologie d'un héritier de Hume, Adam Smith.

> Notre situation à l'égard des personnes et des objets varie continuellement, et il se peut qu'un homme qui se trouve loin de nous devienne, en peu de temps, une relation familière. En outre, chaque homme particulier occupe une position singulière à l'égard des autres hommes et il est impossible que nous puissions jamais converser ensemble en des termes raisonnables, si chacun de nous considère les personnes et les caractères uniquement tels qu'ils apparaissent de son point de vue singulier[1].

En côtoyant des personnes qui me sont inconnues, j'apprends donc à dépasser mon point de vue toujours situé pour prendre plaisir par sympathie à ce qui leur est avantageux et déplaisir à ce qui leur est nuisible,

1. *Ibid.*, III, 3, 1, 15, p. 203.

autrement dit, j'apprends à sympathiser avec le point de vue du bénéficiaire ou de la victime de l'action indépendamment de mes relations avec lui. Seul ce commerce régulier peut me permettre de me familiariser « avec ces sortes de préférences et de distinctions générales, sans lesquelles ni conversation ni discours pourraient difficilement être rendus intelligibles pour autrui »[1]. Dans cette perspective, Hume n'hésite pas à établir un parallèle entre l'amendement des émotions et celui des perceptions : « Le jugement corrige ici les inégalités de nos émotions et perceptions internes, de la même manière qu'il nous préserve de l'erreur devant les diverses variations des images qui se présentent à nos sens externes »[2]. De même que nous imaginons que la taille de l'objet est indépendante de la taille de nos représentations, qui varie en fonction de la distance de l'objet observé, de même nous imaginons que la vertu d'une personne est indépendante de la force de notre sympathie. Puisque nous connaissons notre tendance à manifester plus d'indifférence à l'égard de ce qui nous est lointain et plus de sensibilité à l'égard de ce qui nous est proche, nous nous corrigeons en nous installant dans une position fictive : une position médiane, un juste milieu, où les personnes proches de celle évaluée comme les personnes éloignées sont susceptibles de s'accorder.

En retour, par influence des règles générales, j'étends ce sens du vice et de la vertu à mes propres actions. Devenant mon propre spectateur, scrutant mon comportement avec impartialité en prenant de la hauteur depuis ce point de vue idéal, j'en viens à l'évaluer comme le ferait une personne extérieure. Mais la personne avec laquelle je converse accomplit également ce propre dépassement de son point de vue. Ainsi la partialité ou sympathie restreinte se dépasse-t-elle elle-même : le général n'est pas objectif mais se construit dans l'intersubjectivité. J'en viens à éprouver du plaisir à ce qui est utile ou agréable en général, et non pas à ce qui est utile ou agréable à tel homme en particulier. Il ne s'agit pas de dire que cette sympathie élargie est aussi vive que la partialité, mais simplement qu'elle nous permet de produire un jugement.

> (...) Bien que notre cœur ne prenne aucune part dans ces notions générales, bien qu'il ne règle pas son amour et sa haine d'après les différences universelles abstraites du vice et de la vertu, sans égard pour nous-mêmes ou pour les personnes avec lesquelles nous sommes plus intimement liés,

1. D. Hume, *Enquête sur les principes de la morale*, *op. cit*, V, 26, p. 93-94.
2. *Ibid.*, V, 25, p. 92.

> cependant ces différences morales ont une influence considérable et, suffisant au moins à l'usage de la parole, elles servent tous nos projets[1].

Cette approbation morale constitue une incitation à agir : on se sent tenu de réaliser ce que l'on éprouve. L'émotivisme humien parvient à lier de manière satisfaisante jugement d'évaluation et jugement d'obligation, en montrant comment la distinction du vice et de la vertu, loin d'être simplement spéculative, possède immédiatement des implications pratiques. En effet, le plaisir désintéressé ressenti par sympathie se révèle motivant puisque l'homme, par une disposition native, tend à s'unir à ce qui lui procure du plaisir et à réaliser ce qu'il désire[2]. Ainsi approuver certaines qualités chez autrui nous enjoint de les développer chez nous. On ne peut louer certaines actions sans se sentir tenus de les réaliser.

### *Naturalisation et socialisation de la morale*

Cette compréhension de la morale retiendra l'attention des psychologues français au XIX^e^ ainsi que des pragmatistes américains au XX^e^ siècle, en raison de sa portée naturaliste et sociale, renouvelant l'épistémologie de l'étude des phénomènes humains, tant dans la manière de les aborder que d'en rendre compte.

Loin d'impliquer une rupture avec notre nature, l'ordre moral se pense au contraire dans son prolongement : la sympathie, principe anthropologique, immédiat et irréfléchi, de nature instinctive, paraît susceptible, lorsqu'elle est éduquée, de donner lieu à des jugements d'évaluation stables, fermes et généraux, eux-mêmes sources d'obligation. Ce progrès de la sympathie répond à la compréhension humienne de l'artifice.

> L'espèce humaine est une espèce inventive et quand une invention est évidente et absolument nécessaire, on peut la dire naturelle tout aussi justement qu'on le dit de toute chose qui procède de principes originels immédiatement et sans l'intervention de la pensée et de la réflexion[3].

Ainsi l'artifice se présente-t-il moins comme une entrave à la nature que comme une réorientation souple, lui permettant de se satisfaire de manière détournée. Il faut, dès lors, se rapporter à la recommandation de la première section de l'*Enquête sur l'entendement humain :* seule l'enquête sur la nature humaine permet de ne pas se perdre dans des élucubrations hasardeuses lorsque l'homme est en cause. Il est de bonne méthode de

1. *Ibid.*, V, 26, p. 94.
2. Voir D. Hume, *Traité de la nature humaine*, *op. cit.*, III, 3, 1, 2, p. 195.
3. *Ibid.*, III, 3, 1, 19, p. 83.

mettre précisément au jour ses pouvoirs et capacités, en se basant sur l'expérience, afin de comprendre comment ils peuvent engendrer les différentes manifestations de l'existence humaine, y compris dans ses aspects les plus sophistiqués, notamment social et moral. Le naturalisme de Hume se présente, par là même, comme un naturalisme non réductionniste : si les phénomènes psychiques, notamment affectifs et moraux se déploient, à partir de la nature humaine, ils n'en marquent pas moins un progrès et un raffinement qui procèdent par inflexions et amendements, voire corrections. Loin d'être une essence fixe, statique et immuable, la nature humaine ne cesse au contraire de se modifier et de se déployer dans de nouvelles directions pour s'ajuster aux circonstances extérieures : en l'occurrence, dans le cadre de la morale, le besoin de converser avec les autres hommes nous pousse à adopter un point de vue ferme et général. Le travail du philosophe consiste à repérer les principes et leur processus de développement, en les ancrant dans ce qu'il convient d'appeler une histoire naturelle.

Ce geste humien est d'une importance considérable : en effet, les phénomènes moraux se révèlent justiciables d'une analyse reposant non plus sur la simple spéculation mais sur l'observation, seule démarche susceptible de donner lieu à un discours scientifique. Théodule Ribot met précisément en avant ce point dans son *Introduction à la psychologie anglaise contemporaine* en soulignant le rôle de l'empirisme anglo-saxon dans l'émancipation de la psychologie hors du giron de la philosophie. De même, John Dewey loue, dans son avant-propos à *Human Nature and Conduct*, le naturalisme non éliminativiste[1] de Hume qui offre une méthode pertinente pour appréhender l'ensemble des phénomènes humains, dont relève la morale, à partir de la seule connaissance de la nature humaine[2]. Ce naturalisme se retrouve dans la méthodologie de l'école de Chicago et préside à la conception de la sociologie d'Erving Goffman qui souligne l'universalité de la compétence interactionnelle ancrée dans une nature commune : « L'idée impliquée dans mon propos est que, sous leurs différences culturelles, les hommes sont partout

1. On désigne sous le nom de naturalisme éliminativiste les théories qui considèrent que les états mentaux, tels que les conçoit la psychologie populaire, n'existent pas. Voir P. M. Churchland, « Eliminative Materialism and the Propositional Attitudes », *Journal of Philosophy*, vol. 78, n° 2, 1981, p. 67-90.

2. Voir J. Dewey, « Foreword to *Human Nature and Conduct* » (1930), *The Middle Works of John Dewey, 1899-1924*, Carbondale, Southern Illinois University Press, 1989, vol. 14, p. 228 *sq*.

semblables »[1]. Il n'hésite pas à se présenter comme un « naturaliste du social » se bornant à opérer des classifications et des regroupements[2]. Il ne s'agit plus de fonder en raison les différentes manifestations de la vie humaine mais d'en proposer une description ordonnée, attentive à leur processualité, à partir d'un certain nombre de principes.

Le lien établi entre la vertu et les mœurs constitue le deuxième aspect de l'analyse humienne de la morale qui explique la postérité du concept de sympathie dans le champ des sciences humaines. En effet, Hume prend au sérieux l'expression de bonnes manières dans toute sa complexité en montrant que les manières et les autres manifestations en apparence superficielles de politesse, telles l'art de la conversation, possèdent une incontestable dimension morale. Les normes générales permettant d'apprécier le caractère utile ou agréable d'une qualité, indépendamment de son propre intérêt et de la proximité de la personne jugée, pour converser entre gens de bonne compagnie, sont créées de manière collective, dans la mesure où la morale se révèle un adjuvant nécessaire pour nous permettre de faire société ensemble. Sans l'invention des notions générales de vertu et de vice susceptibles d'être comprises par tous et d'assurer la communication entre les êtres, le lien social se disloquerait. Mais comment s'effectue ce processus d'invention ? Suffit-il d'invoquer le besoin de converser et de communiquer ?

Seul le recours aux règles de savoir-vivre permet de préciser ce point. La politesse se présente comme une règle sociale nous enjoignant de masquer notre partialité pour converser avec les autres[3], dissimulation qui nous permet de faire comme si nous échappions à notre situation, pour forger des notions morales générales. Ainsi l'apparence et la mondanité constituent-elles, d'une manière apparemment paradoxale pour un lecteur de Rousseau, le moteur de l'extension de la sympathie. Respecter les formes ne relève nullement selon Hume d'un culte hypocrite pour le paraître et la contrefaçon mais participe du progrès de l'humanité. Familier des textes français du tournant des XVIIe et XVIIIe siècles sur l'honnête

1. E. Goffman, *Les rites d'interaction*, *op. cit.*, p. 41.

2. Voir E. Goffman, cité par P. M. Strong, « The importance of being Erving Goffman, 1922-1982 », *in* G. A. Fine et G. W. H. Smith (eds.), *Erving Goffman*, Sage Publications, « Sage Masters of Modern Social Thought », London/Thousand Oaks/New Delhi, 2000, vol. 1, p. 42.

3. Voir D. Hume, *Enquête sur les principes de la morale*, *op. cit.*, VIII, 1, p. 122 : « Dans le *monde*, les incessantes frictions de l'orgueil et de la vanité des hommes ont poussé aux règles de la *bienséance* et de la *politesse*, afin de faciliter le commerce des esprits et de donner un tour paisible aux relations et à la conversation. »

homme, notamment du *Discours de la vraie honnêteté* du Chevalier de Saint-Méré (1700) et des *Pensées sur l'honnêteté* (1680) de Saint-Evremond[1], Hume consacre des développements explicites à l'art de la conversation et à la politesse dans le livre III du *Traité de la nature humaine*[2] et dans la section 8 de l'*Enquête sur les principes de la morale*[3], et en fait également mention dans ses essais comme « L'origine des arts et des sciences »[4] ou encore « De la liberté civile »[5]. Dans ces différents textes, il présente la conversation mondaine comme la quintessence de l'art de vivre. Le lien entre la civilité et la moralité ne se voit jamais démenti : le savoir et la civilité « sont (…) étroitement unis à la vertu et à l'humanité, et (…) étant les antidotes les plus souverains contre la superstition, (elles) sont aussi les remèdes les plus efficaces contre les vices et les désordres de toutes espèces »[6]. Que les règles sociales, sous la forme de la politesse, participent de la morale, permet d'insérer cette dernière dans une histoire naturelle paradoxale où les règles sociales et autres vertus artificielles (entendons les vertus dérivées de la nature humaine et non les manifestations premières de celle-ci) modifient nos principes anthropologiques pour nous faire accéder à un stade plus élevé de notre humanité.

L'imbrication entre le champ social et le champ moral retiendra toute l'attention des héritiers du concept de sympathie, les psychologues comme les sociologues, qui radicaliseront l'analyse humienne en ressaisissant l'ensemble des phénomènes moraux dans une perspective sociale. Ainsi Théodule Ribot présente-t-il la sympathie comme « l'un des fondements de

1. Hume cite explicitement le Chevalier de Saint-Évremond dans le *Traité de la nature humaine*, *op. cit.*, III, 3, 2, 12, p. 224 et dans l'*Enquête sur les principes de la morale*, *op. cit.*, VII, 3, p. 112.

2. Voir D. Hume, *Traité de la nature humaine*, *op. cit.*, III, 3, 3, 2, p. 229 *sq.* et III, 3, 4, 9, p. 121 *sq.*

3. Voir D. Hume, *Enquête sur les principes de la morale*, *op. cit.*, VIII, p. 121 *sq.*

4. Voir D. Hume, « De l'origine et du progrès des arts et des sciences », *Essais et traités sur plusieurs sujets*, t. 1 (1777), Paris, Vrin, 1999, p. 179 : « Parmi les arts de la conversation, le plus aimable sans doute est cette déférence mutuelle ou cette civilité qui nous fait sacrifier nos propres inclinations à celles d'autrui et tempérer ou cacher ces présomptions arrogantes si naturelles à l'esprit humain. »

5. Voir D. Hume, « De la liberté civile », *Essais et traités sur plusieurs sujets*, t. 1, *op. cit.*, p. 150, souligné par nous : « (…) Ils (Les Français) ont su, dans la vie commune, porter à une grande perfection l'art le plus *utile* et le plus *agréable* qui soit, je veux dire *l'Art de vivre*, l'art de la société et de la conversation. »

6. D. Hume, *Histoire d'Angleterre* (1754-1761), trad. fr. J.-B.-D. Desprès, Paris, Janet et Cotelle, 1819-1822, t. 3, p. 571.

la vie sociale et morale »[1], marquant par là même la subordination de la seconde à la première : il n'hésite pas à lier tendances morales et instinct social, point repris par les sociologues de l'école de Chicago, *via* l'œuvre de Gabriel Tarde.

Cet accord entre le moral et le social se retrouve de manière magistrale dans le concept goffmanien d'interaction qui assure tout à la fois le respect des individus en les constituant en personnes morales et la régulation des relations sociales. Dans cette perspective, le champ moral perd toute autonomie mais est appréhendé d'une manière profondément originale qui déplace le geste de l'école de psychologie expérimentale française. Il n'est question ni de s'interroger sur la source du jugement moral, qu'il s'agisse de son fondement selon une perspective philosophique traditionnelle ou de son origine factuelle selon une perspective empiriste, ni de comprendre comment la morale n'est jamais qu'une affaire de conventions sociales, mais de réfléchir à la manière dont les relations intersubjectives, c'est-à-dire la manière dont la société se fait et se défait, valorisent ou non les individus comme personnes. Goffman ne se contente donc pas de socialiser la notion de personne, ce qui reviendrait à dissoudre la morale, mais détermine empiriquement la nature du respect qui lui est dû, ce qui engage une véritable sociologie morale.

### *La source du lien social*

L'imbrication entre réflexion morale et réflexion sociale permet de comprendre l'attention spécifique accordée par Hume au rôle joué par la sympathie dans la formation et la stabilisation du lien social. Il montre comment elle unit les hommes depuis la sphère limitée de la famille jusqu'à celle plus vaste formée par la société civile, assurant le partage d'intérêts, de représentations et de passions. Conformément à sa démarche naturaliste, il se donne ainsi le moyen de décrire, à partir d'un principe anthropologique, l'extension du lien social ainsi que sa réalité. L'unité de la société est moins assurée de l'extérieur par des institutions surplombant les individus que de manière immanente par une communication intersubjective instaurant une sphère commune.

1. T. Ribot. *La psychologie des sentiments*, Paris, Alcan, 1896, p. 227.

*Dans la famille*

L'homme, selon Hume, n'est jamais un individu isolé comme pourraient le laisser penser certaines théories politiques à l'instar du contractualisme, mais un être toujours pris dans une famille. Pour cet animal social, l'état de nature conçu comme état d'isolement n'est qu'« une pure fiction philosophique qui n'a jamais eu et n'a jamais pu avoir la moindre réalité »[1]. Cette thèse se voit étayée par l'analyse de deux tendances de la nature humaine : l'instinct sexuel et l'amour des parents pour leurs enfants. Si le premier se présente comme une pulsion biologique se manifestant de manière immédiate, sujette à variations en raison des fluctuations du désir, et à ce titre extrêmement instable, le second, sous-tendu par le déploiement de la sympathie, la renforce et stabilise l'union précaire entre deux êtres, en la transformant en une société embryonnaire.

L'instinct sexuel, loin de viser simplement une satisfaction solitaire comme pouvait l'analyser Rousseau dans le *Discours sur l'origine et les fondements de l'inégalité parmi les hommes*[2], apparaît comme un facteur d'union entre deux êtres, à l'origine du caractère naturel de la famille. Au point de départ de l'analyse politique et sociale humienne, l'on ne trouve donc pas l'individu égoïste et solitaire, mais le couple. Cette première union se voit renforcée par le deuxième type d'union qu'elle entraîne, celle entre parents et enfants. En effet, ce « principe premier et originel de la société humaine », entendons l'instinct sexuel, « unit » l'homme et la femme « et préserve leur union jusqu'à ce que s'établisse un nouveau lien, le souci qu'ils ont de leur progéniture commune »[3]. Or cette dernière affection, qui ne se présente pas comme une manifestation d'égoïsme[4], ne peut se comprendre sans la sympathie.

Alors que l'amour se caractérise de manière générale comme une passion indirecte reposant sur une double relation d'impressions et d'idées (la qualité agréable d'une personne produit en moi une impression agréable et l'idée de cette personne), on observe que l'on peut aimer quelqu'un sans qu'il possède un tel attribut plaisant. Ceci est particulièrement vrai dans le

1. D. Hume, *Traité de la nature humaine*, *op. cit.*, III, 2, 2, 2, 14, p. 94. Pour une critique de l'hypothèse contractualiste, voir *id.*, « Du contrat primitif », *Essais et traités sur plusieurs sujets*, t. 2, Paris, Vrin, 2009, p. 209 *sq.*

2. Voir J.-J. Rousseau, *Discours sur l'origine et les fondements de l'inégalité parmi les hommes* (1755), Paris, Gallimard, 1966, O. C., t. 3, p. 147.

3. D. Hume, *Traité de la nature humaine*, *op. cit.*, III, 2, 2, 4, p. 86.

4. Voir D. Hume, *Enquête sur les principes de la morale*, *op. cit.*, « Appendice 2 », 9, p. 153-154.

cas de l'affection vis-à-vis de sa progéniture, comme le remarque finement Hume :

> (…) [I]l peut arriver que la passion de l'amour ne soit suscitée que par une relation d'un genre différent entre nous-mêmes et l'objet; ou pour parler plus exactement que cette relation s'accompagne toujours de deux autres. Qui nous est uni par quelque connexion est toujours assuré, sans enquête plus poussée sur ses autres qualités, d'une part de notre amour proportionné à cette connexion. Ainsi le lien du sang produit-il l'attache la plus forte dont l'esprit soit capable dans l'amour des parents pour leurs enfants, et un degré moindre de la même affection au fur et à mesure que ce lien se desserre[1].

De manière remarquable et sans doute très utile pour la stabilité sociale, la filiation nous fait aimer tous nos enfants, même ceux dépourvus de caractéristiques aimables. Au lien du sang, Hume ajoute deux autres relations susceptibles de provoquer un tel attachement : la ressemblance et la familiarité.

Pourquoi ces trois relations, liens de sang, de familiarité et de ressemblance, sont-elles susceptibles de faire naître l'amour ? Dans la mesure où elles produisent en et par elles-mêmes une impression agréable, capable de pallier l'absence des qualités pouvant la susciter. L'origine de ce plaisir spécifique se comprend grâce au principe de sympathie et à la nature dérivée du *self*. En effet, nous avons vu précédemment que la sympathie me permet d'éprouver comme impression à la première personne ce qu'éprouve autrui. Or cette vivacité se révèle une source de plaisir intrinsèque car elle donne de l'agitation à l'esprit qui n'est jamais à lui-même son propre fonds, étant donnée l'absence d'un noyau substantiel d'identité personnelle : « (…) Une sympathie envers les autres n'est agréable que par le branle qu'elle donne aux esprits, puisqu'une sympathie aisée et les émotions correspondantes sont seules communes à la parenté, à la familiarité, et à la ressemblance »[2]. Le mouvement donné à l'esprit par la communication des impressions d'autrui est profondément agréable puisque notre entendement a besoin d'objets extérieurs pour s'animer. Sans eux, il dépérit et sombre dans un état languissant. « Rien n'est plus constant ni plus pressant dans l'esprit humain que son besoin d'exercice et sa soif d'activité ; une soif qui semble le fondement de la plupart de nos passions et de nos entreprises »[3]. La recherche de la compagnie d'autrui qui

1. D. Hume, *Traité de la nature humaine*, *op. cit.*, II, 2, 4, 2, p. 198-199.

2. *Ibid.*, II, 2, 4, 7, p. 201-202.

3. D. Hume, « De l'intérêt » (1752), *Essais et traités sur plusieurs sujets*, t. 2, *op. cit.*, p. 79.

nous fournit les impressions vives indispensables à notre vie mentale grâce à la sympathie répond à un véritable besoin. La non-substantialité du *self* se traduit par l'incapacité à vivre seul. Or je sympathise d'autant plus avec quelqu'un qu'il m'est relié par parenté, familiarité ou ressemblance. En effet, la similitude d'une personne et notre habitude de la fréquenter rendent plus aisée l'inférence de ses émotions à partir de son comportement et les liens de sang englobent ces deux relations. De manière générale, les enfants ressemblent à leurs parents et vivent avec eux. C'est donc la sympathie qui rend compte de l'amour que ces derniers leur portent : la facilité avec laquelle nous partageons leurs affects et leurs opinions nous fournit l'impression de plaisir pouvant engendrer la double relation à l'origine de la passion indirecte de l'amour.

Cette première forme d'union assurée par la sympathie peut être qualifiée de lien social, dans la mesure où la famille, cellule de base, connaît des « rudiments de justice »[1]. En effet, en vertu de la sympathie réciproque entre les membres d'une même famille qui permet de se mettre très facilement à la place les uns des autres, l'accord, la compréhension et la coopération sont choses aisées. Ainsi existe-t-il un sens de l'intérêt commun vécu de manière naturelle, pour autant que les frontières individuelles soient poreuses, entraînant la mise en place spontanée de conventions. Chaque membre de la famille expérimente de manière naturelle les avantages de la vie en collectivité par une coordination immédiate. C'est pourquoi, Hume peut dire qu'au sein de la famille rien n'est plus simple et plus évident que la règle sur la stabilité des possessions. Il ne faut pas entendre par là que la possession soit déjà une propriété, mais simplement que l'on ne s'empare pas des biens de l'autre parce que, d'une certaine manière, ce qui est à toi est à moi par le partage du plaisir pris à sa possession. Certes, dans la mesure où les enfants ne sont pas d'emblée familiers entre eux du fait de leur jeune âge, les parents doivent établir cette règle, mais elle se soutient d'elle-même en raison de leur sympathie spontanée. Cette analyse n'apparaît pas contradictoire avec celle menée dans l'*Enquête sur les principes de la morale*, lorsque Hume affirme que dans la famille toutes les distinctions de propriété se perdent, si bien que les règles de justice y sont inutiles[2]. Il faut seulement distinguer les règles de justice rudimentaires de celles instituées. Les premières sont suivies dans la famille, dans la mesure où elles sont vécues de manière spontanée, grâce à la sympathie réciproque de ses différents membres. Les secondes le sont,

1. D. Hume, *Traité de la nature humaine*, *op. cit.*, III, 2, 2, 14, p. 93.
2. Voir D. Hume, *Enquête sur les principes de la morale*, *op. cit.*, III, 7, p. 59.

dans la mesure où elles sont des artifices étendant les règles rudimentaires aux personnes qui sympathisent moins aisément entre elles, en raison de l'absence de ressemblance et de familiarité. Ainsi, fidèle à sa compréhension subtile de l'articulation entre nature et artifice, Hume pense l'invention des conventions dans la société civile comme le prolongement de celles primitives de la famille, en soulignant l'existence d'un sens de l'intérêt commun, assuré par la sympathie.

### *Dans la société civile*

À partir de ce premier noyau formé par la famille, Hume pense l'extension du lien social. D'abord cantonnée à la sphère des proches, la sympathie se révèle, en effet, susceptible de s'étendre peu à peu aux personnes plus éloignées, la possibilité de cette extension reposant sur le partage d'une seule et même nature. « Il est évident que la nature a conservé une grande ressemblance entre toutes les créatures humaines et qu'on ne remarque jamais aucune passion ni aucun principe chez les autres qui ne puisse trouver à un degré ou à un autre leur parallèle en nous-mêmes »[1], si bien qu'ils sont toujours susceptibles de nous être communiqués. En droit, l'inférence de la passion éprouvée par autrui à partir de son comportement ainsi que sa conversion en impression apparaissent toujours possibles. Si la sympathie permet de prendre conscience, au sein même de la famille, de l'intérêt de la vie sociale, elle donne également à comprendre pourquoi l'homme en vient à espérer des avantages pour lui et les siens, lorsqu'il étend de manière artificielle les conventions qui règnent spontanément dans son cercle intime.

L'homme humien vit dans un monde aux ressources limitées. La nature parcimonieuse ne lui laisse d'autre choix que de s'emparer des rares biens qu'elle met à sa disposition pour son profit et celui de ses proches. Mais ce faisant, dans la mesure où chaque individu obéit à la même tendance et cherche à satisfaire les siens, la sympathie limitée et immédiate se retourne contre elle-même : le plaisir pris à voir ses proches contentés, à l'origine des vols et des rapines, entraîne des conflits avec les autres familles et nuit à l'intérêt du clan. De principe d'ordonnancement de la cellule de base, la sympathie devient facteur de désordre, ce qui la conduit à modifier son orientation.

> Cela ne peut être fait d'aucune autre manière que par une convention souscrite par tous les membres de la communauté afin de conférer de la

1. D. Hume, *Traité de la nature humaine*, *op. cit.*, II, 1, 11, p. 157.

> stabilité à la possession de ses biens extérieurs et de laisser chacun dans la paisible jouissance de ce qu'il a pu acquérir par sa bonne fortune ou son labeur. [...] Loin de nous détourner de notre intérêt propre et de celui de nos amis les plus proches en s'abstenant de ce qui appartient aux autres, nous ne pouvons mieux satisfaire ces deux intérêts que par une telle convention, qui est si nécessaire à la vie et au bien-être de nos amis, comme elle l'est aux nôtres[1].

La seule solution pour ne pas succomber à des conflits sans fin consiste à renoncer à s'emparer des biens d'autrui, en transformant la possession physique d'un bien en droit de propriété, pour autant que l'on suppose sa réciprocité.

Les sympathies limitées se coordonnent en s'ajustant les unes aux autres pour se satisfaire. Pour ce faire, elles s'appuient sur ce qui a été expérimenté comme impression dans la famille : l'avantage de la stabilité des possessions. Ainsi, seule la sympathie restreinte peut rendre raison de la confiance que se font les différentes familles au moment de la convention. Chaque homme pense qu'il satisfera mieux son intérêt et celui de ses proches en souscrivant une convention car il suppose, à juste titre, que les autres membres raisonnent de la même manière. Il présume que s'il s'abstient de s'emparer de leurs biens, ils feront de même, et ce, pour les mêmes raisons que lui. La conscience d'un intérêt commun repose donc sur le partage de ce principe remarquable de la nature humaine qu'est la sympathie dans sa version restreinte : je fais confiance à l'autre car il ne m'est jamais radicalement étranger en vertu de cette qualité commune qui nous éloigne de prime abord l'un de l'autre. Le célèbre exemple des rameurs[2] donnant à comprendre en quoi consiste une convention apparaît à ce titre significatif : la coordination des deux passagers de la barque ne porte que sur la cadence. Les rameurs peuvent ajuster leur mouvement l'un à l'autre, dans la mesure où ils veulent aller spontanément dans la même direction, donc parce qu'il existe une ressemblance initiale entre eux. Si l'un ne voulait pas bouger alors que l'autre voulait se déplacer ou si chacun voulait aller dans une direction opposée, l'ajustement progressif des conduites serait tout simplement impossible. Pour filer la métaphore nautique, l'on soulignera alors l'importance de la force du courant. Cette force résulte de la conjonction d'un principe commun à tous les hommes (la sympathie qui nous pousse à nous réjouir avant tout du plaisir de nos proches) et d'une circonstance commune à la condition humaine en général

1. D. Hume, *Traité de la nature humaine*, *op. cit.*, III, 2, 2, 9, p. 89.
2. Voir *ibid.*, III, 2, 2, 10, p. 90.

(la rareté des biens naturels). En vertu de cette force, la direction ne fait pas problème, même si la destination ne fait pas l'objet d'une représentation consciente et explicite.

La première règle de justice sur la stabilité des possessions pose néanmoins une difficulté : empêchant la circulation des biens, elle ne permet pas d'ajuster la propriété aux besoins. Rigide, elle s'oppose à toute évolution. Les hommes doivent donc inventer une convention qui corrige cet écueil sans pour autant retomber dans les dissensions auxquelles la première règle avait précisément pour fonction de mettre fin. La seconde règle prend alors la forme suivante : la possession et la propriété doivent toujours être stables, excepté lorsque le propriétaire consent à les octroyer à une autre personne. Il s'agit donc d'une règle de compromis entre l'inflexibilité de la première et l'instabilité pure découlant des manifestations spontanées de la partialité. Elle permet de faire circuler les biens sous forme de dons unilatéraux ou de trocs. Mais cette règle n'apparaît, à son tour, que comme une solution incomplète au problème qu'elle est censée résoudre : elle implique la délivrance immédiate de l'objet échangé. Elle s'oppose donc à toute projection dans le futur et à toute cessation de propriété immatérielle. En effet, comme le déplacement d'une propriété d'une personne à l'autre ne constitue pas une notion distincte, il faut une impression qui permette d'en aviver l'idée : « Afin d'aider l'imagination à concevoir le transfert de propriété, nous prenons l'objet sensible et transférons effectivement la possession à la personne à laquelle nous avons l'intention d'octroyer la propriété »[1].

La troisième règle inventée vient étendre les effets bénéfiques de la seconde en lui permettant de ne pas se borner à des objets présents et individuels mais de s'étendre à des objets absents et généraux ainsi qu'à des services futurs, ce qui assure la mise en place d'un véritable système économique d'échange. Hume donne un exemple du type d'échange qui ne peut être réalisé lorsque la justice s'identifie seulement aux deux premières règles. « Votre blé est mûr aujourd'hui, le mien le sera demain. Il nous est profitable à tous deux que je travaille avec vous aujourd'hui et que vous m'aidiez demain »[2]. Pourtant, malgré cet intérêt commun, je ne vous aiderai pas car je pense que vous ne le ferez pas en retour, étant donnée la nature différée du service. Pour pallier cette méfiance, les hommes forgent un nouvel expédient : une certaine formule verbale qui constitue une promesse. Elle crée un engagement obligatoire pour celui qui la prononce,

1. *Ibid.*, III, 2, 4, 2, p. 120.
2. *Ibid.*, III, 2, 5, 8, p. 126.

même dans un lointain avenir, dans la mesure où elle donne satisfaction à la partialité, fût-ce de manière oblique et artificielle. L'homme perçoit vite les avantages à instaurer une relation de confiance dont il bénéficie à son tour et les désavantages à l'enfreindre : s'il ne tient pas sa promesse, il s'expose à des représailles et se prive d'un allié. La promesse permet de rendre contraignant le sens de l'intérêt pour qu'une contrepartie suive un service initial.

La logique d'invention de la justice donne à comprendre pourquoi Hume peut la qualifier de manière générale d'artifice. Chaque règle se révèle un expédient qui en appelle un autre en vertu de ses insuffisances : à chaque solution partielle, il faut adjoindre un complément. Mais le caractère artificiel de la justice n'est pas synonyme d'arbitraire : elle se déploie depuis un principe de la nature humaine, la sympathie dans sa restriction initiale. Il s'agit d'étendre aux personnes qui me sont étrangères la coopération vécue de manière naturelle dans la famille pour que cette dernière soit plus efficace.

Une conséquence décisive pour notre archéologie de l'interaction découle de cette histoire naturelle de la société. Elle modifie la compréhension traditionnelle de deux concepts : celui de règle et celui de lien social. Redéfinie dans la philosophie humienne comme convention, la règle fait l'économie de toute coercition extérieure chargée de la faire respecter pour se déployer comme un ajustement progressif dont l'infraction comprend une sanction immanente[1]. La notion de sanction diffuse ou informelle déployée par Erving Goffman[2] mérite d'être éclairée par ce biais pour comprendre l'originalité de la théorie de la régulation sociale qui se joue dans l'interactionnisme, une régulation qui s'envisage au niveau microsocial en se passant de toute référence à des obligations incarnées dans des institutions macrosociales. La sympathie détermine, en outre, de manière inédite le lien social à partir de processus spontanés de coopération plutôt que d'une rupture volontaire avec un état d'isolement initial entraînant la mise en place d'un régime politique. Les hommes font société moins parce qu'ils décident de la créer de toutes pièces suite à un calcul rationnel que parce qu'ils partagent des représentations et des affects leur permettant d'expérimenter un sens commun de l'intérêt. Se dessine

1. Voir C. Bonicco-Donato, « La question des normes chez Hume ou comment la convention devient valeur », *in* B. Frydman et A. Van Waeyenberge (éd.), *Gouverner par les standards et les indicateurs – De Hume aux* rankings, Bruxelles, Bruylant, 2013, p. 279 *sq*.

2. E. Goffman, *Les relations en public* (1972), trad. fr. A. Kihm, Paris, Minuit, 1973, p. 101 *sq*.

ainsi une solidarité processuelle des intérêts individuels et collectifs dont se souviendra l'interactionnisme qui en présentera une version plus radicale.

### *Les mœurs et leur communication*

Dans cette perspective, Hume attache une grande importance aux mœurs qui retiendront également plus tard l'attention de Gabriel Tarde et des sociologues de l'école de Chicago. Leur analyse le conduit à substituer à la compréhension classique, en philosophie politique, du lien social à partir de la question de son fondement et de sa légitimité, une approche descriptive s'intéressant avant tout aux conditions de constitution et de partage des représentations, mais aussi des attitudes physiques, qui façonnent l'identité de chaque société. Il initie de la sorte une analyse originale de l'unité de la société comme un processus permanent dont la communication est le moteur.

Si les circonstances extérieures permettent de comprendre pourquoi les mœurs nationales diffèrent alors que la nature humaine est universelle, la sympathie assure, pour sa part, leur stabilité. Hume consacre un essai entier à cette question dans «Le caractère des nations». Sans aller jusqu'à conclure que tous les habitants d'une même nation se comportent *stricto sensu* de la même manière, il n'en demeure pas moins que « chaque nation a des mœurs qui lui sont propres et que certaines qualités particulières se rencontrent plus souvent chez un peuple que chez ses voisins »[1]. Pour comprendre ce caractère spécifique, Hume fait intervenir deux éléments : les principes universels de la nature humaine et les causes morales, c'est-à-dire « toutes les circonstances qui peuvent agir sur l'esprit comme autant de motifs ou de raisons et qui nous accoutument à certaines mœurs particulières »[2]. Les mœurs d'une nation apparaissent comme la coloration donnée aux principes de la nature humaine par ces causes morales ou circonstances particulières dans lesquelles ils se déploient. Il est important de préciser que ces dernières se distinguent du hasard et ne doivent pas être envisagées comme « des causes secrètes et inconnues », puisque « tout ce qui est relatif à un grand nombre peut souvent s'expliquer par des causes connues et déterminées »[3], mais il faut également noter que cette synthèse

1. D. Hume, « Le caractère des nations », *Essais et traités sur plusieurs sujets*, t. 1, *op. cit.*, p. 241.

2. *Ibid.*

3. D. Hume, « De l'origine et du progrès des arts et des sciences, », *Essais et traités sur plusieurs sujets*, t. 1, *op. cit.*, p. 167.

serait particulièrement instable, et sans doute très limitée, sans l'intervention de la sympathie. Alors que la coloration permet de comprendre la différence entre les mœurs des différentes nations, leur propagation par sympathie rend compte, elle, de leur uniformité et de leur étendue. Ainsi la sympathie se présente-t-elle comme un facteur d'unification diffusant les pratiques et les opinions selon une logique de communication.

La perspective anthropologique de Hume apparaît indissociable d'une attention aiguë aux nuances de la nature humaine. Celle-ci n'est en aucun cas une essence, mais un ensemble de principes plastiques qui vont se déployer différemment en fonction des circonstances qui pèsent sur eux. Le philosophe nous donne un certain nombre d'exemples de ces facteurs de variations, aussi bien politiques qu'économiques : « La nature du gouvernement, les révolutions qui affectent les affaires publiques, l'état d'abondance ou de pénurie d'un peuple, la situation d'une nation relativement à ses voisins, et d'autres circonstances de cette sorte »[1], ou encore ce qui relève de « l'inconstance qui règne dans toutes les affaires humaines »[2]. Hume se sépare ainsi de toute une tradition philosophique qui attribue (et attribuera) l'uniformité des mœurs d'une nation à des causes physiques, c'est-à-dire aux qualités de l'air et du climat : depuis Hippocrate, Platon et Aristote jusqu'à Sir William Temple et John Arbuthnot, en passant par Bodin et Montesquieu. Si l'*Histoire d'Angleterre* propose une typologie légèrement différente de ces facteurs de variations, faisant valoir l'importance de la variable culturelle (l'état du gouvernement, des finances, des armes, du commerce, des arts et des sciences)[3], Hume ne démord cependant jamais de cette perspective.

Les principes de la nature humaine au fonctionnement universel peuvent se manifester différemment, puisque les circonstances dans lesquelles ils se déploient se modifient. Loin de se présenter comme « une matière passive »[4], ces dernières apparaissent comme de véritables principes possédant une efficience causale[5]. Puisque la circonstance peut se définir comme tout élément qui s'ajoute à un événement de manière contingente, sa prise en compte dans l'analyse permet de complexifier les

1. D. Hume, « Le caractères des nations », *Essais et traités sur plusieurs sujets*, t. 1, *op. cit.*, p. 241.

2. *Ibid.* p. 247.

3. Voir D. Hume, *Histoire d'Angleterre*, *op. cit.*, t. 7, p. 207 et t. 9, p. 221.

4. Voir M. Malherbe, « La notion de circonstance dans la philosophie de Hume », *Hume Studies*, vol. 9, n° 2, 1983, p. 131.

5. Voir D. Hume, *Traité de la nature humaine*, *op. cit.*, I, 3, 13, 1, p. 216 et I, 3, 13, 9, p. 221.

relations de causalité. En effet, les principes de la nature humaine apparaissent eux-mêmes comme des causes qui se déploient en se conjuguant à ces autres facteurs que sont les circonstances. Or cette inflexion des principes peut être dite naturelle, dans la mesure où la nature est non seulement l'immédiat, le spontané, mais aussi ce qui dérive de manière non arbitraire de ces mêmes principes[1]. Ainsi deux plans de causalité s'articulent-ils : la circonstance ne se présente pas comme un accident irréductible à toute analyse mais comme un élément explicatif à ressaisir pour l'enrichir, la compléter ou encore l'affiner. Ce sont les circonstances comme causes morales qui, en modulant les principes souples de la nature humaine, font « le style » des nations, leur donnent leur complexion particulière, aussi bien leurs manières d'agir que de penser.

« Un dialogue » qui clôt l'*Enquête sur les principes de la morale* constitue le texte le plus clair de Hume sur cette malléabilité de la nature humaine en fonction des circonstances. L'un des interlocuteurs du dialogue, Palamède décrit les mœurs d'un pays imaginaire, le Fourli, qui paraissent fort éloignées des valeurs morales du XVIII^e^ siècle : pédérastie, inceste, parricide, assassinat, parjure y sont considérés comme autant de bonnes actions. Or, sous couvert de fiction, Palamède décrit en vérité les us et coutumes des Grecs. Faut-il alors mettre en cause l'idée d'une nature humaine univoque et affirmer que les valeurs morales sont seulement fonction de la culture et de l'époque dans laquelle elles naissent ? Son interlocuteur réplique en observant que les Anciens n'ont pas le privilège de l'étrangeté. Les mœurs des Français, aussi modernes soient-ils, n'en sont pas moins bizarres : adultère, galanterie, duel, refus à tout prix du suicide, etc. Doit-on pour autant sombrer dans le relativisme et reconnaître que les hommes ne présentent aucun point commun entre eux ? Absolument pas. De même que le Rhin et le Rhône, jaillissant pourtant du même massif montagneux et soumis au même principe de gravité, coulent dans deux directions différentes, en raison de circonstances extérieures contingentes – « les pentes différentes du sol où ils s'écoulent »[2] –, de même les principes de la nature humaine, en l'occurrence des principes moraux, peuvent fournir des systèmes différents lorsque les circonstances varient. En effet, les vertus morales renvoient toujours à des qualités utiles ou plaisantes pour celui qui les possède ou pour autrui, mais utilité et agrément se déclinent différemment. Comme l'explique Hume,

1. *Ibid.*, III, 2, 1, 19, p. 83.

2. D. Hume, « Un dialogue », *Enquête sur les principes de la morale*, *op. cit.*, p. 180.

> (…) les principes d'après lesquels les hommes raisonnent en morale sont toujours les mêmes, bien que les conclusions qu'ils en tirent soient souvent très différentes. Qu'ils raisonnent tous correctement en ce qui concerne ce sujet, plus correctement que dans d'autres domaines, il n'incombe à aucun moraliste de le montrer. Il suffit que les principes originels de condamnation ou de blâme soient uniformes, et que les conclusions erronées puissent être corrigées par un raisonnement plus sain et une expérience plus vaste[1].

La témérité apparaît comme une vertu en temps de guerre et la prudence en temps de paix. Autrement dit, les circonstances particulières fournissent une certaine perspective, « angulent » la nature de ce qui est utile ou agréable. L'anthropologie humienne se présente donc comme la pensée d'une scission immanente à la nature humaine sous l'action de facteurs extérieurs, ce dont il ne faut pas s'étonner dans une perspective empiriste.

Mais si nous sommes à présent en mesure de comprendre la variété de cette synthèse spécifique de principes universels de la nature humaine et de circonstances particulières que sont les mœurs nationales, reste à saisir comment elles peuvent être les mêmes pour un certain nombre de personnes. Pourquoi sont-elles stables et partagées ? Question cruciale interrogeant la réalité et la nature du lien social. Une première réponse vient aisément : dans la mesure où ce sont les mêmes causes morales qui affectent les mêmes principes de la nature humaine, il peut sembler normal que la synthèse, c'est-à-dire les mœurs, soient les mêmes pour chaque individu. Pourtant cette prétendue évidence s'obscurcit sitôt que l'on pousse plus avant la réflexion : est-il si sûr qu'il soit nécessaire que la même circonstance ait affecté chaque individu singulièrement pour que tous les membres d'une même société partagent les mêmes valeurs morales ? Si la stabilité des mœurs reposait uniquement sur un tel dispositif, elle serait particulièrement fragile. Le lien social entre des habitants éloignés géographiquement ou socialement paraîtrait impossible. Or l'on observe au contraire une grande uniformité, y compris dans des sociétés aussi dispersées sur le plan géographique que l'Empire chinois[2].

Bien que Hume ne formule pas explicitement cette difficulté, il la résout cependant en dressant une liste édifiante des phénomènes observés montrant l'incapacité des causes physiques à rendre compte de l'uniformité et de la stabilité des mœurs d'une nation[3]. Si les mœurs dépendaient

1. D. Hume, « Un dialogue », *Enquête sur les principes de la morale*, *op. cit.*, p. 264-265.

2. D. Hume, « Le caractère des nations », *Essais et traités sur plusieurs sujets*, t. 1, *op. cit.*, p. 246.

3. Voir *ibid.*, p. 246-249.

des caractéristiques du site ou du climat, on ne pourrait pas comprendre comment les habitants d'un empire très vaste peuvent partager les mêmes croyances et les mêmes représentations ; comment des peuples contigus géographiquement peuvent présenter des caractères différents ; pourquoi le caractère national et l'autorité du gouvernement vont de pair ; comment les membres d'une même nation, bien que dispersés dans des pays éloignés, présentent de nombreux traits similaires (par exemple les Juifs en Europe, les Arméniens en Orient) ; pourquoi deux nations vivant dans le même territoire comme les Turcs et les Grecs gardent des mœurs distinctes ; pourquoi les colonies issues de différentes nations, même si elles vivent sur le même territoire, conservent les mœurs de la mère patrie ; pourquoi les mœurs d'une nation évoluent alors que son territoire reste le même ; pourquoi les nations échangeant entre elles acquièrent une similitude de mœurs proportionnelle à leurs échanges, et enfin pourquoi dans une même nation, on peut trouver un admirable mélange de mœurs et de caractères, comme entre les Anglais et les Écossais. À cette liste pourrait s'ajouter un autre argument développé dans l'*Histoire d'Angleterre*. L'invasion de la Grande-Bretagne par les Saxons, donc l'introduction d'une nouvelle nation sur un territoire, modifie entièrement les mœurs des autochtones : « Toute la partie méridionale de l'île, excepté le pays de Galles et de Cornouailles, changea absolument d'habitants, de langage, de coutumes et d'institutions politiques ». Si les Bretons au contact des Romains s'étaient policés (on note une nouvelle fois l'intervention des causes morales dans l'analyse), « les conquérants féroces qui les subjuguèrent ensuite les replongèrent à tous égards dans leur ancienne barbarie »[1].

Or, selon Hume, comprendre les mœurs comme la détermination des principes de la nature humaine par les fameuses causes morales analysées précédemment permet de rendre compte de ces différents phénomènes. Encore faut-il se demander pourquoi en précisant la manière dont elles affectent les esprits. Pour agir, elles n'ont pas besoin de frapper directement chaque esprit pris singulièrement, mais elles peuvent le faire de manière indirecte par propagation, grâce à la sympathie. Par exemple, le Français né aux colonies ne connaît pas directement le gouvernement de la métropole, ni l'état d'abondance de son royaume, mais de manière médiate grâce aux mœurs de ses parents, des autres colons venus de métropole, ainsi que des navigateurs et des commerçants – mœurs qui sont, elles, façonnées immédiatement par les causes morales –. Ainsi ces dernières peuvent-elles agir par l'intermédiaire de leurs effets directs que sont les

1. Voir D. Hume, *Histoire d'Angleterre*, *op. cit.*, t. 1, p. 32.

mœurs, si bien que celles-ci deviennent à leur tour des causes. Hume exprime précisément cette puissance explicative des mœurs quand l'histoire est en cause :

> Il est à propos, à présent, de faire une pause et de faire une revue de l'état du royaume par rapport au gouvernement, *aux mœurs*, aux finances, aux armes, au commerce et au savoir. Si l'on ne se forme point une idée juste de tous ces objets, l'histoire ne peut être fort instructive, et devient souvent inintelligible[1].

Ainsi jouent-elles un rôle déterminant, par exemple, dans l'explication du caractère absolu du pouvoir de la reine Elisabeth : « (…) les mœurs du siècle étaient une cause générale qui opéra pendant toute cette période, et qui tendit continuellement à diminuer les richesses, et encore plus l'influence de l'aristocratie, autrefois si formidable à la couronne »[2]. Or les mœurs déterminées ne peuvent être, à leur tour, déterminantes, sans l'intervention de la sympathie. Principe de diffusion des impressions et de stabilisation des représentations partagées, elle seule peut assurer l'effectivité des causes morales hors de leur berceau géographique. Dans ces conditions, Hume peut insister sur le rôle moteur de la sympathie dans la constitution des us et coutumes[3] et leur caractère collectif :

> C'est à ce principe (c'est-à-dire la sympathie) que nous devrions imputer la grande uniformité observable dans les dispositions et façons de penser des hommes d'une même nation; il est beaucoup plus probable que cette ressemblance provienne de la sympathie plutôt que de l'influence du sol ou du climat, qui, en dépit de leur invariable continuité, ne saurait conserver identique à lui-même durant tout un siècle, le caractère d'une nation[4].

De manière remarquable, la sympathie se renforce elle-même : plus les mœurs d'une nation sont uniformisées grâce à la sympathie, plus la sympathie s'exerce aisément et accentue cette stabilité : « (…) nous trouvons que là où, en plus de la ressemblance générale de nos natures, il existe une similitude particulière de manières, de caractères, de pays ou de langues, elle favorise la sympathie »[5].

1. D. Hume, *Histoire d'Angleterre*, *op. cit.*, t. 7, p. 207, trad. mod., souligné par nous.
2. *Ibid.*, t. 6, p. 435.
3. Voir D. Hume, « Le caractère des nations », *Essais et traités sur plusieurs sujets*, t. 1, *op. cit.*, p. 245.
4. D. Hume, *Traité de la nature humaine*, *op. cit.*, II, 1, 11, 2, p. 156.
5. *Ibid.*, II, 1, 11, 5, p. 157.

Pour expliquer la stabilité des mœurs, Hume met ainsi en avant, un siècle avant Gabriel Tarde, la notion d'imitation, en la faisant reposer sur la circulation des passions et des inclinations, c'est-à-dire sur la sympathie :

> L'esprit humain est très porté à l'imitation; et il est impossible que des hommes entretiennent un commerce régulier, sans contracter des mœurs semblables et sans se communiquer leurs vices aussi bien que leurs vertus. Toutes les créatures rationnelles ont un fort penchant à vivre ensemble en société; or la disposition qui nous pousse à cela nous fait entrer aussi très avant dans les sentiments d'autrui; de sorte que les mêmes passions et les mêmes inclinations circulent comme par contagion, d'un membre à l'autre dans tout le cercle [1].

Si le lien social, sous sa plume, n'est pas appréhendé de manière surplombante à partir des institutions, il n'est pas non plus pensé de manière métaphysique à partir d'un prétendu Esprit des nations. L'unité d'une société n'est ni politique ni ontologique. Affective, comportementale, opinative, elle se présente comme un processus permanent, inachevé et inachevable, assuré par un principe de communication, la sympathie.

Mais si, depuis les magistrales analyses de Jürgen Habermas, la communication apparaît comme une notion incontournable dans toute compréhension des phénomènes sociaux, il importe néanmoins de souligner l'originalité de la démarche humienne pour mieux appréhender la force de la théorie sociale portée par l'interactionnisme : bien que les manières de penser soient incontestablement unifiées par la diffusion des opinions, la communication excède largement la sphère délibérative pour se déployer entre des attitudes, des manières d'être et d'agir. Le consensus n'apparaît pas tant cognitif qu'émotif. L'opinion véhiculée par la sympathie s'exerce moins de manière rationnelle qu'affective, elle n'est pas tant idée qu'impression, en raison de l'autorité qu'elle exerce sur les individus. Alors que David Hume distingue le niveau mental ou interne du niveau physique ou externe dans son analyse de la sympathie, puisque le comportement n'est jamais qu'un signe indiquant un affect ou une émotion, son analyse des mœurs tend à abolir cette dualité pour articuler manières de penser et manières d'être, dans la mesure où l'imitation s'exerce entre des « dispositions ». Il appartiendra au pragmatisme et à l'interactionnisme de radicaliser cette possibilité en développant une

1. D. Hume, « Le caractère des nations », *Essais et traités sur plusieurs sujets*, t. 1, *op. cit.*, p. 245.

conception externaliste de la communication, constituant le lien social à même la peau des individus.

## LES PÉRÉGRINATIONS DE LA SYMPATHIE HUMIENNE

Exhumer les archives du discours de l'interaction n'implique pas seulement de présenter l'analyse de la sympathie développée par Hume dans son œuvre philosophique, mais aussi de s'intéresser aux différents énoncés qui assurent la circulation du concept et constituent en objet singulier d'analyse et en principe explicatif la communication particulière dont elle rend compte. En effet, les différents discours réalisant la médiation entre la philosophie de la nature humaine développée par Hume au XVIIIe siècle et la sociologie de la vie quotidienne proposée par Goffman au XXe siècle ne se réduisent nullement à des vecteurs exportant de manière neutre la notion d'un champ disciplinaire dans l'autre : ils la transforment et l'infléchissent, accentuent certains de ses aspects et en édulcorent d'autres. Cette invention conceptuelle immanente à l'acte même de la réception invite à s'interroger sur les lignes de continuité et de discontinuité, les permanences et les interstices, les seuils et les paliers qui se présentent dans cette migration.

L'archéologue de l'interaction goffmanienne peut repérer deux courroies de transmission entre l'Édimbourg du XVIIIe et le Chicago du XXe siècle. La première, adoptant de nombreux méandres, court de la psychologie expérimentale qui se développe en France à la fin du XIXe siècle jusqu'à la thèse de Robert Ezra Park donnant ses lettres de noblesse à l'interaction en sociologie, en passant par la sociologie de Gabriel Tarde. Si Park fut un membre influent du département de sociologie de l'Université de Chicago et constitue une référence incontournable pour Goffman[1], sa thèse fut rédigée à Strasbourg, alors ville allemande, sous la direction de Wilhelm Windelband. Elle est nourrie de références philosophiques et sociologiques européennes, de sorte que cette première trame de discours peut être qualifiée de continentale. Il lui appartient d'articuler de manière explicite l'interaction à la sympathie par le biais de l'imitation.

1. Voir J. C. Verhoeven, « An Interview with Erving Goffman, 1980 », *Research on Language and Social Interaction*, vol. 26, n° 3, 1993, p. 317-348, repris *in* G. A. Fine et G. W. H. Smith (eds.), *Erving Goffman*, *op. cit.*, vol. 3, p. 213-236.

La deuxième, plus directe, reliant l'analyse humienne au pragmatisme, notamment à celui de George Herbert Mead, se présente pour sa part comme résolument américaine. Ce dernier, cité à huit reprises dans ses textes, constitue l'une des principales références de Goffman, lorsqu'il s'agit de souligner le caractère social du *self* et le refus de toute démarche introspective[1]. En effet, les thèses de Mead qui enseignait au département de philosophie de l'Université de Chicago de 1894 jusqu'à sa mort en 1931, connurent un large succès auprès des sociologues du département voisin, notamment de Herbert Blumer qui eut à son tour Goffman comme étudiant[2]. Or le pragmatiste élabore sa propre réflexion en s'appuyant sur le livre II du *Traité*. Il appartient à Robert Ezra Park, dans son *Introduction to the Science of Sociology*, coécrit avec Ernest Watson Burgess, qui constituait le manuel des étudiants de sociologie de l'Université de Chicago, de nouer cet ensemble discursif au précédent en rapprochant la pensée de Mead de celle de Tarde lorsque l'imitation est en jeu[3].

Ces deux ensembles de discours ont non seulement rendu possible l'œuvre goffmanienne où la notion d'interaction accède à un seuil de scientificité et de formalisation inédit, mais ont également contribué à lui donner son visage spécifique, très original dans la constellation des sociologues. De manière schématique, il est possible de présenter de la manière suivante ces deux séries. La première accentue la composante communicationnelle et naturaliste de la sympathie humienne. Elle édulcore l'épistémologie rendant compte des deux dimensions de la sympathie (l'inférence et la conversion), en se dispensant d'entrer dans l'explication de son fonctionnement et insiste sur le lien social assuré par la sympathie, mettant entre parenthèses l'analyse du jugement moral, tout en privilégiant la dimension affective du concept. Si la deuxième série s'attache, elle aussi, à la communication et au naturalisme sous-jacent, elle se distingue de la première sur deux points : d'une part, elle ne se contente pas de mettre l'accent sur la communication mais insiste sur son rôle constitutif dans la formation du *self*, d'autre part elle s'avère moins sensible à sa dimension affective, privilégiant les attitudes, les comportements et les manières d'être aux sentiments échangés. Autrement dit, elle propose une

1. Voir E. Goffman, *Comment se conduire dans les lieux publics*, *op. cit.*, p. 16 et n. 2, p. 34-35 ; *Strategic Interaction*, Philadelphia, University of Pennsylvania Press, 1969, p. 136-137 ; *Les relations en public*, *op. cit.*, p. 32 et p. 263 ; *Les rites d'interaction*, *op. cit.*, p. 75 et p. 210 ; *Gender Advertisements*, New York, Harper and Row, 1979, p. 1.

2. Voir Y. Winkin, « Portrait du sociologue en jeune homme », *in* E. Goffman, *Les moments et leurs hommes*, Paris, Seuil/Minuit, 1988, p. 34.

3. R. E. Park et E. W. Burgess, *Introduction to the Science of Sociology*, *op. cit.*, p. 424.

compréhension entièrement sociale de l'identité personnelle pour autant que toute communication soit toujours socialement normée et elle met l'accent sur le partage de postures collectives pour autant que ces postures soient normatives, retrouvant de la sorte le transfert de vivacité constitutif de la sympathie dans l'analyse de Hume. Éprouver une opinion comme impression revient à en ressentir l'autorité. Même si elle s'appuie sur des développements du philosophe négligés par les acteurs de la première trame de discours, Ribot, Tarde ou encore Park, elle s'en démarque donc également sur d'autres: les pragmatistes comprennent les phénomènes psychiques comme des phases de la conduite et non comme des instances intérieures s'exprimant dans des conduites extérieures, rompant en cela avec l'analyse du philosophe écossais. Ils les externalisent dans un processus physique par un refus exacerbé de tout dualisme entre le corps et l'esprit, qui prend le nom de *behaviorisme* social, et considèrent, en outre, que la communication constitutive de la société et de la personnalité ne s'exerce pas seulement avec des êtres animés mais également avec des objets physiques, dans la mesure où sont incarnées en eux des attitudes sociales.

### *La réception continentale de la sympathie : une socialisation de la philosophie morale de Hume*

La science de la nature humaine de Hume joue un rôle considérable dans l'élaboration de la psychologie expérimentale qui naît en France à la fin du XIXe siècle sous l'impulsion de Théodule Ribot. Parmi les nombreuses notions qu'il emprunte à l'enquête de terrain menée par Hume se trouve la sympathie. Il étudie cette dernière en tant que sentiment social dans le cadre d'une logique des affects. Le sociologue Gabriel Tarde, grand ami de Théodule Ribot, qui ne publia pas moins de 28 articles entre 1876 et 1895 dans la *Revue philosophique de la France et de l'étranger* que ce dernier dirige[1], appuie sa compréhension de la société sur cette logique en expliquant que la sympathie constitue le soubassement de l'imitation. Une vingtaine d'années plus tard, le journaliste Robert Ezra Park ayant repris des études de philosophie et de psychologie soutient une thèse à Berlin, *Masse und Publikum: eine methodologische und sociologische*

1. Voir L. Mucchielli, *Mythes et histoire des sciences humaines*, Paris, La Découverte, 2004, p. 214.

*Untersuchung*[1], rapprochant sa compréhension de la société de celle de Tarde et de Hume, en n'hésitant pas à s'appuyer sur certains textes de Ribot. Devenu enseignant au département de sociologie de l'Université de Chicago, il reprendra le concept d'interaction mobilisé dans ce travail universitaire pour rendre compte du lien social, dans son manuel, *Introduction to the Science of Sociology*[2], qui constitua la Bible de toute une génération d'étudiants, dont un certain Erving Goffman qui fera de cette notion le schème central de toutes ses analyses.

### *La dette de la psychologie expérimentale française à l'égard de l'empirisme anglais*

Si Ribot fait un sort particulier au concept de sympathie, il importe de préciser que cet héritage ne peut se comprendre sans l'importance qu'il accorde à l'empirisme anglais dans la constitution de la psychologie contemporaine. Sa connaissance de l'œuvre de Hume s'effectue par le prisme de celle de James Mill, père de John Stuart Mill et précurseur de l'école de psychologie anglaise contemporaine, ainsi que par le biais des analyses d'Alexander Bain et de Herbert Spencer. Ribot avait été sensibilisé aux liens entre Mill et l'empirisme britannique par la lecture de *La philosophie en France au XIX^e^ siècle* de Félix Ravaisson qui critique la psychologie positiviste et ses racines philosophiques anglo-saxonnes[3]. Ainsi est-ce par le biais d'un adversaire de la discipline qu'il admirait et qu'il voulait prolonger en France qu'il prit conscience de l'importance de l'œuvre de Hume.

En effet, bien que professeur de philosophie, Ribot tourna très vite le dos à sa discipline de formation pour se faire l'apôtre d'une approche scientifique de la psychologie qui exigeait de se démarquer de la psychologie spiritualiste qui culminait à la fin du XIX^e^ siècle sous l'égide de Théodore Jouffroy et de Maine de Biran. Ne trahissant pas leur pensée[4], il qualifie de démarche philosophique leur approche purement introspectionniste,

1. Si la thèse fut rédigée en allemand, c'est dans sa traduction anglaise qu'elle joua un rôle majeur en sociologie : *The Crowd and the Public*, Chicago and London, The Chicago of University Press, 1972.

2. R. E. Park et E. W. Burgess, *Introduction to the Science of Sociology*, *op. cit.*

3. Voir T. Ribot, *La psychologie anglaise contemporaine*, Paris, Librairie philosophique De Ladrange, 1870, p. 122 et p. 126.

4. Voir T. Jouffroy, *Mélanges philosophiques*, Paris, Paulin, 1860, p. 191. Il y définit la psychologie comme « cette partie de la philosophie qui a pour objet la connaissance de l'âme et de ses facultés étudiées par le seul moyen de la conscience ».

prétendant atteindre la nature la plus intime des êtres dans une connaissance immédiate. Il leur reproche de confondre deux domaines qu'il faut absolument séparer : l'étude des faits psychologiques et la spéculation ontologique. L'accès à la scientificité ne peut se faire que par l'évincement de cette dernière et l'adoption d'une méthode expérimentale. S'il existe une distorsion par rapport à la pensée de Hume, dans la mesure où pour celui-ci la science de la nature humaine constitue bel et bien une forme de philosophie et même une forme de philosophie abstruse selon la terminologie de l'*Enquête sur l'entendement humain*[1], il n'empêche que Ribot inscrit cette émancipation progressive de la psychologie vis-à-vis de la philosophie, qui voit le jour en Angleterre, dans le sillage de la philosophie empirique anglo-saxonne, notamment de celle du *Traité de la nature humaine :* « L'école anglaise contemporaine continue donc une tradition non interrompue qui par Brown se soude à l'école écossaise, et par James Mill, rejoint Hartley et Hume : elle tient surtout de ces derniers »[2].

Autrement dit, Ribot réduit la philosophie à la mauvaise forme de philosophie abstruse dénoncée par Hume, la métaphysique, et sa distinction entre deux sortes de psychologie, introspectionniste et expérimentale, s'avère strictement parallèle à celle établie par le philosophe au sein de la philosophie abstruse entre science de la nature humaine et métaphysique. Différencier comme le fait Ribot, la psychologie de la philosophie revient à différencier la psychologie expérimentale de la psychologie spiritualiste, la psychologie qui ne s'occupe que des phénomènes de celle qui ne s'intéresse qu'à la substance. Dans le premier cas, il s'agit de distinguer et de classer les opérations et les pouvoirs de l'entendement humain, dans le second d'en fournir l'explication dernière. L'une a pour méthode l'expérimentation, l'autre la spéculation abstraite. Pour que l'on puisse parler d'une science digne de ce nom, il faut renoncer à toute question de principe et se contenter de prendre pour point de départ une vérité rationnelle ou expérimentale. L'héritage de Hume est manifeste sur ce point. N'écrivait-il pas dans la section I de l'*Enquête sur l'entendement humain* que

1. Voir D. Hume, *Enquête sur l'entendement humain*, *op. cit.*, I, 11-12, p. 45-49, souligné par nous : « Mais, dira-t-on, cette obscurité qui entoure la philosophie profonde et abstraite, n'est pas que pénible et rebutante ; elle est aussi une source inévitable d'incertitude et d'erreur. C'est ici, en effet, l'objection la plus juste et la plus plausible qu'on puisse élever contre une *part considérable de la métaphysique* : ce n'est pas proprement une science. (...) La seule façon de délivrer d'un seul coup la connaissance humaine de ces questions abstruses, c'est d'étudier sérieusement la nature de l'entendement humain ».

2. T. Ribot, *La psychologie anglaise contemporaine*, *op. cit.*, p. 44.

> cela devient (...) une partie non négligeable de la science que déjà connaître les différentes opérations de l'esprit ; les séparer les unes des autres, les classer sous leurs titres respectifs et corriger tout ce désordre apparent où elles sont enveloppées, aussitôt qu'on en fait un objet de réflexion et d'examen[1] ?

Ainsi l'établissement d'une carte mentale de l'esprit humain, attentif à la distinction et à la mise en ordre de ses pouvoirs et de ses facultés obéit-il à une observation patiente. Ribot se fait l'apôtre de la méthode empirique comme seule épistémologie susceptible de conférer un statut scientifique aux différentes disciplines prenant l'homme pour objet : il ne faut « admettre comme objet de science, que ce qui peut être observé, comme fait, ou formulé comme loi et vérifié »[2].

Cette émancipation non seulement de la psychologie mais de toutes les sciences que Ribot appelle de ses vœux contribue à restreindre le champ de la philosophie à la stricte métaphysique qu'il n'hésite pas à assimiler à la poésie :

> Quand la philosophie sera devenue ce qu'elle doit être, qu'il n'y aura plus en elle que du général, des abstractions, des idées, qu'elle sera complètement en dehors des faits, alors il apparaîtra clairement aux yeux de tous qu'elle est une œuvre d'art plutôt que de science : poésie ennuyeuse et mal écrite pour les uns, élevée, puissante, vraiment divine pour les autres[3].

Ou encore, « les métaphysiciens sont donc des poètes qui ont pour but de reconstituer la synthèse du monde »[4]. La grandeur de la philosophie consiste dans cette quête éternelle de l'inconnu, des premiers principes. Elle élève l'intelligence en l'empêchant de se satisfaire des acquis scientifiques pour regarder au-delà.

Dans cette perspective, la psychologie expérimentale comme science véritable ne doit avoir pour objets que les phénomènes, les lois et leurs causes immédiates, et ne s'occuper ni de l'âme ni de l'essence. Elle doit mettre en œuvre une méthode subjective et objective. Subjective, dans la mesure où les données immédiates de la psychologie nous sont données par réflexion. Objective, dans la mesure où l'on doit également étudier les états psychologiques au dehors, « dans les faits matériels qui les traduisent, non dans la conscience qui leur donne naissance »[5]. Il faut donc observer les

1. D. Hume, *Enquête sur l'entendement humain*, *op. cit.*, I, 13, p. 50-51.
2. T. Ribot, *La psychologie anglaise contemporaine*, *op. cit.*, p. 89.
3. *Ibid.*, p. 15.
4. *Ibid.*, p. 17.
5. *Ibid.*, p. 31.

comportements dans lesquels s'expriment ces états psychologiques : langues, événements historiques, etc. Ainsi la psychologie expérimentale ne repose-t-elle pas sur la pure et simple introspection, mais effectue-t-elle un détour par le dehors en s'intéressant aux actions des hommes qui varient dans le temps et dans les sociétés. La méthode revendiquée par le père fondateur de la psychologie moderne reproduit les deux volets de l'expérience humienne : observer de l'intérieur et de l'extérieur le fonctionnement de l'esprit, même si les limites méthodologiques qui s'imposent à l'expérience quand la nature humaine est en cause ne sont pas analysées en tant que telles par Ribot.

*La psychologie anglaise contemporaine* se présente ainsi comme une exposition systématique de la psychologie dite *a posteriori* développée par John Stuart Mill, Herbert Spencer ou encore Alexander Bain, qui fait de l'association la loi fondamentale du fonctionnement de l'esprit humain, attentive à ses racines philosophiques : l'empirisme britannique notamment humien. La psychologie humaine doit être appréhendée à partir de ses ingrédients élémentaires : les sensations, les idées et les associations d'idées, c'est-à-dire les relations de ressemblance, de contiguïté et de causalité dans le vocabulaire de Hume. Dans cette perspective, Ribot cite avec une relative précision les *Essais philosophiques*, en s'appuyant sur la traduction de 1758 de Merian et Robinet[1], reprenant le titre anglais original des *Philosophical Essays concerning Human Understanding*, plus tard republiés comme *Enquête sur l'entendement humain*.

Dans son projet de constitution d'une psychologie expérimentale, Ribot attache une grande importance aux sentiments et aux états affectifs dont il considère l'étude « peu avancée »[2]. Loin de les appréhender comme de l'intelligence confuse selon la perspective intellectualiste développée par le philosophe allemand Johann Friedrich Herbart, il propose de les analyser, dans une perspective physiologique, comme l'expression directe et immédiate de la vie végétative, les insérant dans une logique continuiste qui prend le corps comme point de départ de son investigation. C'est dans ce cadre qu'il s'intéresse à la notion de sympathie et qu'il fait basculer le concept du champ philosophique vers le champ psychologique, ouvrant la voie à la démarche sociologique de Gabriel Tarde.

1. T. Ribot, *La psychologie anglaise contemporaine*, *op. cit.*, p. 50 et 51 où les citations sont extraites de D. Hume, *Œuvres philosophiques*, 5 volumes, trad. fr. J.-B. Mérian et J. B. R. Robinet, J. H. Schneider, Amsterdam, 1758-1760.

2. T. Ribot, *La psychologie des sentiments*, Paris, Alcan, 1896, p. VII.

Sa connaissance des analyses de Hume se fait ici encore de manière indirecte par l'intermédiaire du philosophe écossais Alexander Bain jouant le rôle de passeur précédemment assuré par James Mill et Félix Ravaisson. Présentant les grandes lignes de la psychologie de Bain, Ribot consacre une grande partie de son exposé à l'analyse de son ouvrage *Les émotions et la volonté*[1]. Il voit dans ce dernier une description empirique passionnante des émotions ne proposant cependant pas une classification tout à fait satisfaisante[2], défaut qu'il s'efforce de pallier dans ses propres ouvrages. Il reprend à son compte la définition donnée par Bain de la sympathie ou de l'imitation comme « tendance d'un individu à s'accorder avec les états affectifs ou émotionnels des autres; ces états étant révélés par certains moyens d'expression »[3]. Cette définition s'avère conforme à celle donnée par Hume dans le livre II du *Traité de la nature humaine :* s'appuyant sur une théorie expressive du comportement, la sympathie permet de ressentir les impressions d'autrui. Si Bain ne mentionne aucune référence lorsqu'il analyse la sympathie, l'influence de Hume ne fait aucune doute. En effet, sa psychologie se présente comme l'héritière de la philosophie associationniste de Hume ainsi que le montre Ribot de manière très argumentée[4]. Il n'hésite pas à lui emprunter directement certains arguments, notamment le recours à la sympathie dans l'un des appendices de l'*Enquête sur les principes de la morale*[5] pour invalider l'hypothèse dite égoïste, soutenue par Thomas Hobbes et Bernard Mandeville faisant de l'amour de soi l'affection primitive à l'origine de tous nos comportements[6].

C'est dans la deuxième partie de *La psychologie des sentiments* consacrée à la psychologie spéciale que Ribot s'intéresse à la sympathie. De manière fort humienne, il la caractérise comme plastique. De même que le philosophe insistait sur le caractère extensif de la sympathie d'abord limitée aux proches avant de s'élargir peu à peu aux personnes éloignées, et qu'il livrait des exemples de sympathie aussi disparates que l'instinct sexuel, la communion esthétique des spectateurs assistant à une pièce de théâtre ou encore la similarité de mœurs des habitants d'une même nation, Ribot insiste, pour sa part, sur son caractère général et n'hésite pas à en

1. A. Bain, *Les émotions et la volonté* (1859), trad. fr. P.-L. Le Monnier, Paris, L'Harmattan, 2006.

2. T. Ribot, *La psychologie anglaise contemporaine*, *op. cit.*, p. 260.

3. *Ibid.*, p. 266 et *La psychologie des sentiments*, *op. cit.*, p. 227.

4. Sur ce point, voir également É. Soens, « La théorie de Hume sur la connaissance et son influence sur la philosophie anglaise », *Revue néo-scolastique*, n° 8, 1895. p. 385-401.

5. Voir D. Hume, *Enquête sur les principes de la morale*, *op. cit.*, p. 149 *sq*.

6. Voir A. Bain, *Les émotions et la volonté*, *op. cit.*, p. 258-259 et *supra*, p. 22.

faire « une des manifestations les plus importantes de la vie affective »[1]. La définition qu'il en donne comme tendance à s'accorder avec les états émotifs des autres après en avoir eu connaissance par l'expression qu'ils en donnent, suit la définition du philosophe. La connaissance par les signes extérieurs et la communication des impressions en langage humien correspond à la connaissance par expression et à l'accord des émotions en langage ribotien.

Ribot distingue trois stades de la sympathie. Reprenant les termes de Bain et par là même l'analyse de l'essai humien sur « Le caractère des nations », il la caractérise comme imitation dans son premier stade qu'est le stade physiologique. C'est précisément sur cette analyse que s'appuiera non seulement Gabriel Tarde pour donner une assise philosophique à sa sociologie, mais également Robert Ezra Park pour rendre compte de l'interaction comme forme sociale stable[2]. Il convient cependant de noter que Ribot dans le sillage de Bain présente une conception relativement pauvre de l'imitation comme réaction sensori-motrice, ne faisant pas d'elle un facteur de stabilisation des mœurs. Au deuxième stade qu'est le stade psychologique, la sympathie crée des dispositions affectives analogues entre les individus, suivant en cela la définition la plus fréquente sous la plume de Hume. Au troisième stade qu'est le stade intellectuel, la sympathie apparaît comme un accord de représentations ou d'idées, joint à des sentiments et à des mouvements, autrement dit, pour reprendre le vocabulaire humien, la sympathie se déploie alors entre des opinions exerçant une autorité sur la personne qui les ressent, en la contraignant à agir.

La sympathie constitue, pour Ribot, l'origine de la vie sociale : « Les tendance sociales naissent de la sympathie : elles naissent dans des conditions sociales déterminées »[3], les trois stades précédant dessinant une histoire naturelle de la société depuis la forme primitive de la meute où la sympathie se manifeste comme imitation jusqu'à la civilisation où la sympathie se fait intellectuelle. Ainsi Ribot la conçoit-il comme la racine de la tendance humaine à vivre en société, liant de manière précise son extension naturelle dont rendent compte les trois stades précédant au progrès de la sociabilité. Mais comme la vie en société ne peut elle-même être séparée de la moralité qui s'avère, seule, capable de fixer des règles et stabiliser les relations, il faut comprendre le lien de celle-ci avec la

1. T. Ribot, *La psychologie des sentiments*, *op. cit.*, p. 227.

2. Voir R. E. Park et E. W. Burgess, *Introduction to the Science of Sociology*, *op. cit.*, p. 394-397.

3. T. Ribot, *La psychologie des sentiments*, *op. cit.*, p. 277.

sympathie. Ribot distingue deux périodes dans l'histoire de la moralité. La première est « instinctive, spontanée, inconsciente, irréfléchie, déterminée par les conditions d'existence d'un groupe donné, à un moment donné »[1]. Forme inférieure de la moralité, elle est conditionnée par la sympathie, c'est-à-dire « l'unisson affectif, la possibilité de sentir avec un autre et comme un autre »[2]. Si Ribot ajoute une seconde condition, la tendance altruiste ou émotion tendre, il ne faut pas oublier que la sympathie est « la base des émotions tendres »[3]. La seconde période est qualifiée, pour sa part, de « consciente, réfléchie, à multiples aspects, complexe comme les formes supérieures de la vie sociale et morale »[4]. Liée au développement de l'intelligence, elle ne relève plus du domaine des mœurs immédiates, mais de celui des lois et des codes. Elle constitue le stade où la justice se déploie comme institution. Cette phase correspond à celle humienne de la sympathie élargie où le jugement corrige la partialité initiale du principe anthropologique grâce au développement des règles générales. Ribot s'efforce dans son analyse d'articuler les deux phases en montrant comment la morale « se fait »[5] au fil d'un développement spontané.

Si son propos suit les grandes lignes de celui de Hume par l'entremise du livre de Bain, il s'en écarte cependant sur un certain nombre de détails : notamment la place de la famille. En effet, ressort de *La psychologie des sentiments* une difficulté à penser l'extension de la sympathie dans ses modalités pratiques. Il ne fait aucun doute que Ribot dégage une histoire naturelle de la sympathie et de la sociabilité humaine mais cette perspective génétique est moins décrite dans son effectuation qu'affirmée, en raison de son manque d'intérêt paradoxal pour les deux opérations cognitives qui constituent la sympathie : l'inférence causale et la conversion de l'idée en impression. Les difficultés à penser les modalités du processus et le fonctionnement de la sympathie apparaissent dans le statut que réserve Ribot à l'amour maternel. S'il reconnaît que « le développement de la sympathie (...) l'explique partiellement dans l'espèce humaine »[6], il émet dans le même temps un certain nombre de réserves sur la possibilité de concevoir l'agrégat domestique comme un embryon de société, dans la mesure où il ne dispose pas d'un concept de sympathie suffisamment

1. *Ibid.*, p. 284.
2. *Ibid.*, p. 287.
3. *Ibid.*, p. 227.
4. *Ibid.*, p. 284.
5. *Ibid.*, p. 289.
6. *Ibid.*, p. 273.

précis pour la faire intervenir dans ce cadre, préférant partir dans son analyse de la horde primitive : « La véritable unité sociale qui s'est produite de très bonne heure sur les divers points du globe, c'est le clan (et les institutions analogues), agrégat fixe, stable, cohérent, ferme, fondé sur une affiliation religieuse ou autre, mais non sur la descendance, indépendant des conditions familiales »[1]. Or Hume n'établissait pas de réelle distinction entre la cellule familiale et le clan, s'efforçant de penser une histoire logique de la société comprenant certes des ruptures et des inflexions mais en aucun cas des brèches infranchissables.

La caractérisation de la sympathie comme sentiment social est reprise par Gustave Belot, dans le volumineux *Traité de psychologie*, premier recueil consacré en langue française à cette discipline naissante, dont Ribot rédigea la préface en 1914 mais qui ne fut publié qu'après la guerre, en 1923. Dans cet ouvrage qui se présente comme le manifeste de l'école de psychologie française expérimentale, Belot définit à son tour la sympathie comme « la capacité de sentir à l'unisson d'une autre sensibilité »[2]. Suivant la distinction établie par Ribot, il ne la confond nullement avec le sentiment familial lié à l'instinct de reproduction. Selon lui, le sentiment social a ses racines dans « un instinct sympathique de nature beaucoup plus générale que ceux qui découlent de la reproduction »[3]. Ce faisant, il ancre de manière définitive le concept de sympathie dans le champ de la psychologie expérimentale pour le présenter comme la véritable origine des sentiments sociaux et moraux.

La sympathie peut alors devenir un lieu commun des sciences humaines naissantes et un passage obligé pour tous ceux qui s'intéressent au lien social. On la retrouve sous la plume de Gustave Le Bon dans sa *Psychologie des foules*[4], de Georges Dumas dans *La vie affective : physiologie, psychologie, socialisation*[5], de Georges Davy dans son article sur les sentiments sociaux et les sentiments moraux dans *Le nouveau traité de psychologie*[6], bref, dès qu'il s'agit de proposer une explication scientifique du lien social.

1. T. Ribot, *La psychologie des sentiments*, *op. cit.*, p. 283.

2. G. Belot, « Le sentiment social », *in* G. Dumas (éd.), *Traité de psychologie*, Paris, Alcan, 1923-1924, p. 260.

3. *Ibid.*

4. G. Le Bon, *Psychologie des foules*, Paris, Alcan, 1905, p. 45.

5. G. Dumas, *La vie affective : physiologie, psychologie, socialisation*, Paris, P.U.F., 1948, p. 202 *sq.*

6. G. Davy, « Les sentiments sociaux et les sentiments moraux », *in* G. Dumas *et alii* (éd.), *Nouveau Traité de psychologie*, t. 6, Paris, Alcan, 1939, p. 153-240.

Si Belot met, de manière beaucoup plus précise que Ribot, la sympathie en rapport avec l'habitude, en montrant comment la vie en commun sous les mêmes conditions de vie peut seule parvenir à faire sentir et ressentir les hommes de la même manière, il ne dispose cependant pas d'un concept suffisamment élaboré pour penser la communication mentale à l'œuvre dans la sympathie (« Une communication directe des consciences n'est pas une hypothèse complètement dépourvue de sens, si les phénomènes de télépathie ont quelque réalité »)[1]. Il reste également très lacunaire sur son fonctionnement précis. La mise en avant de l'habitude lui permet, certes, de toucher du doigt la première opération constitutive de la sympathie, l'inférence, mais nulle trace dans son analyse de la conversion de l'idée en impression pour comprendre l'autorité des opinions collectives.

### *La réception de la sympathie dans la sociologie de Tarde*

Si la réception de la sympathie dans la psychologie expérimentale française se traduit par un certain appauvrissement épistémologique, dans la mesure où ses deux opérations constitutives disparaissent, rendant mystérieux le mécanisme de communication et de diffusion des impressions, elle se marque également par une spécialisation théorique du concept. La sympathie devient un principe d'explication à prétention scientifique pour comprendre la vie sociale dont la vie morale apparaît comme une modalité ainsi que les sentiments qui la composent. À ce titre, elle exerça une influence considérable sur la pensée de Gabriel Tarde. Ce sociologue français développa, en effet, une conception originale de la société reposant sur une tendance psychologique, l'imitation, qu'il rattache en dernière instance à la sympathie. Apparaissant comme l'héritier fidèle de Hume et de son essai « Le caractère des nations », il fut l'un des inspirateurs de l'école de Chicago puisque Robert Ezra Park se réclame de son analyse lorsqu'il introduit le concept d'interaction dans le champ de la sociologie, à l'occasion de sa thèse de doctorat en 1904.

La répétition constitue le principe cardinal de l'œuvre de Tarde. Phénomène universel, elle se révèle à l'origine de toute création : elle permet d'une part la multiplication par propagation de la continuité, d'autre part l'évolution par introduction de variations et de petites différences. Ainsi pour reprendre le titre d'un ouvrage de Henri Bergson, fervent admirateur

1. G. Belot, « Le sentiment social », in *Traité de psychologie*, *op. cit.*, p. 262.

de son œuvre[1], peut-on dire que la répétition apparaît comme la source d'une évolution créatrice. Elle se déploie dans les trois règnes que sont le monde physique, le monde organique et le monde social et prend pour nom vibration ou ondulation dans le premier, hérédité dans le second et imitation dans le troisième. Ainsi existe-t-il une analogie entre ces trois domaines, si bien que l'on peut dire que la sociologie de Tarde s'inscrit dans une philosophie de la nature abolissant toute rupture ontologique entre eux. La vie est une dans toutes ses manifestations. Puisque l'être des éléments s'avère homogène[2], le social apparaît en un certain sens comme naturel :

> En résumé, tout ce qui est social et non vital ou physique, dans les phénomènes des sociétés, aussi bien dans leurs similitudes que dans leurs différences, a l'imitation pour cause. Aussi n'est-ce pas sans raison qu'on donne généralement l'épithète de naturel, en tous ordres de faits sociaux, aux ressemblances spontanées, non suggérées qui se produisent entre sociétés différentes[3].

Qu'implique la constitution de l'imitation comme principe explicatif de la société ? Tarde la définit comme « une action à distance d'un esprit sur un autre et d'une action qui consiste dans une reproduction quasi photographique d'un cliché cérébral par la plaque sensible d'un autre cerveau »[4]. Dans la mesure où elle constitue le lien social, il faut entendre qu'il s'agit de l'acte social le plus élémentaire. La société se comprend dès lors comme une réunion de personnes en train de s'imiter, ou se ressemblant en vertu de traits communs résultant d'une ancienne imitation. Ce qui est imité ou l'a été, ce sont des désirs et des croyances. Ces deux quantités élémentaires doivent moins être conçues comme des attributs personnels que comme des flux, des ondes infinitésimales et impersonnelles : elles se répandent à travers les individus sans que l'on puisse leur assigner un lieu précis. « Tous les phénomènes intimes et, par suite, tous les phénomènes sociaux dont ils sont les sources, se résolvent en croyances et en désirs »[5]. Ainsi la

1. Voir H. Bergson, « Préface aux *Pages choisies de Gabriel Tarde* » (1909), *Mélanges*, Paris, P.U.F., 1972, p. 812.

2. Voir G. Tarde, *Monadologie et sociologie* (1893), Paris, Les empêcheurs de penser en rond, 1999, p. 33.

3. G. Tarde, *Les lois de l'imitation* (1890), Paris, Les empêcheurs de penser en rond, 2001, p. 110.

4. *Ibid.*, p. 46. Le « à distance » doit être pris au sérieux pour éviter de comprendre l'imitation comme une empreinte mécanique.

5. G. Tarde, *La logique sociale* (1895), Paris, Les empêcheurs de penser en rond, 1999, p. 76.

société consiste-t-elle en un ensemble de flux imitatifs, de désirs et de croyances se copiant les uns et les autres, se propageant par sauts et se contrariant éventuellement. Il s'agit d'un tissu en perpétuelle évolution dont la trame est animée d'une activité incessante. La logique de l'imitation se révèle logique d'adaptation[1] : est imité ce qui apporte la solution la plus pertinente à un problème et permet de résoudre un blocage ou un malaise.

Mais là où le propos se complique, c'est que Tarde fait intervenir un autre principe explicatif : celui de l'invention. Est imitée l'invention ou la découverte d'un homme qui, telle une pierre tombant dans l'eau d'un bassin[2], produit une série d'ondes concentriques se propageant à sa surface. Cependant, Tarde rattache l'invention à l'imitation, puisqu'il la présente comme la combinaison inédite de différents flux provenant de cette dernière. Loin de faire l'apologie des grands hommes, il minimise leur rôle en montrant que leurs inventions ne sont jamais des créations *ex nihilo* renvoyant à leur génie individuel. Au contraire,

> toute invention se réduit au croisement heureux dans un cerveau intelligent, d'un courant d'imitation, soit avec un autre courant d'imitation qui le renforce, soit avec une perception extérieure intense, qui fait paraître sous un jour imprévu une idée reçue, ou avec le sentiment vif d'un besoin de la nature qui trouve dans un procédé usuel des ressources inespérées. Mais, si nous décomposons les perceptions et les sentiments dont il s'agit, nous verrons qu'eux-mêmes se résolvent presque entièrement, et de plus en plus complètement à mesure que la civilisation avance, en éléments psychologiques formés sous l'influence de l'exemple[3].

Ainsi les inventions n'auraient-elles jamais pu voir le jour sans des courants imitatifs véhiculés par les obscurs et les sans-grade :

> Dans une société, nul individu ne peut agir socialement, ne peut se révéler d'une façon quelconque sans la collaboration d'un grand nombre d'individus, le plus souvent ignorés du premier. Les travailleurs obscurs qui, par l'accumulation de petits faits, préparent l'apparition d'une grande théorie scientifique formulée par un Newton, un Cuvier, un Darwin, composent en quelque sorte l'organisme dont ce génie est l'âme[4].

1. Voir G. Tarde, *Les lois de l'imitation*, *op. cit.*, p. 199 *sq.*

2. La comparaison est de Henri Bergson. Voir « Discours sur Gabriel Tarde », *Mélanges*, *op. cit.*, p. 799.

3. G. Tarde, *Les lois de l'imitation*, *op. cit.*, p. 104. Voir également p. 105 et p. 153.

4. G. Tarde, *Monadologie et sociologie*, *op. cit.*, p. 66.

Selon l'expression de Bergson, l'invention tardienne se présente donc comme une synthèse *sui generis*[1] d'imitations antérieures qui, en se combinant de manière inédite, créent un courant imitatif porteur de nouveauté dans le tissu social. En ce sens, il n'existe pas de réelle différence entre les deux : l'invention est immanente à l'imitation. La reproduction n'est pas exclusive d'une transformation, la synthèse n'est pas un décrochage mais une différenciation au sein de la répétition produisant de l'inédit.

Or, de manière remarquable, Tarde rattache l'imitation à la sympathie. Ce lien doit être compris comme l'effet de la pensée de Ribot et plus particulièrement de son analyse de la sympathie comme sentiment social. On se souvient, en effet, que le psychologue caractérisait dans *La psychologie des sentiments* le premier stade de la sympathie comme imitation. Mais il n'est pas impossible non plus que Tarde ait lu l'essai de Hume sur « Le caractère des nations ». La connaissance aussi fine que précise qu'il avait de son œuvre est attestée dans les *Essais et mélanges sociologiques* par l'argument d'autorité en quelque sorte négatif qu'il fait jouer au philosophe sur la question essentielle de la croyance :

> Qu'est-ce d'ailleurs, pourra-t-on me demander en passant, que la croyance ? Qu'est-ce que le désir ? J'avoue mon impossibilité de les définir. D'autres y ont échoué. Après avoir, dans son *Traité de la nature humaine*, donné de la croyance une définition qui ne peut se soutenir et qui s'appliquerait tout aussi bien au désir, comme toutes celles que l'on a essayées depuis (la croyance est une idée vive rapportée à une impression présente ou associée avec elle), Hume, dans son appendice, reconnaît, avec sa franchise accoutumée, qu'il ne lui est pas possible d'expliquer parfaitement la croyance[2].

Tarde identifie très précisément l'imitation à la sympathie dans un texte décisif de ses *Études de psychologie sociale* en en proposant une définition humienne orthodoxe. Il s'attarde tout d'abord sur une opposition

1. Étant donnée la rivalité entre Tarde et Durkheim, il faut noter l'intention polémique, ou à tout le moins ironique, de l'emploi de cette expression durkheimienne. Voir « Préface aux *Pages choisies de Gabriel Tarde* », *Mélanges*, *op. cit.*, p. 812. « L'imitation ne manifeste en effet ni une impulsion mécanique ni même, à proprement parler, une attraction morale. C'est une certaine action *sui generis* qui s'exerce d'esprit à esprit. C'est une certaine contagion psychologique se propageant dans une certaine direction déterminée. C'est, entre les consciences, un va-et-vient qui tend à produire un nivellement et qui les amènerait toutes sur le même plan si, à chaque instant, de nouvelles inventions ne créaient de nouvelles différences de niveau. »

2. G. Tarde, « La croyance et le désir », *Essais et mélanges sociologiques*, Paris, Masson, 1895, p. 239.

doctrinale interne à la sociologie qui revêt à ses yeux une grande importance, celle séparant ceux qui font de la lutte l'agent principal de l'évolution humaine et ceux qui lui préfèrent la sympathie. Lui-même se rattache résolument à la seconde position en montrant que l'imitation et la sympathie sont un seul et même phénomène. Il affirme ainsi que la source véritable du progrès est « la sympathie et la synthèse, l'amour et le génie, ce qu'(il) appelle, du nom de leurs effets, l'imitation et l'invention »[1]. Ainsi puisque « tout n'est socialement qu'imitations et inventions »[2] et que ces dernières, comme nous l'avons vu, ne sont jamais qu'une combinaison inédite d'imitations antérieures, il faut dire que le principe explicatif de l'imitation est un principe affectif, la sympathie. *Les lois de l'imitation* pourraient tout aussi bien s'appeler *Les lois de la sympathie*... Pourquoi ne pas avoir retenu ce titre ? Sans doute peut-on penser qu'en développant une sociologie de l'imitation et non de la sympathie, Tarde voulait mettre en avant son originalité en évitant d'employer le terme qui faisait fortune à l'époque.

Dans *Les transformations du droit*, il établit même le primat de la sympathie sur l'imitation puisque celle-ci n'est pas « toute la réalité sociale ; (mais seulement) une expression de la sympathie qui lui préexiste et qu'elle redouble en l'exprimant ; et elle dépend de l'invention, étincelle dont elle n'est que le rayonnement »[3]. La primauté doit donc incontestablement être accordée à la sympathie et si l'imitation en est la modalité sociale, il est possible de rapporter la sympathie à la répétition universelle. En ce sens, elle se déploierait en imitation, ondulation et hérédité. Principe social, cosmologique et biologique, elle témoigne de l'homogénéité de la vie dans ses multiples différences.

Sur le plan sociologique, on peut la spécifier comme « la condition première et indispensable de tout groupement humain, par la communication contagieuse des émotions, des désirs et des idées »[4] ou encore comme « la condition *sine qua non* »[5], la trame même du tissu social. La première définition se présente comme une reprise quasi littérale de ce que Hume entend par sympathie dans le livre II du *Traité de la nature humaine :* « Nulle qualité n'est plus remarquable dans la nature humaine,

1. G. Tarde, *Études de psychologie sociale*, Paris, Giard et Brière, 1898, p. 279.

2. G. Tarde, *Les lois de l'imitation*, *op. cit.*, p. 63.

3. G. Tarde, *Les transformations du droit* (1891), Paris, Berg International Éditeurs, 1994, p. 166.

4. *Ibid.*, p. 37.

5. *Ibid.*, p. 43.

à la fois en elle-même et dans ses conséquences, que notre propension à sympathiser avec les autres et à recevoir par communication leurs inclinations et leurs sentiments »[1]. Si les hommes peuvent s'imiter, c'est-à-dire si un esprit peut exercer son influence sur un autre, c'est dans la mesure où les émotions, les désirs et les idées peuvent se répandre telles des ondes d'un individu à l'autre selon un processus qui leur échappe. Je peux donc ressentir ce que l'autre ressentait :

> Ce que les phénomènes psychologiques ont de quantitatif est de beaucoup ce qu'ils ont de plus aisément et rapidement communicable d'esprit à esprit, de plus reconnaissable comme identique chez tous les esprits, de plus propre à s'unir en unions logiques fécondes, fécondes en produits, appelés idées et besoins, qui se propagent et se combinent avec la même facilité, et ainsi de suite à l'infini. Il n'est rien de plus contagieux d'homme à homme que la foi, si ce n'est la passion[2].

Dans la mesure où les croyances et les désirs s'inscrivent dans le genre plus large des émotions[3], on peut dire que l'imitation, conséquence de la sympathie, se comprend comme une relation infra-individuelle s'exerçant entre deux flux d'émotions qui traversent les individus et les constituent.

Fort de cette analyse, Tarde peut alors développer ce qu'il considérait comme son innovation majeure dans le champ sociologique : l'inter-psychologie[4], science des relations entre les consciences, à partir de laquelle il voulait rendre compte de l'ensemble des phénomènes sociaux. Or l'objet de cette science inédite réside précisément dans ce qu'il définit comme sympathie, puisque ce nouveau savoir doit étudier « l'échange continuel d'impressions mentales ». Il propose ainsi une reformulation de la communication humienne des impressions. De manière remarquable si l'on songe à l'analyse du philosophe, il conçoit l'inter-psychologie de manière génétique dans le sens d'une extension grandissante : l'échange des impressions est d'abord limité aux proches avant de s'accroître peu à peu. La sympathie constitue ainsi pour Tarde un vecteur de socialité. C'est en pensant l'extension progressive de la sympathie qui s'exerce tout d'abord entre un enfant et ses parents, puis au fur et à mesure qu'il grandit

1. D. Hume, *Traité de la nature humaine*, *op. cit.*, II, 1, 11, 2, p. 155.

2. G. Tarde, *L'opposition universelle* (1897), Paris, Les empêcheurs de penser en rond, 1999, p. 320.

3. Voir G. Tarde, « L'inter-psychologie », *Bulletin de l'Institut général psychologique*, n° 2, 1903, p. 109.

4. Les principes et la méthode de cette science sont exposés dans l'étude éponyme, « L'inter-psychologie » (*ibid.*, p. 90-118).

avec des gens excédant sa sphère familiale que l'on doit penser la constitution du lien social. Ce dernier consistant « directement ou indirectement dans le reflet à distance d'un moi dans un autre moi, dans l'imitation »[1]. Ce qui permet de concevoir le fait social élémentaire comme « la communication ou la modification d'un état de conscience par l'action d'un être conscient sur un autre »[2]. Tarde peut alors affirmer à la suite de Ribot que toute distinction entre l'imitation comprise comme réflexe idéo-moteur et la forme originelle et simple de la sympathie au sens strict est totalement vaine.

Si Gabriel Tarde radicalise la portée sociale de la pensée humienne dans le cadre de son analyse de la société, il a également tendance à simplifier le naturalisme du philosophe en refusant d'accorder une quelconque spécificité à la nature humaine : le même principe d'explication intervient dans les trois règnes du vivant. La sympathie, sous sa plume, retrouve ainsi le statut ontologique et cosmologique que lui accordaient les philosophes antérieurs à Hume.

### *L'analyse de Robert Ezra Park ou l'articulation entre sympathie et interaction*

La thèse de Robert Ezra Park, soutenue en 1904 en allemand sous le titre *Masse und Publikum,* apparaît comme la dernière étape dans cette filiation continentale entre la sympathie humienne et l'interaction goffmanienne. Elle constitue le discours charnière qui fait définitivement basculer le concept du champ philosophique vers le champ sociologique. En effet, si c'est bien dans le cadre de sa sociologie que Tarde mobilise la notion philosophique, il n'en demeure pas moins que sa réflexion demeure sous-tendue par une ontologie et une cosmologie dont nous avons déployé les principaux aspects, alors que le discours de Park se présente comme résolument positiviste, caractéristique qui imprégnera la méthodologie de Chicago jusqu'à Goffman toujours fort virulent contre les spéculations hasardeuses[3].

Jusqu'en 1898, Robert Ezra Park est journaliste et plus précisément fait-diversier : son travail le sensibilise à l'importance du rôle de l'opinion dans la compréhension des comportements sociaux. Désireux de saisir la place du collectif dans les affaires publiques, il entreprend des études de

1. *Ibid.*, p. 94.
2. G. Tarde, *Études de psychologie sociale*, *op. cit.*, p. 64.
3. Voir notamment E. Goffman, *Les cadres de l'expérience* (1974), trad. fr. I. Joseph en collaboration avec M. Dartevelle et P. Joseph, Paris, Minuit, 1991, p. 504.

philosophie, espérant trouver dans cette discipline théorique une explication des phénomènes auxquels il est quotidiennement confronté. Ainsi en 1898, à l'âge de 34 ans, il rejoint la prestigieuse université d'Harvard où il suit les cours du philosophe pragmatiste William James, de l'idéaliste Josiah Royce, de l'esthéticien Georges Santayana et du psychologue Hugo Münsterberg, mais cette expérience s'avère décevante à ses yeux, dans la mesure où il ne trouve aucun cours spécifiquement consacré à la psychologie sociale. Si James le sensibilise au thème de l'incomplétude de la connaissance de l'autre, si Royce attache une grande importance à l'imitation dans la constitution aussi bien de la personnalité que du lien social[1] et qu'il lui consacre, avec Hugo Münsterberg, toute une étude dans le cadre du développement de l'enfant[2], Park recherche un enseignement plus systématique, exclusivement centré sur le sujet qui lui tient à cœur.

Sur les conseils de James, il part donc à Berlin en 1899 étudier à la Friedrich Wilhelm Universität où il suit le seul cours de sociologie de toute sa formation, celui de Simmel qui exerça une influence décisive sur lui. Durant cette période, il lit le traité de Theodor Kistiakowsky, *Gesellschaft und Einzelwesen*[3], qui répond enfin à ses préoccupations fondamentales : la formation et le rôle de l'opinion publique. Puisque Kistiakowsky était l'étudiant de Wilhelm Windelband qui enseigne alors à Strasbourg, Park quitte sans hésitation Berlin pour l'Alsace où il assiste aux cours du néo-kantien pendant deux ans, avant de l'accompagner à Berlin où ce dernier a obtenu sa mutation. Il entreprend une thèse sous sa direction, soutenue en 1904 sous le titre *Masse und Publikum : eine methodologische und sociologische Untersuchung*. L'objectif de cette recherche universitaire est de rendre compte de l'impact des faits imprimés et plus particulièrement de la presse sur le public. Elle se présente comme une thèse de sociologie soutenue dans un cadre philosophique, ainsi relève-t-elle de la philosophie des sciences sociales à proprement parler. Il s'agit pour Park de développer une théorie et une épistémologie sociales pour rendre compte des phénomènes collectifs, en forgeant des concepts opératoires étayés par des arguments philosophiques.

1. Voir J. Royce, « The Place of the Self in Being » (1904), *Selected Writings* (ed. by J. E. Smith and W. Kluback), Mahwah, Paulist Press, 1988, p. 139 *sq*.

2. Voir J. Royce, « Preliminary Report on Imitation », *Psychological Review*, vol. 2, 1895, p. 217-235.

3. T. Kistiakowsky, *Gesellschatf und Einzelwesen*, Berlin, Liebmann, 1899.

Cette archive s'avère particulièrement précieuse dans notre archéologie car elle constitue la base théorique de la pratique sociologique de Goffman qui passe sous silence ses prémisses en se vantant de ne promouvoir que des cadres conceptuels à basse portée[1]. Rédigée sur le vieux continent, nourrie de références françaises, italiennes et allemandes, elle se présente comme un lieu de passage entre les sources sur lesquelles nous nous sommes précédemment attardés et la branche de la sociologie américaine que Park développera à son retour. Espace de transition, elle autorise les hybridations et les inflexions.

Établissant clairement la filiation de Hume et de Tarde à travers le concept d'imitation, le chapitre II de la thèse, « *The Sociological Process* »[2], constitue l'exposé le plus explicite de Park sur les rapports entre sociologie et psychologie. Lui-même présente ce chapitre en 1921 dans son ouvrage de référence qui constitua le manuel de base des étudiants en sociologie de Chicago, *Introduction to the Science of Sociology* (surnommé la Bible verte en raison de sa taille et de son importance), comme la description « du développement historique de la conception de l'imitation dans ses relations à la sympathie et au mimétisme dans les écrits de Hume, Butler et Dugald Stewart »[3].

Park se donne pour tâche dans sa thèse de déterminer la nature exacte de l'objet de la sociologie. Sa réponse constitue une troisième voie, un chemin de traverse entre les positions figées et stériles de l'individualisme et du holisme méthodologiques, qui ne sont jamais que des positions substantialistes. Selon lui, toute la difficulté de la sociologie réside dans le fait que son objet, le groupe, ne constitue pas une unité physique mais se présente comme un ensemble d'individus distincts. Le problème ne se trouve pas résolu lorsque l'on considère, à la manière de Durkheim, que les institutions constituent l'objet unifié de cette discipline puisqu'elle peuvent à leur tour être rattachées aux mécanismes psycho-physiques des individus, si bien que leur prétendue substantialité vole en éclat et qu'elles apparaissent comme des ensembles, certes stabilisés, mais toujours dérivés. Dès lors, il serait tentant d'opérer à la manière de l'économie politique qui érige l'individu en unité de base de son propos, auquel cas l'objet de la sociologie ne serait pas le groupe mais l'individu qui semble bien former

1. Voir Y. Winkin, « Portrait du sociologue en jeune homme », *in* E. Goffman, *Les moments et leurs hommes*, *op. cit.*, n. 2, p. 48-49.

2. R. E. Park, *The Crowd and the Public*, *op. cit.*, p. 23-62.

3. R. E. Park et E. W. Burgess, *Introduction to the Science of Sociology*, *op. cit.*, p. 430, notre trad.

une unité physique. Cependant cette option s'avère intenable, dans la mesure où l'individu ne saurait constituer un atome semblable aux autres. Il est changeant et ne se comprend jamais par l'auto-consistance puisque ses intérêts sont variables et dépendent de ses relations avec autrui. L'individu lui-même fait problème et ne se comprend que par ses relations avec les autres. Autrement dit, l'individualisme méthodologique et l'économie politique commettent un diallèle en prétendant le poser comme point de départ alors qu'il est un résultat. La solution que Park propose alors pour sortir de ce dilemme entre l'insuffisance ontologique de l'individu et du groupe, consiste à mêler les deux points de vue de l'économie politique et de la psychologie collective, ce qui a été réalisé par Tarde dans la théorie de l'imitation qu'il a lue fort attentivement[1]. La perspective économique doit être transférée de l'individu à la psychologie sociale, ce qui revient à penser une continuité entre l'individuel et le social. Ainsi écrit-il que l'unité fondamentale de la sociologie ne réside ni dans l'individu ni dans le groupe mais dans « les volitions des individus agissant dans une situation collective ». Il peut alors souligner que

> l'unité sociologique n'est pas identique à une identité physique définie. Les individus discrets, avec toutes les institutions sociales avec lesquelles ils interagissent, composent un vaste mécanisme psycho-physique; mais celui-ci en lui-même ne crée pas une unité sociologique. Celle-ci ne peut se présenter que comme l'unité fonctionnelle qui est mise en œuvre à travers ce mécanisme[2].

L'objet de base de la sociologie s'identifie, dans ces conditions, aux relations entre les individus formant le groupe et non aux individus ou au groupe.

Après avoir déterminé précisément en quoi consiste l'objet de la sociologie, Park développe ce qui nous intéresse tout particulièrement dans une perspective archéologique : les archives de cette doctrine de l'imitation et du primat des relations, aboutissant au concept d'interaction. Selon lui, elle prend naissance dans une certaine compréhension de l'homme et de sa capacité à réagir de manière différente lorsqu'il se trouve en face d'autres hommes et d'objets du monde physique : si elle fut développée par les

1. Sur ce point, voir le témoignage d'un autre sociologue attaché à l'école de Chicago, E. Hughes, *in* « Tarde's *Psychologie économique* : an Unknown Classic by a Forgotten Sociologist », *American Journal of Sociology*, vol. 66, n° 6, 1961, p. 553. Dans leur *Introduction to the Science of Sociology*, Park et Burgess citent d'avantage Tarde que Comte, Durkheim, Simmel, ou encore Weber.

2. R. E. Park, *The Crowd and The Public*, *op. cit.*, p. 31, notre trad.

stoïciens, il appartient à Hume de l'avoir pleinement conceptualisée sous le nom de sympathie. Le philosophe s'inscrit certes lui-même dans la lignée de Francis Bacon et de Joseph Butler mais, comme le précise aussitôt Park, « sa doctrine de la sympathie assume le statut d'un principe d'explication fondamental, et sa philosophie de l'éthique culmine dans une sociologie. La philosophie morale écossaise se libère ici de ses ornements normatifs et apparaît simplement comme une science descriptive et explicative »[1].

Park établit ensuite précisément le lien qu'il fait entre la doctrine de l'imitation le conduisant à ériger la relation en objet principal de la sociologie, et la sympathie humienne. Dans la mesure où cette dernière est la reproduction des sentiments d'un tiers dans une autre personne, il faut dire qu'elle permet la communication des affects suivant une logique relationnelle qui échappe en partie à l'emprise du sujet, sans exclure pour autant une certaine activité, puisque l'imitation n'est jamais une simple empreinte. Dans reproduction, il faut entendre production.

Ainsi cette analyse de Park met-elle en exergue un élément capital pour la compréhension de l'interaction : la sympathie doit être considérée comme un principe explicatif rendant compte d'un processus dynamique.

> Que ce processus soit appelé sympathie, en accord avec Hume, ou imitation, comme le fait Tarde, ce qui est essentiel est l'accent mis sur *l'aspect formel* de la question : l'objet de l'intérêt est un *processus* et non un sentiment avec un contenu donné. (...). Une tentative est (...) réalisée pour montrer comment les conduites interagissent et sont transmises[2].

Park rejoint alors la pensée de l'infinitésimal tardien en affirmant que le social n'est rien d'autre que ce qui initié et diffusé à travers le groupe par le biais de l'imitation. Dans cette perspective, Park retient avant tout la nature communicationnelle de la sympathie humienne et la relation qu'elle opère entre les individus, il met entre parenthèses non seulement son statut moral et le rôle qu'elle joue dans l'approbation du caractère et de la conduite d'autrui, mais aussi le contenu de ce qui se diffuse entre les individus, à savoir les impressions en langage humien. Si l'analyse philosophique se voit par là même simplifiée, elle est également déplacée puisque le désintérêt à l'égard du contenu conduit Park à externaliser la relation intersubjective pour considérer que ce sont les comportements qui sont imités.

1. *Ibid.*, p. 32, notre trad.
2. *Ibid.*, p. 36, notre trad., souligné par nous.

Jamais Park ne renoncera à comprendre l'unité de la société par le biais de la communication[1].

Tout enquête sur les sources de l'interaction doit alors faire sienne cette injonction qu'il justifiera plus tard dans le chapitre VI de *Introduction to the Science of Sociology*: «Toutes les théories des auteurs qui voient l'imitation comme la forme spécifique de la réaction sociologique doivent être regardées comme adoptant le principe humien de sympathie, même lorsqu'il n'y a pas de fondement pour souligner une connexion historique entre les deux doctrines»[2], en gardant bien à l'esprit que cette adoption n'est pas une répétition à l'identique.

Postérieur de dix-sept années à sa thèse de doctorat, le traité *Introduction to the Science of Sociology*, que Park coécrit avec Burgess, se présente comme un ouvrage systématique destiné à pallier la pénurie des écrits sociologiques aux États-Unis et à susciter l'engouement des étudiants pour cette discipline. Il constitue le soubassement conceptuel de l'école de Chicago, le cadre général de l'enseignement que reçurent les étudiants, dont un certain Erving Goffman. Dans une de ses dernières interviews, revenant sur son cheminement intellectuel, ce dernier déclare ainsi que l'œuvre de Park exerça une influence décisive sur lui[3], par la médiation du professeur chéri entre tous, Everett Hughes, qui élabora lui-même son ethnographie urbaine grâce aux prémisses théoriques de Park et consacra un article particulièrement élogieux à Tarde et à sa pensée de l'imitation[4]. Goffman n'hésite pas à parler de Park et Burgess comme de ses professeurs, alors qu'à proprement parler, il n'a jamais assisté à leurs cours, mais seulement lu leurs ouvrages et plus particulièrement *Introduction to the Science of Sociology*.

Le chapitre VI de ce texte explicite l'interaction à partir de l'imitation et de la sympathie, en s'appuyant sur une traduction littérale du passage de *La psychologie des émotions* commenté précédemment où Ribot distingue les trois niveaux de sympathie. Park présente l'interaction de manière négative comme une notion qui ne relève pas du sens commun mais qui est élaborée pour répondre au problème posé par *The Crowd and the Public* de la constitution de l'unité à partir de la diversité :

1. Voir R. E. Park, « Human Nature and Collective Behavior », *The American Journal of Sociology*, vol. 32, n° 5, 1927, p. 737.

2. R. E. Park, *The Crowd and the Public*, *op. cit.*, p. 34, notre trad.

3. Voir J. C. Verhoeven, « An Interview with Erving Goffman, 1980 », *in* G. A. Fine et G. W. H. Smith (eds.), *Erving Goffman*, *op. cit.*, vol. 3, p. 216.

4. Voir E. Hughes, « Tarde's *Psychologie économique*: an Unknown Classic by a Forgotten Sociologist », art. cit.

> Pour décrire l'homme et la société dans les termes qui en révéleront la nature, la sociologie est obligée de réduire la complexité et la richesse de la vie à ses termes les plus simples, c'est-à-dire les éléments et les forces. Une fois les concepts « éléments » et « forces » acceptés, la notion d'interaction est un développement logique, inévitable [1].

L'interaction apparaît alors comme ce qui lie les éléments en mécanique et les forces en sociologie. Elle se présente comme un type de relation mettant en contact des unités différentes et les modifiant. Ce rapprochement entre le monde de la nature et le monde de la culture, ou plutôt la remise en cause de la frontière entre les deux domaines, s'inscrit dans l'héritage de l'universalité de la répétition défendue par Tarde et se traduit par la mise en place d'une méthode sociologique privilégiant l'explication à la compréhension, l'observation à l'interprétation. Les phénomènes humains sont justiciables de la même approche que les phénomènes physiques. Dans la thèse de 1904, Park entendait l'objet de la sociologie comme les relations entre les individus, or ici il affirme une identité entre société et interaction en n'hésitant pas à parler de « la société comme interaction » [2]. La société en termes mécaniques se réduit aux interactions puisqu'elle ne peut exister indépendamment des personnes qui participent à la vie sociale.

Goffman, en définissant l'interaction comme l'action réciproque qu'exercent les partenaires – individus ou équipes – d'un échange lorsqu'ils sont en présence les uns des autres, reprend cette ligne d'analyse. L'action réciproque qu'exercent les partenaires suppose l'imitation. C'est dans cette perspective que les termes de sympathie et d'empathie se trouvent sous sa plume. Après avoir souligné que le trait fondamental de l'interaction sociale consiste dans sa réciprocité, il conclut en disant que « les individus adoptent l'attitude des autres personnes présentes, sur un mode sympathique, quelle que soit la finalité au service de laquelle ils mettent les informations ainsi obtenues » [3] et ajoute dans un autre texte que

1. R. E. Park et E. W. Burgess, *Introduction to the Science of Sociology*, *op. cit.*, p. 339-340, notre trad.

2. *Ibid.*, p. 341, notre trad.

3. E. Goffman, *Comment se conduire dans les lieux publics*, *op. cit.*, p. 16. Goffman se réfère à un article de R. E. Park, « Human Nature and Collective Behavior », *The American Journal of Sociology*, vol. 32, n° 5, 1927, p. 733-741. Dans ce texte, Park met particulièrement l'accent sur la capacité de l'homme à partager les impressions de ses semblables. Voir p. 738 : « Il vit dans son imagination, et à travers son imagination, dans l'esprit des autres hommes, qui partagent avec lui, non seulement ses propriétés, mais aussi ses espoirs et ses rêves » (notre trad.).

comprendre la situation d'autrui, « c'est être capable de se mettre à sa place par empathie »[1]. Ainsi sa notion d'interaction hérite-t-elle la dimension communicationnelle de la sympathie à laquelle il confère le statut de principe explicatif pour rendre compte du lien social entre les individus. Cette capacité à endosser l'attitude de l'autre sous-tendue par une communication réciproque assure une relation élémentaire, mais fondamentale, entre les individus constituant un ordre social à part entière, l'ordre de l'interaction.

Reste à préciser ce terme d'attitude transmis par sympathie : seul le recours à la veine des discours pragmatistes peut permettre de comprendre cet écart par rapport à une philosophie humienne orthodoxe, qui le conduit à mettre entre parenthèses toute allusion à une prétendue intériorité. La sympathie refondue en interaction se voit dépouillée de ses deux opérations cognitives et de son contenu pour décrire un processus de mise en relation physique.

### *La réception américaine de la sympathie : une externalisation de la psychologie humienne*

À côté des archives continentalo-parkiennes, le discours pragmatiste de Mead constitue également une référence incontournable pour Goffman permettant de comprendre trois éléments importants de l'interactionnisme : un naturalisme assumé et revendiqué engageant une épistémologie sociale particulière, un *behaviorisme* social minorant le rôle des affects au profit de celui des attitudes et rompant avec un dualisme entre les états internes et externes qui persiste chez Hume, et enfin une refonte de la notion de subjectivité, au travers des concepts de *self* et de face, qui radicalise l'analyse du philosophe.

En effet, le discours pragmatiste introduit un certain nombre de discontinuités avec l'empirisme humien qu'il juge trop timoré, tout en se trouvant séduit par son naturalisme non réductionniste et ses analyses morales. Il en vient à s'intéresser à la sympathie dans le cadre d'une démarche soucieuse de rattacher l'ensemble des manifestations humaines à une anthropologie mettant au cœur de sa réflexion les notions de vie et d'impulsion. Le concept central de la philosophie morale humienne constitue pour Mead une notion décisive : elle engage une psychologie sociale qui considère que la subjectivité se constitue au cours d'un processus de communication intersubjectif.

1. E. Goffman, *Façons de parler* (1981), trad. fr. A. Kihm, Paris, Minuit, 1987, p. 104.

### *Méfiance du pragmatisme pour l'empirisme humien, attrait pour la « science de la nature humaine »*

Le courant pragmatiste dans son ensemble manifeste une volonté de complexifier l'empirisme humien : selon le titre de l'ouvrage de William James, l'empirisme doit être radical[1], position laissant entendre que celui des empiristes classiques, notamment de John Locke mais aussi du philosophe écossais, était encore trop tiède. De manière générale, aussi bien Charles Sanders Peirce que William James ou John Dewey vont critiquer ce qu'ils appellent l'atomisme ou le nominalisme de Hume, en s'attaquant aux deux principes énoncés dans l'appendice 5 du livre I du *Traité de la nature humaine :* d'une part « toutes nos perceptions distinctes sont des existences distinctes » et d'autre part « notre esprit ne perçoit jamais de connexions réelles entre des existences distinctes »[2], qui engagent une compréhension duale et figée de l'expérience, se composant, d'un côté de perceptions séparées et séparables dont nous pouvons faire l'expérience, et de l'autre, de relations les unissant, ne pouvant faire elles-mêmes l'objet d'un quelconque acte de conscience. Si les impressions et les idées sont les données ultimes de l'expérience, la relation ne se donne elle-même, pour Hume, dans aucune expérience. Elle constitue simplement une « qualité par laquelle deux idées sont réunies dans l'imagination »[3], n'ayant pas de consistance ontologique propre.

La mise en cause du statut des relations dans la philosophie humienne les amène à attaquer son analyse sur deux plans, celui de la psychologie interne mais aussi celui du rapport avec l'environnement, ce qui aura une incidence importante sur leur compréhension de l'intersubjectivité, notamment pour Mead dans *L'esprit, le soi et la société*.

James, particulièrement, va lui reprocher de simplifier le déroulement de l'expérience, masquant ce qui en constitue la réalité, la complexité et la profondeur. Loin d'être des ingrédients fondamentaux de notre esprit, des unités discrètes consistantes en elles-mêmes, les impressions, selon lui, ne peuvent apparaître qu'au terme d'un travail d'abstraction artificielle destiné à rendre compte de l'expérience. Autrement dit, pour James, nous n'expérimentons jamais des impressions, fussent-elles liées les unes aux autres, mais toujours un courant continu où chaque moment de l'expérience apparaît gros de ce qui le précède et de ce qui le suit. Nous éprouvons

1. Voir W. James, *Essais d'empirisme radical* (1912), trad. fr. G. Garreta et M. Girel, Paris, Champs-Flammarion, 2007.

2. D. Hume, *Traité de la nature humaine*, *op. cit.*, I, « Appendice 5 », p. 385.

3. *Ibid.*, I, 1, 1, 5, 1, p. 57.

toujours l'épaisseur de la durée et la transition, si bien que l'expérience doit être comprise comme un faisceau ou encore un foyer de rayons dont l'intensité varie sans que l'on puisse pourtant isoler des atomes simplement juxtaposés les uns aux autres. « Dans notre conscience du tonnerre, la conscience du silence qui le précède rôde et se poursuit ; car ce que nous entendons lorsque le tonnerre éclate, ce n'est pas du tonnerre *pur* mais du tonnerre-interrompant-le-silence-et contrastant-avec-lui »[1]. L'expérience vécue en vérité se présente comme un enchevêtrement complexe que l'empirisme atomique de Hume appauvrit de manière abusive en y découpant des moments arbitraires.

La mise en cause du statut des relations dans la philosophie humienne conduit, en outre, les pragmatistes, par le biais de Dewey, à substituer à la définition de l'expérience comme synthèse d'impressions disjointes celle de transaction entre le corps et son environnement[2]. Ils déplacent la notion d'expérience du domaine mental au domaine physique non seulement en l'externalisant mais aussi en l'appréhendant dans une perspective naturaliste qui s'inscrit dans le cadre du développement de la psychologie biologique moderne. Loin d'être un enregistrement passif interne, elle se présente comme une démarche active dans le monde prenant la forme d'une enquête pour s'y ajuster : l'expérience n'a de sens que dans la mesure où elle nous stimule pour agir et nous adapter aux situations. Dotée d'une finalité pratique, elle apparaît en ce sens sélective en nous portant à prêter attention à ce qui a un intérêt pour nous et à modifier de manière pertinente le cours de notre conduite. Ainsi est-elle de nature vitale et sa valeur réside-t-elle dans la manière dont elle nous permet d'être au monde en nous y ajustant.

Néanmoins, cette appropriation critique de l'empirisme humien n'exclut pas une adhésion sans réserve à son naturalisme et à sa volonté de comprendre l'ensemble des phénomènes humains comme des manifestations d'une nature prolongeant elle-même la vie animale, sans s'y réduire pour autant. En effet, dans l'*Enquête sur l'entendement humain*, Hume considère que la différence entre l'inférence humaine et l'inférence animale est seulement de degré et non de nature :

1. W. James, *Précis de psychologie* (1892), trad. fr. N. Ferron, Paris, Les empêcheurs de penser en rond, 2003, p. 115.

2. Voir J. Dewey, *L'art comme expérience* (1934), trad. fr. coordonnée par J.-P. Cometti, Paris, Folio, 2010, p. 80 : « Il y a constamment expérience, car l'interaction de l'être vivant et de son environnement fait partie du processus même de l'existence » ; ainsi que J. Dewey et A. Fisher Bentley, *Knowing and the Known*, Boston, Beacon Press, 1949.

> Les animaux ne sont donc pas guidés par le raisonnement dans ces inférences; ni les enfants; ni le commun des hommes dans leurs actions et leurs conclusions ordinaires; ni les philosophes eux-mêmes qui, dans toutes les parties actives de la vie, font généralement comme le vulgaire et sont gouvernés par les mêmes maximes[1].

Il n'hésite d'ailleurs pas à parler de l'inférence comme instinct à la fin de ce chapitre, ou de l'habitude dans le *Traité* comme l'un des principes de la nature tirant toute sa force de cette origine[2]. Particulièrement sensible à cet aspect de son œuvre, Dewey dans l'avant-propos à *Human Nature and Conduct*, déplore ainsi que les lecteurs aient plus prêté attention à la dimension sceptique de la philosophie humienne qu'à son naturalisme. La connaissance de la nature humaine permet de dessiner la carte de toutes les manifestations de notre existence, sociales, économiques, religieuses, politiques, et de s'y repérer. Lui-même n'hésite pas à présenter sa propre philosophie morale comme une tentative pour prolonger la philosophie de Hume et fait de sa définition de la passion comme existence originelle dépourvue de qualité représentative[3] le point de départ de son analyse dans « La logique des jugements pratiques »[4].

De manière générale, pour appréhender les phénomènes humains, physiques et mentaux, les pragmatistes vont s'efforcer de développer une pensée de l'émergence dans la continuité, à partir des intérêts vitaux de l'organisme. Le *behaviorisme* dont se réclame Mead vise précisément à expliquer le comportement mental en termes de comportement non mental, dans la mesure où les deux se rattachent à « l'animal humain »[5], rejoignant par là le deuxième volet de la critique de la conception humienne de l'expérience. En effet, comportement physique et état mental doivent être ressaisis dans un seul et même processus dynamique se déployant de l'intérieur vers l'extérieur, de sorte que les états de conscience peuvent être appréhendés comme publics, objectivables et observables, à l'instar de l'expérience. Aussi le naturalisme de Hume aurait-il dû, en toute logique, le conduire à proposer une autre compréhension de l'expérience la ressaisissant dans un naturalisme anthropologique.

1. D. Hume, *Enquête sur l'entendement humain*, *op. cit.*, IX, 5, p. 273.
2. D. Hume, *Traité de la nature humaine*, *op. cit.*, I, 3, 16, p. 254 *sq*.
3. Voir *ibid.*, II, 2, 3, 5, p. 271.
4. Voir J. Dewey, « The Logic of Judgments of Practice » (1915), *The Middle Works, 1899-1924*, *op. cit.*, vol. 8, p. 24.
5. G. H. Mead, *L'esprit, le soi et la société*, *op. cit.*, p. 2. La pagination est celle du texte anglais mentionnée entre crochets droits dans la traduction française.

### *Le* self *et la sympathie ou la promotion du concept philosophique dans la psychologie sociale de George Herbert Mead*

Dans ce cadre général de réappropriation de la philosophie humienne par le pragmatisme, il appartient à George Herbert Mead d'avoir accordé une attention particulière au concept de sympathie. Dans la même veine que les penseurs de la branche continentale des archives de l'interactionnisme, il retient son aspect communicationnel, mais il en présente une lecture originale : il la lie de manière étroite à la problématique de l'identité personnelle et insiste sur ses éléments normatifs. Sa psychologie sociale enrichit la première réception de la philosophie humienne dans le champ des sciences humaines. La sympathie permet non seulement de penser le lien social pour autant qu'elle assure le partage des affects et des opinions que le pragmatiste retravaille comme attitudes mais elle se trouve également à l'origine de la genèse du *self*, engageant une compréhension originale de la subjectivité qui émerge au cours d'un processus de communication sociale. Mead articule de manière indéfectible les intérêts de l'individu à ceux du collectif. En outre, cette réflexion se déploie dans le cadre d'une analyse naturaliste et vitaliste de l'expérience, dans la mesure où Mead partage la compréhension deweyenne de cette dernière notion, ainsi peut-elle rendre compte de la communication avec un certain environnement. Enfin, l'intérêt accordé aux transactions entre le corps et ce qui l'entoure conduit Mead à mettre l'accent sur les règles qui guident la conduite : communiquer avec son environnement suppose de comprendre et de mettre en œuvre ses exigences pour produire un comportement compréhensible.

L'influence de Hume sur la pensée de Mead apparaît sans équivoque. Il lui consacra, en effet, plusieurs cours et se réfère directement à sa critique de l'identité personnelle, aussi bien dans un cours de 1927 sur la psychologie sociale[1] que dans les *Movements of Thought in the Nineteenth Century* en 1936[2]. Cette référence semble assez naturelle sous sa plume, dans la mesure où sa propre analyse prolonge la critique adressée par Dewey à Descartes et à sa compréhension substantielle du sujet. Or il

1. Voir G. H. Mead, *Social Psychology. Typescript of notes by G. Shelburg, from the course by Mead, Winter Quarter, 1927*, Papers, [Box 3, Folder 4], Special Collections Research Center, University of Chicago Library, p. 156.

2. Voir G. H. Mead, *Movements of Thought in the Nineteenth Century*, Chicago, University of Chicago Press, 1936, p. 34-35.

appartient à Hume d'avoir employé le premier de tels arguments dans le livre I du *Traité de la nature humaine*[1].

L'héritage de la pensée humienne se manifeste dans *L'esprit, le soi et la société*, lorsque Mead analyse la manière dont le *self* s'élabore dans un processus de communication réfléchi. Son analyse s'inscrit dans un cadre non substantialiste mais processuel, *leitmotiv* de ses recherches depuis au moins *The Definition of the Psychical* en 1903[2]. Sans compromis, il refuse de considérer le *self* comme une réalité auto-suffisante déjà donnée pour le comprendre, au contraire, comme une réalité sociale: «(Le *self*) se constitue progressivement. Il n'est pas donné à la naissance, mais il émerge dans le processus de l'expérience sociale et de l'activité sociale. Il se développe chez un individu donné comme résultat de ses relations avec ce processus et avec les individus qui y sont engagés»[3].

Mead propose ainsi une approche non seulement génétique du *self*, mais aussi externaliste. En effet, dans la citation précédente, le processus en question n'est nullement psychologique mais se réalise dans une transaction particulière entre un organisme physique et son environnement social: la communication. Selon l'analyse de la deuxième partie du livre, le *self* émerge grâce à la conversation de gestes valant comme «symboles significatifs», qui doit être distinguée de celle où les gestes constituent de simples *stimuli* non symboliques[4]. La différence entre ces deux types de conversation renvoie à la différence naturelle entre communication humaine et communication animale[5], qui permet de parler de *self* et d'esprit seulement pour l'homme. Ainsi l'analyse du *self* se déploie-t-elle à partir d'une théorie socio-anthropologique de la signification et de la communication qui gagne à être relue à la lumière des développements du livre II du *Traité de la nature humaine* de Hume.

Selon Mead, les gestes valent dans la conversation animale comme des *stimuli* entraînant une réponse immédiate qui ne passe nullement par l'idée de la signification du geste. La conversation de gestes se présente dès lors

1. Voir D. Hume, *Traité de la nature humaine*, *op. cit.*, I, 4, 5 et 6, p. 320 *sq.*

2. Voir G. H. Mead, «The Definition of the Psychical», *Decennial Publications of the University of Chicago*, *op. cit.*, p. 77-112.

3. G. H. Mead, *L'esprit, le soi et la société*, *op. cit.*, p. 135.

4. Voir *ibid.*, p. 68 *sq.*

5. Mead distingue, en effet, la communication au sens fort, «consciente d'elle-même» ou réfléchie, que l'homme seul est capable d'accomplir, de la communication au sens faible, notamment présente dans les phénomènes de foule ou «dans des formes de société inférieures à l'organisation sociale du groupe humain». Voir G. H. Mead, *L'esprit, le soi et la société*, *op. cit.*, p. 253 *sq.*

comme un simple conditionnement, étranger à toute réflexion : le *stimulus* produit mécaniquement le réflexe sans être réfléchi en tant que tel. Au contraire, dans la conversation humaine, l'individu qui fait un geste le perçoit comme un symbole ayant une signification universelle, de telle sorte qu'il peut susciter en lui-même la réponse qu'il provoque chez son interlocuteur : « Ce qui est particulier à (la communication où l'on utilise des symboles significatifs), c'est que l'individu répond à son propre *stimulus* de la même manière que les autres »[1]. Même si d'autres gestes physiques peuvent jouer ce rôle, Mead tend à privilégier les gestes vocaux : lorsque l'individu parle, il interprète ses propres paroles en provoquant en lui ce qu'elles occasionnent chez les autres, autrement dit il y réagit comme pourrait le faire un spectateur extérieur. Puisque le symbole n'est pas un réflexe conditionné[2], il faut dire que l'homme répond à son comportement dont les gestes vocaux participent, de manière non automatique mais consciente et réfléchie : interpréter ses propres gestes signifie prendre en compte la réponse qu'ils vont susciter chez les autres[3]. À ce moment-là seulement, il est possible de parler de processus de communication élaboré. Bien évidemment, les gestes ne peuvent jouer ce rôle de symboles significatifs que lorsqu'ils sont compris de la même manière par toutes les personnes participant à la situation, c'est-à-dire lorsqu'ils occasionnent les mêmes conduites. La compréhension meadienne de la signification en jeu dans la communication apparaît donc à la fois sociale et externaliste, présentant de la sorte un enrichissement du processus décrit par l'école de psychologie française, notamment par Théodule Ribot et Gustave Belot. D'une part, les humains font société dès lors que les mêmes objets suscitent, en eux, les mêmes idées. Comme l'écrit Mead, « ce qui rend la société possible, ce sont de telles réponses communes »[4]. D'autre part, l'« idée » en jeu dans la signification ne se comprend pas de manière opposée à l'action puisqu'elle consiste en une manière de répondre et donc de se comporter face à un symbole. Les significations des objets organisent des dispositions à agir de façon déterminée : « Elles appartiennent aux choses dans leurs relations avec les individus »[5]. Ainsi les réponses

1. G. H. Mead, *L'esprit, le soi et la société*, *op. cit.*, p. 67.
2. Voir *ibid.*, p. 102 *sq.*
3. Voir *ibid.*, p. 72 *sq.*
4. *Ibid.*, p. 161.
5. G. H. Mead, *On Social Psychology*, Chicago, University of Chicago Press, 1964, p. 227.

impliquées dans la citation précédente sont-elles moins verbales que comportementales.

Mais en quoi cela confère-t-il un *self* et un esprit ? Selon Mead, l'émergence du premier exige que l'individu soit capable de se répondre à lui-même, donc de s'appréhender comme un objet et non comme un sujet. Or un tel dialogue réflexif ne peut advenir que lorsque l'individu est en mesure d'anticiper en lui-même la réponse qu'il va provoquer chez autrui en agissant ou en parlant. Autrement dit, l'individu devient objet d'expérience pour lui-même en réfléchissant son action sur les autres. Il est possible dans ces conditions de parler d'auto-affection. Ainsi la conscience de soi n'advient-elle pas dans l'immanence de l'introspection mais dans l'extériorité d'une structure sociale qu'est la relation de communication : la réflexivité n'est pas première mais médiée par les gestes vocaux qui accèdent alors au statut de symboles significatifs. Dans cette perspective, Mead propose une définition originale de la conscience de soi comme « capacité de provoquer en soi un ensemble de réponses déterminées qui appartiennent aux autres membres du groupe »[1], montrant une nouvelle fois la valeur instrumentale des fonctions dites intellectuelles se déployant dans un rapport essentiellement pratique. Dans ces conditions, il faut moins dire que la constitution du *self* implique un détour par l'extérieur, ce qui supposerait l'existence préalable d'un noyau de subjectivité dont il faudrait se détourner, qu'elle ne s'effectue dans une structure de relations entre des attitudes physiques. Seule cette émergence du soi peut permettre à l'individu de se contrôler et d'orienter son comportement. À la différence de la séquence *stimulus*-réflexe, la séquence symbole-réponse introduit de la distance, une brèche entre l'agent et lui-même, le rendant capable de modifier sa conduite en fonction de la réponse de l'autre qu'il anticipe. En étant affecté par ses propres actions, l'individu peut les ajuster à la situation. Le *self* apparaît donc, selon la formule de Dewey, comme une simple variable par laquelle l'agent se situe dans son cours d'action, « un facteur à l'intérieur de l'expérience »[2], qui permet de coordonner la complexité de l'action sociale. C'est alors seulement que l'individu possèdera un esprit, ce dernier se définissant dans le vocabulaire meadien en termes fonctionnels et non psychologiques comme une capacité : celle de faire retour sur soi en endossant l'attitude d'autrui à son propre égard pour pouvoir anticiper la signification de son comportement et modifier

1. G. H. Mead, *L'esprit, le soi et la société*, *op. cit.*, p. 163.

2. J. Dewey, « Experience, Knowldege and Value » (1939), *The Later Works, 1925-1953*, *op. cit.*, vol. 14, p. 17.

son orientation. L'esprit n'est donc nullement envisagé en relation avec un quelconque for intérieur : Mead le fait dépendre, ainsi que le *self*, de la capacité à endosser le rôle d'autrui, autrement dit son attitude suscitée par nos paroles ou gestes.

Or Mead rattache cette capacité, aussi bien dans *L'esprit, le soi et la société* que dans « Le soi et le processus de la réflexion », au principe de sympathie, inscrivant ainsi son analyse, à l'instar d'autres pragmatistes comme John Dewey[1] et Charles Horton Cooley[2], dans le prolongement d'une philosophie morale humienne fortement naturalisée.

> Prendre une attitude sociale distinctement humaine – c'est-à-dire consciente de soi – envers un autre individu, c'est s'identifier à lui par sympathie, en adoptant son attitude envers une situation sociale et en adoptant le rôle qu'il y joue, en répondant alors implicitement à cette situation sociale comme il le fait ou comme il va le faire explicitement[3].

La sympathie, selon Mead, permet donc de s'identifier à l'autre, « au sens d'un individu qui provoque en lui une certaine réponse, parce que son geste agit sur lui comme sur l'autre »[4]. Ainsi, elle constitue la clé du processus de communication. Cette mention de la sympathie nous incite à rapprocher plus précisément l'analyse meadienne du *self* de celle du livre II du *Traité de la nature humaine*, de manière à saisir les lignes de continuité et de fracture.

Comme nous l'avons vu précédemment, la reprise de la question de l'identité personnelle dans le livre II du *Traité de la nature humaine* fait du *self* une réalité émergeant au cours d'un processus d'échange de symboles. Seul le partage de l'appréciation d'autrui à mon égard, véhiculée par les signes de son comportement physique, me permet de me construire une image de moi-même. Le *self* humien se constitue ainsi sur un fond de communication sociale dans une analyse qui lie théorie des signes et théorie du comportement, pour comprendre les manifestations physiques comme des symboles significatifs. Mais si l'analyse de Mead s'inscrit incontestablement dans le sillage de celle de Hume, elle n'en présente pas moins un visage beaucoup plus radical dont la sociologie de Goffman

1. Voir notamment J. Dewey, *Ethics* (1908), *The Middle Works, 1899-1924*, *op. cit.*, vol. 5, p. 128 et J. Dewey, *Theory of the Moral Life* (1932), New York, Irvington Publishers, Inc., 1980.

2. Voir C. H. Cooley, *Human Nature and the Social Order*, New Brunswick, Transaction Publi., 1902.

3. G. H. Mead, *L'esprit, le soi et la société*, *op. cit.*, p. 300.

4. *Ibid.*

portera la marque: elle élimine tout psychologisme, insiste sur l'élément normatif de la communication et fait entrer dans le champ de cette dernière les objets et les situations.

Alors que le philosophe écossais développe une compréhension psychologique du *self* en l'identifiant aux perceptions qu'en ont les autres, Mead le naturalise et l'objective comme «phase de l'expérience». En effet, faute d'intégrer totalement l'impression mentale et l'expression physique dans une même séquentialité, Hume maintient deux niveaux dans son analyse: on réagit à soi-même en inférant d'après le comportement des autres leurs impressions que l'on suscite alors en nous. Autrement dit, le comportement physique se réduit à une simple médiation. S'il jouit du statut de symbole, sa signification demeure une impression mentale qu'il exprime de manière conventionnelle et qui est reconnaissable, à ce titre, par les membres d'une même société. Dans cette perspective, le *self* humien apparaît comme une réalité avant tout psychique, une affaire de conscience présupposant en amont l'activité de l'esprit. S'il est possible d'en retracer la genèse, il n'en demeure pas moins la cristallisation de représentations mentales, de différentes perceptions unifiées grâce à un processus de communication. Cette persistance d'une certaine forme de dualisme s'explique dans la mesure où Hume ne dispose pas d'une approche fonctionnaliste de la psychologie qui lui aurait permis de proposer un concept de rôle intégrant l'esprit dans la conduite comme phase de l'expérience et de souligner la valeur instrumentale, essentiellement pratique, des capacités intellectuelles. Loin de penser comme Mead que l'idée est impliquée dans le geste[1], le philosophe maintient une distinction entre l'interne et l'externe en considérant que le corps renvoie à un arrière-plan distinct et consistant. Il propose, dans cette perspective, une forme de parallélisme assez proche de celle que Mead reprochera à Cooley dans un article de 1930[2] et les critiques que celui-là adresse à celui-ci, notamment l'attribution d'une nature psychologique au *self* et à la communication, s'appliquent sans réserve à Hume. Pour rompre avec tout dualisme, le concept pragmatiste d'attitude s'efforce de rendre compte de l'acte comme d'un processus continu se déployant de l'intérieur vers l'extérieur. Mead la définit, en effet, comme «un commencement d'acte»[3] en précisant que l'acte observable à l'extérieur est «un moment d'un processus qui a

1. Voir *ibid.*, p. 15.

2. Voir G. H. Mead, «Cooley's Contribution to American Social Thought», *American Journal of Sociology*, vol. 35, 1930, p. 693-706.

3. G. H. Mead, *L'esprit, le soi et la société*, *op. cit.*, p. 5.

commencé à l'intérieur »[1]. Ainsi l'attitude exprime-t-elle le passage dynamique de la phase interne à la phase externe et se substitue-t-elle dans la psychologie sociale de Mead aux affects et aux opinions communiqués par sympathie. Sous sa plume, la sympathie, permettant de prendre le rôle d'autrui, assure la communication de ses attitudes que l'on peut endosser à son tour.

Mead insiste également beaucoup plus que Hume sur l'élément normatif présent dans la prise de rôle. Pour ce faire, il présente le jeu réglementé[2] comme une condition sociale privilégiée, à côté du langage, pour comprendre l'émergence du *self* comme objet et exemplifie de la sorte ce qu'il appelait un acte social en 1924 dans « Genèse du soi et contrôle social »[3]. Dans le jeu codifié, le rôle de chaque participant se voit déterminé de manière conventionnelle, ce qui lui permet d'ajuster son comportement à celui des autres pour produire une action collective : « La différence fondamentale entre le jeu libre et le jeu réglementé est que, dans ce dernier, l'enfant doit maîtriser les attitudes de tous ceux qui y participent. Les attitudes des autres que le joueur assume s'organisent en une unité et cette organisation contrôle sa réponse »[4]. Mead appelle « Autrui généralisé » la communauté organisée ou le groupe social formé par les autres joueurs que l'enfant mobilise en son for intérieur pour déterminer ses faits et gestes. Par exemple, lorsqu'il joue au base-ball, il suscite en lui l'ensemble des attitudes socialement déterminées que sa conduite provoque chez les autres joueurs pour orienter sa manière d'agir. Cette catégorie ludique apparaît comme le paradigme de toute action sociale : dans chaque situation, en se mettant à la place les uns des autres pour coordonner leurs comportements et former ainsi une véritable unité, les agents suivent des règles qui guident leur conduite par la détermination du licite et de l'illicite. Élargissant de la sorte l'usage de la notion d'Autrui généralisé, Mead désigne sous ce vocable l'ensemble des attitudes socialement normées adoptées par les autres à mon encontre, lorsque je produis une conduite socialement significative au cours de la situation au sein de laquelle j'agis. Lier cette notion au jeu codifié, c'est-à-dire réglé, permet à Mead de souligner l'élément de la convention sociale et donc du contrôle immanent à la communication. Les attitudes d'autrui suscitées par notre comportement, mobilisées en

1. G. H. Mead, *L'esprit, le soi et la société*, *op. cit.*, p. 5.

2. Mead distingue le jeu réglementé ou codifié (*game*) du jeu libre (*play*). Voir *ibid.*, p. 149.

3. Voir *ibid.*, p. 418 *sq.*

4. *Ibid.*, p. 153-154.

nous-mêmes pour orienter notre conduite, sont normatives. Notre conduite fait sens dans une situation sociale dans la mesure où elle s'articule aux différents segments comportementaux, de manière à produire un acte social significatif. Lorsque notre conduite obéit aux exigences propres à la situation, elle appelle alors une réponse dotée d'intelligibilité qui contraint, elle-même, le comportement initial : le symbole que j'émets constitue un moment de l'acte social compréhensible, corrélé à ses autres composants[1]. Les normes immanentes à toute communication sociale ne font que prolonger des exigences vitales. Dans ce naturalisme non réductionniste, l'ajustement à l'environnement, quelle que soit sa complexité, se présente toujours comme la prise en compte dans son attitude de ses contraintes pour y répondre de la manière la plus satisfaisante. Il faut endosser sa perspective dans la mesure où il exerce un contrôle par le biais de ses différentes demandes.

Le troisième écart par rapport à la philosophie de Hume réside dans l'extension du champ des entités avec lesquelles l'on est susceptible de sympathiser. Selon Mead, nous pouvons adresser une réponse sociale aux objets physiques pour autant que soient également incarnées en eux des attitudes nous demandant de contrôler notre comportement à leur égard. Ainsi sommes-nous susceptibles de nouer de véritables conversations avec l'inanimé[2]. Un tel geste s'avère lourd de conséquences : les normes sociales ne sont pas seulement fixées dans les attentes institutionnalisées des interactants avec lesquels nous communiquons mais également enchâssées dans les choses physiques constitutives de la situation. Introduisant la notion de « chose physique » dans l'un des essais de *The Philosophy of the Present*, il exemplifie une telle conversation sociale avec l'inanimé en décrivant très finement notre attitude face à un livre : dans notre perception réside déjà notre tendance à le saisir et à tourner délicatement ses pages[3]. Autrement dit, nous répondons non seulement à la résistance physique et à la forme de l'ouvrage mais également aux règles d'usage dont il est porteur, en nous abstenant de le déchirer, d'écrire dessus, de décoller sa couverture, etc. Et ce, dans la mesure où nous sommes capables d'endosser son attitude.

1. Voir *ibid.*, p. 158.
2. Voir *ibid.*, n. 1, p. 154.
3. G. H. Mead, *The Philosophy of the Present*, La Salle, Open Court Publi., 1932, p. 140 *sq*.

Si le premier *corpus* de discours par lequel transitait la sympathie humienne l'a spécialisée en principe d'explication des relations sociales, en mettant en avant sa dimension communicationnelle, les archives pragmatistes l'ont, pour leur part, infléchie, enrichie et radicalisée, en retenant avant tout son rôle dans la constitution du *self*. D'une part, elles l'ont dépsychologisée, engageant, de la sorte, une compréhension très novatrice de la subjectivité : le *self* est un facteur de la conduite prenant sens dans le champ d'ajustement d'un organisme évolué à une situation. D'autre part, elles ont précisé sa dimension contraignante, en dehors d'une analyse du jugement moral, en soulignant une normativité exclusivement sociale à l'œuvre dans la communication. Et enfin, elles ont étendu sa portée en lui conférant le pouvoir de mettre en relation l'humain et le non humain. Dans ces différentes appropriations, l'épistémologie humienne de la sympathie se voit considérablement simplifiée. Alors que Hume insistait fort longuement dans le livre II du *Traité* sur les deux opérations psychologiques permettant de comprendre le processus de sympathie, l'inférence causale de l'idée d'autrui à l'origine du comportement observé et la conversion de cette idée en impression, les deux ensembles de textes étudiés n'en soufflent mot. La psychologie expérimentale française s'avère indifférente à ce fonctionnement, dans la mesure où elle s'intéresse avant tout à la portée explicative du concept pour rendre compte de différents phénomènes en les articulant dans une même logique, tandis que la perspective continuiste du pragmatisme, mettant l'accent sur l'enchevêtrement dynamique des phénomènes, ne peut isoler arbitrairement des opérations, et ce d'autant plus que les phénomènes mentaux se prolongent dans l'organisme. Modifiant dans sa positivité l'énoncé humien de la sympathie, tous deux dessinent une zone d'ombre dans la formation discursive qu'ils constituent : comment comprendre la communication à l'œuvre dans les relations intersubjectives ? Une nouvelle épistémologie doit être forgée.

CHAPITRE II

# LE GESTE GOFFMANIEN

Notre enquête permet de dégager un ensemble discursif non soupçonné, se déployant depuis la théorie des sentiments moraux jusqu'au manuel de base de l'école de Chicago, *Introduction to the Science of Sociology*, où convergent de manière explicite les deux ensembles d'énoncés, le continental et l'américain. En effet, Robert Ezra Park renvoie son analyse de l'interaction, lorsqu'il est question de ses mécanismes – l'imitation et la suggestion – à sa thèse de doctorat où il associait la philosophie de Hume à la sociologie de Tarde[1] et lorsqu'il est question de son lien avec la conscience sociale[2] aux développements de Mead. Mais si l'interaction dans les premiers textes de l'école de Chicago apparaît bel et bien comme une reformulation sociologique des notions de sympathie et d'imitation, destinée à rendre compte des phénomènes collectifs, en donnant à comprendre la nature de la société, il n'en demeure pas moins que Park et Burgess la déclinent aussitôt en sous-catégories, telles la concurrence, le conflit, le compromis ou encore l'assimilation, en vue d'envisager les contacts entre les différents groupes ethniques présents sur un même territoire[3]. Autrement dit, les analyses de l'*Introduction to the Science of Sociology* visent moins à développer une théorie sociale soucieuse de forger et de déployer des concepts généraux qu'à bricoler des outils pour

1. R. E. Park et E. W. Burgess, *Introduction to the Science of Sociology*, *op. cit.*, n. 9, p. 429.

2. Voir *ibid.*, n. 6, p. 425.

3. Voir J.-M. Chapoulie, « Robert Ezra Park, la tradition de Chicago et l'étude des relations entre les races », *Sociétés contemporaines*, n° 33-34, 1999, p. 141.

organiser les observations de terrain. Ainsi a-t-on pu reprocher à Park d'avoir seulement esquissé les catégories de sa sociologie[1].

Il appartient véritablement à Erving Goffman d'amplifier le geste de Robert Ezra Park, en érigeant l'interaction en concept scientifique opératoire, doté d'une consistance et d'une épistémologie propres pour éclairer l'une des strates du monde social. Il en fait l'objet central de sa sociologie en lui donnant une portée non seulement heuristique mais également ontologique : elle constitue, selon ses termes, un ordre *sui generis*. L'emprunt de cette expression à Durkheim signifie, qu'à l'image de la société immortelle présentée par le père du holisme, l'ordre de l'interaction, irréductible à aucun autre, possède sa propre réalité. S'il a pu employer différents paradigmes dans son œuvre, comme celui du théâtre dans *La présentation de soi* en 1959, de la cérémonie religieuse et de l'éthologie animale en 1967 dans *Les rites d'interaction*, de la théorie des jeux en 1969 dans *Strategic Interaction*, ou encore du cinéma en 1974 dans *Les cadres de l'expérience*, l'unité thématique de son œuvre reste indéniable : Goffman n'a cessé d'explorer les rencontres dans les lieux publics. Or, de la même manière que les poubelles peuvent révéler des trésors, bien des chiffonniers vous le diront, ces micro-événements de la vie quotidienne, si banals qu'on ne les remarque même pas, font apparaître une portion du monde social aussi fondamentale que négligée par les analystes : la sphère des relations intersubjectives, la manière dont nous nous saluons, nous croisons dans une rue, nous bousculons sur le quai d'une rame de métro, tous ces « gestes que nous nommons vides » et qui « sont peut-être, en fait, les plus pleins de tous »[2]. Goffman n'hésite pas à parler d'ordre pour rendre compte du caractère tout à la fois cohérent, contraignant et solide de ces phénomènes. Dès sa thèse, en 1953, *Communication Conduct in an Island Community*, il apparaît en possession de cette expression d'ordre de l'interaction qui constitue le titre du chapitre conclusif[3]. Or il intitule également ainsi son ultime texte : la version écrite de l'allocution qu'il devait prononcer devant l'*American Sociological Association*[4].

1. Voir J.-M. Chapoulie, *La tradition sociologique de Chicago*, Paris, Seuil, 2001, p. 103.

2. E. Goffman, *Les rites d'interaction*, *op. cit.*, p. 81.

3. E. Goffman, *Communication Conduct in an Island Community. A Dissertation submitted to the Faculty of the Division of the Social Sciences in Candidacy for the Degree of Doctor of Philosophy*, University of Chicago, Department of Sociology, 1953, p. 343 *sq.*

4. E. Goffman, « L'ordre de l'interaction » (1983), trad. fr. Y. Winkin, *Les moments et leurs hommes*, *op. cit.*, p. 186-230.

Ce geste goffmanien, individualisant les discours épars de la sympathie, de l'imitation et de la communication, en énoncé explicatif consistant et unifié autour de la notion d'interaction, cristallise en son sein les deux trames d'énoncés précédemment envisagées, la branche continentalo-parkienne et la branche pragmatiste. Il met la communication au cœur de l'explication des relations sociales inter-individuelles mais en l'entendant de manière très originale : une communication se déployant de manière externe entre les attitudes socialement normées des éléments constitutifs des différentes situations dans lesquelles nous évoluons, processus ne devant être appréhendé que dans le champ du comportement sans pouvoir être décomposé en différentes phases psychologiques. L'énoncé de la sympathie se voit non seulement radicalisé puisque la diffusion des impressions est analysée comme un véritable langage, comprenant une sémantique et une syntaxe, mais aussi infléchi par celui de la conversation de gestes : le corps communique moins des états mentaux intérieurs qu'un positionnement dans l'action.

Ces amendements apportés à l'énoncé humien placent le sociologue face à un problème épistémologique, impossible à résoudre dans la logique discursive qui est la sienne : puisque la communication à l'œuvre se déploie de manière non psychologique, comment comprendre et rendre compte du mécanisme d'interprétation la sous-tendant ? L'interdiction pragmatiste du recours à tout dualisme pour analyser le comportement empêche Goffman de mobiliser les notions d'inférence, de conversion et d'expression, mais sans le dispenser pour autant de s'interroger sur les conditions de possibilité de la communication. Dans la deuxième partie de son œuvre, à compter de 1974, il se voit donc contraint de déplacer l'analyse depuis les opérations psychologiques composant la sympathie, mises au jour par Hume, jusqu'aux cadres organisant notre expérience pour nous permettre de produire des attitudes significatives s'articulant en un acte social. Ainsi les énoncés précédents franchissent-ils un pas supplémentaire dans son œuvre, puisqu'ils donnent lieu à l'élaboration d'une analyse non psychologique de l'expérience, attentive à son organisation par l'environnement et les contraintes, notamment sociales, qui s'y logent.

## UNE SOCIOLOGIE DE L'HOMME DE LA RUE

L'un des apports décisifs de l'école de Chicago consiste à mettre en évidence un nouveau type de lien social : celui qui se joue dans les relations en public entre anonymes de la grande ville. L'introduction de ce nouvel objet dans le champ d'analyse de la sociologie s'explique par des raisons factuelles. À la fin du XIX^e siècle, Chicago comme nombre de grandes villes américaines, connaît une véritable explosion démographique sous l'afflux des vagues successives des migrants européens (allemands, irlandais, suédois, polonais, russes, italiens, etc.), puis des populations noires venant du sud des États-Unis après 1914. Elle compte 4 500 habitants en 1840, 500 000 en 1880, 1 700 000 en 1900, 2 700 000 en 1920. Si le développement démographique et industriel autour des abattoirs entraîne une grande paupérisation de la population et une exacerbation de ce que l'on appelle les problèmes urbains, c'est-à-dire les conflits ethniques, la délinquance juvénile et la discrimination spatiale, qui vont constituer l'objet d'un certain nombre d'études sociologiques[1], il engendre également un nouveau type social – le citadin – et une nouvelle forme de régulation sociale – les relations en public –, qui vont attirer l'attention des sociologues. La sociologie de Goffman se présente comme l'héritière de ce second axe de recherche qu'elle systématise par l'utilisation du concept d'interaction ainsi que par l'attention portée aux passants ordinaires de la grande ville. Elle naît donc à la croisée des discours de la sympathie et de l'apparition d'une nouvelle forme de vie dont les premiers parviennent à rendre compte de façon remarquable, si l'on se donne la peine de les systématiser et de les unifier en une véritable théorie sociale.

1. Il importe de préciser que les premières enquêtes sociologiques sont réalisées à la fin du XIX^e siècle, à Chicago, dans le cadre d'un mouvement de réforme qui considère l'amélioration morale de la classe ouvrière comme une solution pour résoudre ces problèmes. Il est animé par les élites économiques et les classes moyennes, notamment par beaucoup de professeurs d'université et d'étudiantes diplômées en sciences sociales, qui mettent le savoir scientifique au service de cette finalité pratique. C'est dans cet esprit que sont réalisées les enquêtes scientifiques sur la classe ouvrière et les différentes populations de migrants. La création, en 1892, de l'Université de Chicago financée par Rockefeller et du département de sociologie, est contemporaine de ce mouvement de réforme.

### *L'étranger, la sociabilité et la personnalisation*

Cette analyse de l'habitant des grandes métropoles comme nouveau type social est élaborée dans la lignée des développements sur l'étranger de Simmel, dont Park suivit les cours de sociologie à Berlin en 1899. Deux des textes du sociologue allemand, « Les grandes villes et la vie de l'esprit » en 1903 et les « Digressions sur l'étranger » en 1908, mettent en évidence une forme de socialité et de mentalité spécifique, induite par la grande ville, très différente de celle des communautés traditionnelles, dont la figure de l'étranger permet de rendre compte. En effet, si ce dernier apparaît bel et bien comme une forme sociale à part entière et que tout rapport social comporte des traces d'étrangeté, il n'en demeure pas moins que l'habitant des grandes villes comme être déraciné, soumis à des sollicitations extérieures permanentes, en est une incarnation privilégiée.

#### *L'étranger, figure de l'urbanité et de la modernité*

Le citadin s'avère, la plupart du temps, un migrant qui a coupé les liens avec son lieu d'origine, un étranger au sens de « la personne arrivée aujourd'hui et qui restera demain », sans que son installation ne soit jamais considérée comme acquise[1]. Cette position instable et précaire explique qu'il ne soit jamais totalement intégré à son nouveau groupe, qu'il s'agisse de son habitat ou de son lieu de travail. Il apparaît comme celui pour qui le proche est le plus lointain et le lointain le plus proche : physiquement attaché à un groupe, il reste lié à un ailleurs, ce qui implique des relations ambivalentes au sein du collectif, en termes de participation et de retrait. « L'étranger est un élément du groupe lui-même, tout comme le pauvre et les divers "ennemis de l'intérieur", un élément dont la position interne et l'appartenance impliquent tout à la fois l'extériorité et l'opposition »[2].

Être de la mobilité et de la locomotion dans ces villes à la croissance exponentielle où les moyens de transport ne cessent de se développer, il croise dans ces gigantesques métropoles une foule d'inconnus avec lesquels il noue des relations éphémères dans les différents lieux publics ou semi-publics, sans qu'il connaisse leur identité et leur place dans l'échelle sociale puisqu'il n'a aucune relation intime avec eux. Appelé à se déplacer sur de longues distances, il doit alors s'accommoder des sollicitations continuelles dans la rue, les transports en commun, à son travail, etc.

1. G. Simmel, « Digressions sur l'étranger » (1908), *in* I. Joseph et J. Grafmeyer (éd.), *L'école de Chicago*, Paris, Flammarion, 2004, p. 53.

2. *Ibid.*, p. 54.

Dans ces conditions, la réserve devient pour lui une attitude vitale, l'empêchant d'être « complètement atomisé intérieurement » et de tomber « dans une disposition mentale inimaginable »[1]. Ainsi la distance sociale, c'est-à-dire le quant-à-soi, contraire de la fusion, se présente-t-elle comme l'attitude qui préserve de la désintégration, risque inhérent à l'étroitesse des contacts physiques. Elle constitue un nouveau type de relations sociales entre les individus, superficiel, éphémère et segmentaire, qui leur permet de circuler au sein de mondes différents et de supporter les contacts incessants auxquels ils sont soumis quotidiennement. Pour pouvoir évoluer dans ce réseau de relations, il importe de lâcher du lest et d'avoir à chaque fois un peu de jeu en ne s'impliquant pas plus que de raison. On se croisera sans se scruter, on parlera de la pluie et du beau temps sans évoquer des sujets intimes, on s'assiéra l'un à côté de l'autre en prenant garde de ne pas se toucher.

La réserve, comprise de manière positive dans son effectivité, nullement comme un manque, peut alors se rattacher à une forme pure du social : la sociabilité. Simmel désigne par là un type de régulation qui se réalise en deçà de tout contenu déterminé lié à la culture, à l'origine sociale ou encore à l'éducation. La sociabilité apparaît comme l'art d'être ensemble sans avoir aucun intérêt précis à l'être. « Forme ludique de la socialisation », entendons forme indéterminée dans son contenu puisque les catégories sociales habituellement pertinentes y sont abolies pour un instant, elle régule la rencontre à partir d'une relation de réciprocité purement formelle. Tact et discrétion sont les conditions requises. « Il faut (…) exclure comme élément de la sociabilité ce qui par ses fonctions serait purement ou trop intimement personnel : tout ce qu'il a de plus intime dans la vie, le caractère, l'état d'âme ou la destinée n'a pas non plus sa place dans le cadre de la sociabilité »[2].

La sociabilité, telle que l'analyse Simmel, correspond très exactement aux relations entre les anonymes de la grande ville. En effet, les personnes qui se croisent sur un trottoir, dans le métro, ou encore dans les restaurants des quartiers de bureau, entrent en relation sans raison précise mais seulement pour des raisons fortuites, essentiellement spatiales, tenant à la configuration géographique de la ville et à leurs propres déambulations. Dès lors, les relations entre les citadins doivent se configurer indépen-

1. G. Simmel, « Métropoles et mentalité » (1903), in *L'école de Chicago*, *op. cit.*, p. 67-68.

2. G. Simmel, *Sociologie et épistémologie* (1917), trad. fr. L. Gasparini, Paris, P.U.F., 1981, p. 126.

damment de toutes caractéristiques objectives liées à leur être intime, et de tout intérêt. Comment se comporter face à quelqu'un dont on ignore tout et que l'on est certainement appelé à ne plus jamais revoir, dans une relation qui se donne sans contenu et sans durée ? La seule ressource réside dans la forme pure de la réciprocité que met en évidence le terme allemand de *Wechselwirkung*. Le culte des formes, politesse de l'abstention, opère précisément une mise en forme, en permettant à la relation de se déployer comme relation pure[1]. L'on comprend que ces relations éphémères et formelles soient le corollaire d'un nivellement des personnes en présence mais aussi d'une individuation. Nivellement, dans la mesure où les personnes en relation apparaissent formellement égales, et l'on comprend alors que le passant anonyme soit l'une des figures urbaines privilégiées par Simmel, individuation dans la mesure où la mobilité du citadin au sein des réseaux de relations dans la grande ville l'arrache à toute appartenance communautaire, à tout lien historique et le rend indépendant en lui donnant l'occasion de se définir par lui-même, ce qui conduit Simmel à s'attacher à un deuxième habitant de la jungle de la grande ville : l'excentrique à nul autre pareil.

### *La grande ville, terrain de l'aventure*

Robert Ezra Park reprend cette analyse de Simmel dans un article de 1928, « Human Migration and the Marginal Man »[2], et un article de 1937, « Cultural Conflict and the Marginal Man »[3]. L'étranger se présente pour lui comme l'homme à la marge de deux cultures, la culture proche devenue lointaine et la culture lointaine devenue proche, d'où son appellation de marginal qu'il est le premier, selon Hughes, à introduire dans le champ de la sociologie[4]. Ce conflit de la distance et de la proximité, du dedans et du dehors, constitue l'origine d'un nouveau type de rapport au monde : ample et détaché. Ici résonne l'écho de ce que Simmel nommait l'objectivité de l'étranger : « Inévitablement, il devient, en relation avec son milieu culturel, un individu possédant un horizon plus étendu, une intelligence

1. Voir *ibid.*, p. 124-125.

2. R. E. Park, « Human Migration and the Marginal Man », *American Journal of Sociology*, vol. 33, n° 6, 1928, p. 881-893, repris *in* R. E. Park, *Race and Culture*, New York, Routledge, 2005, p. 345-356.

3. R. E. Park, « Cultural Conflict and the Marginal Man », «Introduction to E. V. Stonequist, *The Marginal Man*, New York, Charles Scribner's Sons, 1937, p. XIII-XVII, repris in *Race and Culture*, *op. cit.*, p. 372-376.

4. Voir E. Hughes, « Preface », *in* R. E. Park, *Race and Culture*, *op. cit.*, p. XIII.

plus vive, un point de vue plus rationnel et plus détaché sur le monde. L'homme marginal constitue toujours, en termes relatifs, l'être humain le plus civilisé »[1]. Dans la lignée de Simmel, Park opère, de manière non équivoque, un transfert de l'expérience migratoire de l'étranger par excellence, le Juif errant, à l'expérience ordinaire du citadin. Le Juif, figure du cosmopolitisme, constitue moins une catégorie délimitée de la population urbaine que la condensation tendancielle de la personnalité citadine :

> La plupart, si ce n'est toutes les caractéristiques du Juif, et certainement sa prééminence comme commerçant, son esprit vif, sa sophistication, son idéalisme et son manque de sens historique, sont les caractéristiques du citadin, de l'homme aux idées larges, qui vit à l'hôtel, bref du cosmopolite[2].

Il insiste également sur la corrélation entre l'intensification quantitative des interactions et la diminution qualitative de l'engagement psychologique. Si les transports et les communications ont multiplié les occasions de contact, ils les ont rendus fortuites et occasionnelles : la relation intime laisse place à la relation superficielle gardant ses distances[3].

Le fait que tout individu soit susceptible de se déplacer dans l'espace lui assure une expérience singulière qui lui procure, dans la mesure où elle est unique, un point de vue indépendant, le constituant comme personne lorsqu'il en prend conscience et l'érige comme guide de son action[4]. La personnalisation du citadin s'opère ainsi en vertu de la pluralité des contacts, qui lui donne un espace suffisant pour se constituer grâce à leur labilité et à leur caractère distendu. Si l'aventure attend au coin de la rue dans la grande ville, c'est en raison du caractère contingent et précaire de ces rencontres formelles : la relation fortuite apparaît fragile, puisqu'elle n'est soutenue que par sa forme pure. L'aventure pour le citadin se pense, dès lors, comme son expérience continue du discontinu, comme le processus qui vient unifier les relations éclatées, les micro-événements et la juxtaposition des scènes traversées, en les ressaisissant dans une

1. R. E. Park, « Cultural Conflict and the Marginal Man », *Race and Culture*, *op. cit.*, p. 375, notre trad.

2. R. E. Park, « Human Migration and the Marginal Man », *American Journal of Sociology*, art. cit., p. 355, notre trad.

3. Voir R. E. Park, « The City : Suggestions for the Investigation of Human Behavior in the Urban Environment », *in* R. E. Park, E. W. Burgess, R. D. McKenzie (eds.), *The City*, Chicago, The University of Chicago Press, 1925, p. 40.

4. Voir R. E. Park, « La communauté urbaine. Un modèle spatial et un ordre moral » (1926), in *L'école de Chicago*, *op. cit.*, p. 208-209.

expérience vécue et fondatrice qui les met en récit. Or dans chacune de ces relations se joue la reconnaissance de soi par les autres comme terme d'une relation réciproque, reconnaissance qui s'effectue sous le mode de la distance[1].

Ces analyses de Park, contemporaines des romans de Dos Passos aux multiples récits entrecroisés au gré des rencontres contingentes entre les personnages[2], déterminent l'orientation des travaux de l'école de Chicago et leur focalisation sur les phénomènes urbains. Si elles conduisent à une approche écologique de ces phénomènes à partir de l'espace, elles engagent également une réflexion sur le phénomène urbain comme mode de vie, pour reprendre le titre d'un article de Louis Wirth[3].

*De l'homme passant au piéton communiquant*

Erving Goffman, formé au département de sociologie de l'Université de Chicago, appartenant à ce que l'on a coutume d'appeler la seconde génération de l'école du même nom, pour la distinguer de la première où Park règne en maître[4], érige à son tour, un demi-siècle plus tard, les rencontres éphémères et superficielles en objet central de sa sociologie. Son œuvre explorera sans relâche l'urbanité entendue comme cette politesse minimale dont nous faisons preuve dans les relations en public, vis-à-vis des personnes avec lesquelles nous ne sommes pas intimes. Il peut se dispenser d'en faire la genèse, en se contentant de les analyser comme des relations proprement modernes, dans la mesure où cela a déjà été fait, et très bien, par ses prédécesseurs. Le caractère novateur de sa contribution réside dans la systématisation des analyses précédentes, grâce à sa reprise des discours de la sympathie : puisque ces comportements mineurs sont corollaires d'un changement majeur – le recouvrement de la vie publique et de la vie sociale introduit par l'urbanisation –, ils sont socialement fondamentaux. Autrement dit, on peut et on doit les analyser pour eux-mêmes comme formant un domaine analytique viable. L'originalité de Goffman va alors se manifester dans l'adoption d'une démarche purement

1. Voir *ibid.*, p. 210-211.

2. *Manhattan Transfer* est publié en 1925 et *Le 42ᵉ Parallèle*, premier volet de *USA*, en 1930.

3. Voir L. Wirth, « Urbanism as a Way of Life », *American Journal of Sociology*, vol. 44, n° 1, 1938, p. 1-24.

4. Voir J.-M. Chapoulie, *L'école de Chicago*, *op. cit.*, p. 213 et G. A. Fine, *A Second Chicago School? The Development of a Postwar American Sociology*, Chicago, The University of Chicago Press, 1995.

diachronique : quelle est la forme diffuse d'organisation sociale qui constitue ce domaine comme un ordre ? Comment se structurent ces relations ? La grande fresque de la modernité ayant été tracée avec brio, Goffman peut à présent adopter un regard myope le conduisant à appréhender ce type de relations sous l'angle d'une communication à laquelle les formations discursives précédemment dégagées ont donné un tour si particulier.

### *L'unité véhiculaire goffmanienne*

Le personnage du piéton constitue l'une des figures emblématiques de sa sociologie. S'il affleure à diverses reprises dans son œuvre, il fait l'objet d'une analyse très poussée en 1971 dans un texte charnière : *Les relations en public*. Héritant des développements de Simmel et de Park sur la mobilité dans l'espace urbain, elle donne à comprendre comment Goffman ressaisit cet objet inédit dans le champ de la sociologie, à l'aune des énoncés précédents qu'il stabilise en une nouvelle théorie sociale. Elle mérite à ce titre toute l'attention de l'archéologue de l'interaction.

Dans ce livre, Goffman s'intéresse « aux règles fondamentales et aux ordonnancements corrélatifs du comportement qui appartiennent à la vie publique, aux personnes qui se joignent, aux lieux et aux manifestations sociales où a lieu ce contact en face-à-face. » Il se concentre « sur ces situations où inconnus et simples connaissances deviennent physiquement accessibles les uns aux autres, situations où il se peut que l'ordre comme tel soit un point central »[1]. Or quelle est la situation la plus pure où les inconnus sont matériellement accessibles les uns aux autres ? Sans aucun doute, le croisement dans la rue des piétons que Goffman se propose de nommer « unités véhiculaires ». Alors que ces dernières se définissent en général comme des coques d'un certain type, contrôlées de l'intérieur par un pilote, qu'elles soient bateaux, voitures ou poussettes, on peut néanmoins appliquer ce terme au piéton, en considérant l'individu comme un pilote inséré dans une coque molle : sa peau et ses vêtements. Or, de manière assez étonnante, si l'on y prend garde, la circulation de ces véhicules dans la rue se fait de manière réglée : les piétons mettent tout en œuvre pour ne pas se cogner. Le type de régulation dégagé par Goffman offre les mêmes caractéristiques que la sociabilité simmelienne : une forme de relation pure, dégagée de tout contenu objectif. Nul besoin de se connaître pour se croiser et poursuivre son chemin. L'un des traits remarquables de

1. E. Goffman, *Les relations en public*, *op. cit.*, p. 14-15, trad. mod.

cette régulation est qu'elle repose, à la différence de la circulation routière, sur des accords informels et tacites entre les unités véhiculaires : nulle règle ne dit de quel côté doubler un autre piéton, ou comment se comporter face à un vélo qui roule sur le trottoir. S'il existe un code de la route, il n'y a pas de code de la rue. Goffman distingue deux processus importants dans cet usage de règles souples non explicites : l'extériorisation et le balayage visuel, qui engagent tous deux une forme de communication.

L'extériorisation se définit comme « le processus par lequel un individu emploie explicitement des mouvements de tout son corps pour rendre accessibles des faits relatifs à sa situation et inaccessibles autrement »[1]. Il fournit ainsi, en langage éthologique, une parade d'intention, destinée à rendre son comportement interprétable pour que les autres puissent y ajuster le leur : il leur indique sa direction et ses intentions de déplacement, en accentuant ses gestes pour le public. Goffman, ce faisant, fait reposer l'interaction sociale sur une théorie expressive du comportement, constante de son analyse depuis sa thèse de doctorat. L'interaction requiert une coprésence physique, exige la perceptibilité du corps, dans la mesure où elle est signifiante. Nos gestes, nos mimiques, nos attitudes indiquent la manière dont nous nous situons par rapport à l'action et permettent à l'autre de s'y coordonner. Lorsque deux personnes sont en présence, elles « n'opèrent pas seulement comme des instruments physiques mais communiquent aussi les unes avec les autres »[2]. Par là même, Goffman amplifie l'analyse pragmatiste de la communication, retrouvant d'une certaine manière l'analyse humienne en deçà de celle de Mead. Il critique, en effet, la distinction établie par ce dernier entre gestes signifiants et non signifiants, qui permet de différencier la conversation humaine de celle animale. « L'idiome corporel implique quelque chose de plus qu'une simple “conversation de gestes” non signifiante : il tend à évoquer le même sens pour l'acteur et son témoin et il tend à être employé par l'acteur en raison de son sens pour le témoin »[3]. Dès sa thèse de doctorat, Goffman distinguait le comportement linguistique du comportement expressif[4] pour

1. *Ibid.*, p. 26.

2. E. Goffman, *Comment se conduire dans les lieux publics*, *op. cit*, p. 23.

3. *Ibid.*, n. 2, p. 34.

4. Distinction qui sera reprise dans E. Goffman, *Strategic interaction*, *op. cit.*, p. 5 et *Comment se conduire dans les lieux publics*, *op. cit*, p. 13 : « Un individu peut donner une information par des moyens langagiers, formellement institués à cette fin dans la société (...). Mais il peut aussi donner une information sur un mode expressif, en passant, moyennant des événements qui lui sont associés porteurs d'un sens symptomatique », ainsi que dans *La*

réhabiliter ce dernier dans l'analyse. Il n'hésitera pas à parler dans ses œuvres ultérieures d'idiome corporel (*body idiom*)[1] et de dimension symbolique de l'activité humaine[2], activité devant ici être entendue au sens de comportement. Ainsi redonne-t-il toute son importance au corps signifiant, à l'instar de l'analyse de Hume dans le livre II du *Traité*, même s'il ne peut souscrire, en raison de la critique pragmatiste du dualisme entre le corps et l'esprit, à l'analyse du philosophe faisant des signes physiques l'effet d'impressions mentales. Goffman se voit alors amené à refuser tout recours à une prétendue intériorité, boîte noire des analyses sociologiques où le visage se réduit à une simple surface donnant à lire nos états d'âme[3]. Pour lui au contraire, le comportement expressif doit se comprendre, avant tout, comme une communication d'informations corporelles qui se réfèrent à la manière dont la personne se situe par rapport à l'action. Ainsi la signification se joue-t-elle à fleur de peau sans qu'il faille distinguer deux niveaux.

Bien évidemment, il faut préciser que sa distinction entre le niveau linguistique et le niveau expressif possède, surtout et avant tout, une fonction épistémologique, puisqu'il est évident que ma manière de parler, mes intonations, mon accent, le choix de mon vocabulaire transmettent également des informations sur mon rapport à la situation, en plus de la signification directe de mon message. Dans ces conditions, l'analyse de l'interaction implique de dresser une typologie des différents symboles expressifs, autrement dit de dégager une sémantique pour déterminer le vocabulaire par lequel nous indiquons la manière dont nous déroulons notre comportement dans la situation où nous nous trouvons.

Goffman s'emploie à de nombreuses reprises à souligner la dimension sociale de ce comportement expressif et combat toute interprétation en termes d'instinct naturel. En effet, l'on pourrait penser que mon visage rougit naturellement lorsque j'éprouve de la honte, que mes mains tremblent naturellement lorsque je suis angoissé, etc. Or Goffman se réfère à un article de Herbert Blumer[4] et à un livre de Charles Blondel[1] pour

*présentation de soi* (1959), trad. fr. A. Accardo, Paris, Minuit, 1973, p. 12, où Goffman distingue l'expression explicite et indirecte.

1. E. Goffman, *Comment se conduire dans les lieux publics*, *op. cit.*, p. 34-35.

2. E. Goffman, *Les rites d'interaction*, *op. cit.*, p. 50.

3. E. Goffman, *Les cadres de l'expérience*, *op. cit.*, p. 506.

4. H. Blumer, « Social Attitudes and Nonsymbolic Interaction », *Journal of Educational Sociology*, vol. 9, n° 9, 1936, p. 515-533. Cité *in* E. Goffman, *Communication Conduct in an Island Community*, *op. cit.*, n. 2, p. 56 et n. 2, p. 58.

montrer que le comportement expressif est tout autant soumis à des codes sociaux que le langage[2]. Pour cette raison, les trajectoires des piétons dans la rue, si simples soient-elles, sont tout autant conventionnelles que des messages linguistiques, ce qui leur permet de pouvoir être lisibles par les autres.

Le balayage visuel à l'œuvre dans le déplacement du piéton désigne, quant à lui, le processus par lequel l'individu conserve une zone de surveillance et donne à comprendre les règles de la communication physique, laissant entrevoir ce que l'on pourrait nommer sa syntaxe. Lorsqu'un des piétons remarque que le trajet suivi par l'autre personne annonce une future collision, plusieurs solutions s'offrent à lui :

> Il peut prendre ostensiblement une certaine direction, et ne s'y engager vraiment que lorsqu'il est sûr que l'autre le vérifie. Pour plus de sûreté encore, il peut se livrer à une « vérification de la vérification » : après avoir indiqué son trajet, il s'assure que l'autre a bien reçu le signal, soit en croisant son regard (ce qui n'engage à rien dans ce cas), soit en notant la direction de son regard; dans l'un et l'autre cas, l'individu établit que ce mouvement a probablement été remarqué. Bref, il vérifie sa vérification par l'autre, selon le principe qu'on peut se fier aux actes des autres, du moment qu'ils aperçoivent la situation[3].

Ainsi faut-il distinguer deux étapes : le « signe critique », c'est-à-dire la monstration comportementale de ce que l'on a l'intention de faire et « le point de stabilisation », c'est-à-dire le moment dans lequel l'autre manifeste qu'il a bien interprété ce signe, et voit que celui qu'il produit en réponse est, à son tour, pris en compte par l'autre.

1. C. Blondel, *Introduction à la psychologie collective*, Paris, Colin, 1928, chap. III, « La vie affective », p. 152 *sq*. Goffman se réfère à son œuvre à la n. 1, p. 59 de sa thèse. Cette citation de Blondel a dû marquer Goffman : « Notre vie intérieure a quelque chose de conventionnel. Il règne des modes de sentir comme de s'habiller » (voir *Introduction à la psychologie collective*, *op. cit.*, p. 167).

2. Si Goffman ne se réfère pas directement à lui, l'on peut également penser à l'anthropologue Edward Sapir qu'il cite par ailleurs à de nombreuses reprises. Voir E. Sapir, « Culture et langage », *Anthropologie*, t. 1 (1917-1938), trad. fr. C. Baudelot et P. Clinquart, Paris, Minuit, 1967, p. 36-37 : « Dans les moindres actions humaines, on peut, on doit chercher le social. (...) Il n'y a aucune différence entre une respiration, à condition de l'interpréter comme un comportement social, et une religion ou un régime politique. »

3. E. Goffman, *Les relations en public*, *op. cit.*, p. 28.

### *Vers une grammaire de la communication*

Au-delà de la théorie expressive du comportement précédemment déployée, la circulation pédestre met donc bien en évidence une régulation informelle qui repose sur une « coordination volontaire des actions ». L'ordre de l'interaction apparaît comme un ordre de l'accommodement et non de la répression, un ordre de la concession et non de la rigidité. La fluidité de la circulation pédestre ne repose pas sur des règlements explicites mais sur une série d'ajustements des comportements les uns aux autres. Chacun se voit soucieux de dégager la circulation, de laisser le flux s'écouler sans interruption. Ainsi de multiples arrangements qui, pour être minimes, n'en sont pas moins importants, se produisent pour ne pas entraver la marche comme cours d'action, ou pour rétablir ce dernier au plus vite, quitte à faire des concessions. L'essentiel est de maintenir l'interaction.

> Si des actions de correction doivent être appliquées, elles peuvent l'être avec tact, sans détruire l'interaction elle-même. Le comportement d'accommodement prend la forme d'une apparente acceptation du comportement d'autrui; ce qui donne lieu à ce qu'on pourrait appeler un compromis de travail[1].

Fort bien, dira-t-on, mais en quoi est-ce fondamental ? Que nous fassions tout pour ne pas bousculer quelqu'un et pour ne pas être bousculé semble d'avantage relever d'une simple affaire de bon sens que d'un enjeu sociologique décisif. En quoi y a-t-il du social là-dedans ? Peut-on vraiment parler de règles et encore plus d'une syntaxe de la communication ?

Si Goffman ne faisait pas un pas de plus dans l'analyse, il en resterait à une conception purement stratégique de l'ordre public où la régulation s'identifierait à une simple gestion prudente et calculée des corps. Or, de manière surprenante au premier abord, il indique qu'il n'y a pas simplement gestion mais culte. En effet, dans le passage précédemment commenté, Goffman attire notre attention sur un élément décisif : la personne bousculée ne se sent pas simplement heurtée mais véritablement offensée. Pour rendre compte de cette réaction, il prend alors soin d'ajouter que le contact physique possède des implications rituelles.

Dans le vocabulaire goffmanien, le rite se trouve à la jonction de deux traditions, l'éthologie et l'anthropologie. S'il désigne un comportement

1. E. Goffman, *Communication Conduct in an Island Community*, *op. cit.*, p. 37, notre trad.

formel et conventionnel, suivant en cela la perspective de la première discipline, il faut prendre garde qu'en vertu de la seconde tradition, il manifeste également respect et considération envers un objet de valeur absolue, un objet sacré qui nous enjoint, nous oblige ou encore nous contraint à adopter une telle attitude à son égard. Dans la société contemporaine, malgré le recul du religieux et le déclin des grandes cérémonies, les rituels n'ont, en effet, pas disparu mais se sont déplacés vers des célébrations de moindre envergure : les interactions qui sont les cérémonies de la vie quotidienne, honorant la personne qui nous fait face. Les déplacements des piétons en sont une des manifestations privilégiées.

> Il ne reste que de courts rituels qu'un individu accomplit pour et envers un autre et qui attestent de la civilité et du bon vouloir de la part de l'exécutant, ainsi que de la possession d'un petit patrimoine de sanctitude de la part du bénéficiaire. Il ne reste, en bref, que des rituels interpersonnels. Ces petites dévotions ne sont guère un paradis pour les anthropologues. Elles n'en méritent pas moins l'examen[1].

Ainsi la personne bousculée se sent offensée dans la mesure où l'autre piéton n'a pas respecté sa valeur sacrée, mieux, dans la mesure où il a commis un sacrilège.

Cette compréhension du rituel amène Goffman à déplacer les analyses sociologiques de Durkheim, puisqu'il en vient à penser les cérémonies non plus à partir du phénomène de la foule effervescente mais à partir des relations banales, quotidiennes et ordinaires en face-à-face. Ce faisant, il « refroidit » l'analyse du sacré pour révéler l'importance du respect de tous les jours. Le modèle social pertinent n'est plus celui de la fusion et de la transe mais celui de la distanciation et de la réserve. Il s'agit moins de communier avec l'autre que de respecter son espace personnel. Cependant, si les menues cérémonies de la rue n'ont pas le faste des rassemblements d'antan, sur les places, parvis et autres *agoras*, elles n'en possèdent pas moins une fonction sociale essentielle : celle de valoriser les individus en coprésence en les constituant comme personnes, pour autant que l'on respecte leur caractère sacré. Que l'individu bousculé se sente offensé montre bien que l'interaction lui permet d'affirmer sa valeur en la voyant reconnue par le traitement que lui ménagent les autres.

Le caractère sacré des personnes s'engageant dans une interaction, à la source de la régulation informelle immanente à ce système ordonné, se comprend à partir de l'analyse goffmanienne de la face, celle-ci se

1. E. Goffman, *Les relations en public*, *op. cit.*, p. 74.

définissant précisément comme « la valeur sociale positive qu'une personne revendique effectivement à travers la ligne d'action que les autres supposent qu'elle a adoptée au cours d'un contact particulier » ou encore comme « l'image du soi dessinée selon certains attributs sociaux approuvés »[1]. La règle fondamentale qui structure les interactions réside dans l'obligation des participants de construire et de préserver une face, que ce soit la leur ou celle des autres personnes qui leur font précisément face, autrement dit d'arriver à jouer le rôle normal attendu dans la situation et d'aider l'autre interactant à faire de même, processus qui valorise les individus comme agents sociaux compétents. Ainsi, la coordination des comportements s'avère sous-tendue par une syntaxe. Il ne s'agit pas tant de prendre en considération l'action de l'autre, comme dans l'interactionnisme de Blumer, que de lui donner sa considération en prenant au sérieux ses attentes : dans la distinction entre le *take into consideration* et le *give consideration*[2] se joue toute la différence entre un comportement contingent qui relève d'une décision individuelle, pouvant ou non choisir de prendre en compte la ligne de conduite d'autrui, et un comportement obligatoire qui relève d'une contrainte impersonnelle forçant à considérer au sens moral, c'est-à-dire à respecter et à prendre au sérieux les agissements de ceux qui me font face. Pour en revenir à l'exemple du piéton, il ne faut pas simplement prêter attention à ses déplacements mais leur accorder toute l'attention qu'ils réclament.

Dans la mesure où cette sacralisation de l'individu constitue une opération sociale, comme le montre Goffman dans *Les rites d'interaction*, les règles de coprésence physique articulant les symboles expressifs en un message signifiant apparaissent elles-mêmes comme des règles sociales, conditionnées par cette exigence fondamentale : honorer le social à travers l'une de ses constructions, la face. Ce sont des règles grammaticales secondaires subordonnées à la syntaxe de la construction et du maintien de la face, que Goffman nomme *face-work*. Empruntant à Durkheim une de ses distinctions célèbres, elle-même reprise par Parsons[3], il les qualifie de règles cérémonielles par opposition aux règles substantielles[4].

1. E. Goffman, *Les rites d'interaction*, *op. cit.*, trad. mod., p. 7.

2. Voir E. Goffman, *Communication Conduct in an Island Community*, *op. cit.*, p. 103.

3. Voir É. Durkheim, « Détermination du fait moral », *Sociologie et Philosophie*, Paris, P.U.F., 1924, p. 60 et T. Parsons, *The Structure of Social Action* (1937), New York, The Free Press, 1968, p. 430-433.

4. Voir E. Goffman, *Les rites d'interaction*, *op. cit.*, p. 49.

## LA SÉMANTIQUE ET LA SYNTAXE DE L'ORDRE DE L'INTERACTION

Appréhender l'ordre de l'interaction sous l'angle des corps communiquant amène Goffman à systématiser l'analyse humienne de la diffusion des impressions, partagée aussi bien par Ribot que par Tarde, en la déplaçant à l'aune de l'analyse pragmatiste de la signification. Autrement dit, il s'agit pour lui de dégager la sémantique et la syntaxe de l'ordre de l'interaction, manière d'aller au bout de la logique de communication proposée par Hume, tout en adoptant une compréhension externaliste de la signification, selon le pas de côté opéré par Mead à l'occasion de son analyse de la conversation de gestes. Loin d'être psychologique et d'exprimer une sphère subjective intérieure, le sens de nos comportements s'épuise dans la manière dont nous nous situons dans l'action. L'information transmise au cours de l'interaction n'est qu'une affaire de positionnement ou encore de « ligne de conduite »[1] et, en aucun cas, la vérité intime du sujet. Ce faisant, Goffman en vient à proposer une analyse inédite de la régulation sociale, faisant l'économie dans l'une de ses strates, l'ordre de l'interaction, de toute coercition autoritaire exercée par une autorité surplombante. Ainsi le discours de la sympathie devient-il dans son œuvre un discours de la grammaire de la vie quotidienne, où la communication normée prend le pas sur le contenu émotif initialement appréhendé par Hume.

### *La sémantique de l'ordre de l'interaction ou la typologie des symboles*

Dès sa thèse de doctorat en 1953, Goffman esquisse une sémiotique générale qui sera fixée dans *La présentation de soi* en 1956, grâce à l'usage de la métaphore théâtrale. De même que l'anthropologie de Malinowski et de Radcliffe-Brown ne pourrait se comprendre sans le séjour du premier aux îles Trobriand et du second aux îles Andaman, la sociologie de Goffman naît de la rédaction de sa thèse dans les îles Shetland. De manière tout à fait originale, loin de faire l'étude d'une communauté comme l'aurait fait tout anthropologue qui se respecte, il va réaliser une étude qui se passe dans une communauté[2], ce qui est sensiblement différent. Il s'intéresse ainsi aux interactions les plus impersonnelles qui s'y déroulent, en isolant et fixant les pratiques régulières des interactions en face-à-face, tout en ignorant délibérément les us et coutumes traditionnels. Il se préoccupe en

1. *Ibid.*, p. 9.
2. Voir E. Goffman, *Communication Conduct in an Island Community*, *op. cit.*, p. 8.

particulier des lieux mondains de Dixon, nom fictif donné à la capitale de l'île la plus septentrionale, où la sociabilité des insulaires peut pleinement se déployer : la salle des fêtes où sont organisés les bals du samedi soir, la salle à manger de l'unique hôtel de l'île, le billard et la route principale où se croisent les habitants, selon qu'ils y marchent ou travaillent dans les champs qui la bordent. Goffman reprendra cet ensemble de données tout au long de son œuvre, signe de son caractère fondateur, en y adjoignant les observations de deux autres terrains d'enquête, un hôpital psychiatrique de Washington et un casino du Nevada.

Dans son mémoire, il distingue l'information dirigée de l'information non dirigée[1] pour mettre l'accent sur le corps communiquant. Alors que la première est transmise dans une conversation au sens traditionnel du terme, la seconde l'est par le biais des attitudes, de manière non intentionnelle, lorsque deux personnes sont dans le champ perceptif l'une de l'autre. Reprenant certaines des analyses d'un article rédigé en 1949, « Les symboles des statuts de classe »[2], Goffman donne les linéaments d'une classification des signes susceptibles de transmettre cette information non dirigée, en mentionnant les habits, les signes de l'engagement, et enfin ceux du positionnement (le mobilier, le décor, l'environnement spatial, etc.). Alors que dans le premier texte, il abordait les symboles dans une perspective statutaire, comme marqueurs de la profession et de la classe sociale, il les reprend ici principalement sous l'angle interactionnel pour saisir ce qu'ils expriment de l'engagement dans le cours d'action. Il appartiendra à *La présentation de soi*, postérieure de trois années à cette étude, d'établir le vocabulaire de ces symboles expressifs par le biais de la métaphore théâtrale.

Selon la perspective adoptée dans cet ouvrage, reprenant le lieu commun du *theatrum mundi*, il est possible d'analyser la vie sociale comme une pièce de théâtre dont nous sommes les acteurs. Dans chaque situation, nous devons jouer un rôle en satisfaisant les attentes du public. Notre vie sociale s'apparente à une représentation, ou plutôt à une succession de représentations mises en forme par les contraintes des scènes sur lesquelles nous évoluons, dont le succès dépend de l'approbation des

1. Voir E. Goffman, *Communication Conduct in an Island Community*, *op. cit.*, p. 116. Cette distinction est reprise dans *Encounters : Two Studies in the Sociology of Interaction*, Indianapolis, Bobbs-Merril, 1961, p. 7 et *Comment se conduire dans les lieux publics*, *op. cit.* p. 24, sous les termes d'interaction focalisée et d'interaction non focalisée.

2. E. Goffman, « Symbols of Class Status », *British Journal of Sociology*, vol. 2, 1951, p. 294-304, trad. fr. L. Perreau et D. Cefaï, *in* D. Cefaï et L. Perreau (éd.), *Erving Goffman et l'ordre de l'interaction*, Paris, Curapp-ESS, 2012, p. 15-29.

spectateurs. L'emploi du paradigme théâtral apparaît comme un moyen commode pour attirer notre attention sur le caractère expressif de notre comportement, si familier, banal et universel que nous n'y prêtons pas attention. La prolifération des éléments symboliques dans lesquels nous baignons, que nous les utilisions ou que nous les interprétions, est si grande qu'elle passe inaperçue. Nous communiquons par notre comportement dans une sorte de relâchement de la conscience, à notre corps défendant. L'utilisation de la métaphore théâtrale vise à nous réveiller de notre sommeil dogmatique. Si elle comprend des limites et n'a d'autre prétention que d'être un outil heuristique[1], elle permet néanmoins de classer les véhicules de l'information.

Que trouvons-nous sur scène ? Un acteur, autrement dit quelqu'un qui joue ou encore qui donne une représentation, en utilisant pour cela différents signes : certains qu'il porte sur lui (signes comportementaux comme les intonations, les gestes, etc., ou signes matériels comme le costume, que Goffman regroupe sous le nom de « façade personnelle »), et d'autres qui jouissent d'une relative indépendance matérielle par rapport à lui comme « le décor ». Le jeu de l'acteur passe donc par un appareillage symbolique qui comprend ces deux éléments. Il s'inscrit dans une mise en scène dans laquelle chaque signe fait sens en obéissant à une finalité précise : communiquer son positionnement dans la situation.

### *La façade personnelle : le style et la manière*

Par sa physionomie et ses actions, ainsi que par ses accessoires, l'acteur exprime aux autres son positionnement dans l'espace et dans la situation scénique. Son corps constitue son instrument de communication opérant à partir de gestes formalisés et d'une certaine mise en scène, de sorte que l'on peut parler d'un « idiome corporel ». Dans cette perspective, Goffman n'hésite pas à souligner la compétence sociale de l'œil des autres interactants capables de décoder ce « symbolisme corporel »[2].

Si Goffman fournit une analyse assez abstraite de la façade personnelle dans *La présentation de soi*, en s'attachant principalement à l'élément du costume, il approfondit son propos dans *Les relations en public*[3] en mettant

1. Voir E. Goffman, *La présentation de soi*, *op. cit.*, p. 9 et p. 240, où il indique la nécessité d'abandonner cette métaphore, dans la mesure où elle tend à faire croire que la vie sociale, pourtant bien réelle, n'est qu'une illusion.

2. Voir E. Goffman, *Gender Advertisements*, *op. cit.*, p. 25.

3. On notera que Goffman dans *Les relations en public* a abandonné le vocabulaire théâtral, sans que cela remette en cause le moins du monde la théorie expressive du compor-

l'accent sur la dimension corporelle proprement dite. Le costume transmet une information assez générale sur la personne et sur les tâches qu'elle peut accomplir dans la situation, dans la mesure où le même type de costume est partagé par un certain nombre de gens. Ainsi, selon l'exemple de Goffman, le costume blanc porté par les coiffeurs, les parfumeurs, les infirmières et les ramoneurs (particularité londonienne) « vise à laisser entendre au client que les tâches délicates accomplies par ces personnes sont réalisées d'une manière standardisée, clinique et confidentielle »[1]. Il va sans dire que le costard pour un homme ou le tailleur pour une femme sont tout aussi significatifs, renvoyant à la compétence, à la maîtrise et à l'efficacité des agents, et que les conseils vestimentaires donnés aux candidats à des entretiens d'embauche prennent acte de cette expressivité.

Mais si le costume révèle le statut social de l'acteur, il faut prendre garde à la gestuelle qui révèle, pour sa part, « le rôle que l'acteur compte jouer dans la situation présente »[2]. Ainsi à côté du style, faut-il prendre en compte les manières de se mouvoir. L'expression corporelle peut alors se définir comme « une gesticulation relativement consciente que l'individu accomplit avec tout son corps dans le but de donner des indications explicites au sujet de questions passagères et actuelles, indications que peut recueillir toute personne présente qui se soucie d'en percevoir l'auteur »[3]. Dans ce cadre, Goffman attache une attention toute particulière aux gestes à la cantonade par lesquels l'on transmet un message public en s'adressant à tous les protagonistes d'une situation. Il donne pour exemple l'attitude d'un employé de bureau dans un bus bondé, assis à côté d'une personne de statut social inférieur. Il prend « soin d'arborer un air affairé et décidé, tel qu'il soit bien visible que, s'il quitte les lieux, c'est afin de sortir de la voiture, et non pour changer de place. » Son comportement apparaît alors comme une « petite mise en scène » « destinée avant tout à son ex-voisin qui pourrait voir dans ce départ précipité un moyen d'éviter une contamination; mais, en dépit de l'évidence de son destinataire, la représentation est quant à elle intrinsèquement publique : c'est un mime pour la cantonade, que quiconque peut en principe regarder ou, ajoutons-le, écouter »[4]. Cette espèce d'expression corporelle met précisément l'accent sur la

tement. Sous le terme d'« expression corporelle » (*body gloss*), il reprend « les comportements gestuels » (*bodily gestures*) de *La présentation de soi*, *op. cit.*, p. 30, mais en ne les subsumant plus sous l'étiquette générale de « façade personnelle ».

1. Voir E. Goffman, *La présentation de soi*, *op. cit.*, p. 33.

2. *Ibid.*, p. 31.

3. E. Goffman, *Les relations en public*, *op. cit.*, p. 129.

4. *Ibid.*, p. 127.

dimension de communication. Elle est rendue possible parce que tous les participants à la scène peuvent l'interpréter de la même manière, donc parce qu'ils partagent le même système de significations. Il s'agit de transmettre au public au sens large une information sur la manière dont on se situe dans l'action et dont on considère les autres protagonistes.

Goffman dresse dans *Les relations en public* une typologie des comportements expressifs, en distinguant l'expression corporelle d'orientation de celle de circonspection et d'outrance. La première désigne le comportement de l'individu manifestant qu'il se livre bien à l'activité « officielle » du moment, entendons l'activité normale, étant donnés le lieu dans lequel il se trouve et ses règles d'usage. Par exemple, quelqu'un qui attend le bus se sent obligé de se pencher à intervalles réguliers vers le coin de la rue pour savoir s'il arrive ou non, afin de ne pas passer pour un clochard cherchant un peu de chaleur humaine dans l'abribus, un fou ou encore un pervers. Cette analyse sera reprise dans *Stigmate* de manière détournée. Un vagabond y révèle au lecteur son secret pour dormir la nuit à Central Park sans en être délogé par la police. À l'approche de l'heure de la fermeture du parc, il doit lire un journal pour se donner l'image d'un homme honorable, si absorbé dans sa lecture qu'il ne se rend pas compte que le jour a lentement décliné et qu'il devrait quitter les lieux[1]. L'expression corporelle de circonspection renvoie, pour sa part, au comportement d'un individu manifestant le caractère honnête de ses intentions. Un homme dans le métro aura ainsi soin de tenir la barre avec ses mains haut placées, afin de montrer qu'il n'a pas l'intention de laisser traîner une main baladeuse sur les arrière-trains des passagères. Par expression corporelle d'outrance, Goffman entend le comportement de l'individu indiquant par son exagération qu'il n'est pas dépassé par la situation malgré les apparences et qu'il est capable de faire preuve à son égard d'un certain détachement. On peut, par exemple, exagérer sa chute quand on tombe pour bien montrer que l'on n'éprouve aucune honte et donc que ce n'est qu'un accident anecdotique, ou bien que l'on est capable de faire preuve d'humour et donc que l'on n'est pas ivre, etc.

L'analyse la plus poussée de la sémiotique de la façade se trouve dans *Gender Advertisements*, où Goffman étudie plus de cinq cents photographies publicitaires mettant en scène des femmes. Si la photographie ne s'identifie pas à la réalité, dans la mesure où elle isole des comportements hors du déroulement de l'interaction en en prélevant de simples séquences et où elle les grossit en les figeant dans un espace-temps stabilisé, il

1. Voir E. Goffman, *Stigmate* (1968), trad. fr. A. Kihm, Paris, Minuit, 1975, p. 60.

n'empêche qu'elle nourrit un lien avec cette réalité qu'elle peut, à ce titre, contribuer à éclairer. La transformant de manière réglée, elle se donne comme une captation fidèle du monde dont elle prétend donner une image naturelle. Le photographe demande à ses modèles d'adopter intentionnellement, en dehors de tout contexte, l'attitude qu'une femme prendrait spontanément et sur un mode mineur dans la vraie vie. Il opère une mise en scène de nos mises en scène ordinaires, ne différant pas fondamentalement de ce qu'accomplit quotidiennement la société :

> Ils ont l'un et l'autre à raconter une histoire au moyen de ressources « visuelles » limitées disponibles dans les situations sociales; tous deux doivent traduire des événements obscurs sous une forme aisément interprétable. Et tous deux usent pour ce faire des mêmes procédés fondamentaux : parades d'intentions, organisation micro-écologique de la structure sociale, idéalisation approuvée, extériorisation gestuelle de ce qui peut sembler une réaction intime [1].

L'élément le plus intéressant de cette étude réside dans la précision d'entomologiste avec laquelle Goffman recueille et montre la signification sociale des jeux de regard, des déhanchés, des mains croisées, des lèvres mordues, etc., dont les photographies mettant en scène des femmes raffolent; de toutes ces infimes mimiques circonscrites dans le temps qui forment la trame des interactions. Ainsi s'intéresse-t-il entre autres à la délicatesse du « tact féminin ». La femme effleure, caresse, frôle mais n'empoigne jamais. Cette attitude établit une frontière particulièrement discriminante entre hommes et femmes, lorsque l'on considère le tact appliqué à soi-même. Sur les photographies, les hommes ne se caressent jamais, au contraire des femmes : doigt négligemment posé sur l'arcade sourcilière, main délicatement appuyée sur l'épaule, ou chastement sur la poitrine, etc. Goffman voit là l'expression de la préciosité, socialement instituée, du corps féminin, exacerbant son caractère désirable. Sa fragilité en fait le prix. Or cette analyse sert de miroir grossissant pour lire les interactions de la vie quotidienne. Ainsi, sur une plage, les hommes se barbouillent-ils de crème solaire sans souci de l'étaler parfaitement alors qu'une femme accordera toute son attention à cette opération minutieuse. Autrement dit, les manières d'être féminines, devenues totalement inconscientes, expriment la place socialement pertinente qu'elles ont le droit de revendiquer dans les différentes situations. Il va sans dire qu'une analyse semblable pourrait être menée lorsque le genre masculin est en

1. E. Goffman, *Gender Advertisements*, *op. cit.*, p. 27, notre trad.

cause et qu'elle pourrait être raffinée par la prise en compte de différentes catégories sociales.

Puisque Goffman, dans la lignée du pragmatisme, ne peut souscrire au partage humien entre impressions mentales et expressions physiques et adopte une compréhension externaliste de la signification, il considère que l'information transmise par la façade personnelle est toujours *contextuelle*. Il n'existe pas un tableau de concordance stricte entre geste et signification. Ainsi, le même homme dans le métro qui tient la barre avec les mains haut placées passera pour un *gentleman*, si le wagon est bondé, ou pour un malotru imposant l'odeur de ses aisselles, si le wagon est presque vide. Nous retrouvons ici une dimension importante de la philosophie meadienne que Goffman reprend à son compte : l'importance de la situation et de l'environnement, absente de la perspective humienne. En effet, l'on se souvient que Mead considère, dans *L'esprit, le soi et la société*, que les contraintes pesant sur le déroulement des actions qui les rendent significatives ne résident pas seulement dans les attentes des interactants mais sont également enchâssées dans les éléments physiques constitutifs de la scène dans laquelle on se trouve. Autrement dit, l'on produit une conduite socialement significative lorsque l'on répond aux exigences de la situation, exigences portées aussi bien par les autres individus présents que par les choses qui nous entourent, dans la mesure où elles ont une incontestable valeur sociale. Dans cette perspective, Mead n'hésite pas à parler de « conversation d'attitudes »[1] entre les choses physiques et les interactants. Lorsqu'il perçoit l'intérieur de la cabine du métro, le passager mobilise en son sein l'attitude de ses différentes composantes objectives, c'est-à-dire leur résistance matérielle corrélée à des normes d'usage, pour organiser sa propre conduite et répondre à la situation en produisant des symboles significatifs. Il appartient à Goffman de pousser jusqu'au bout cette analyse qui écologise la sympathie en prenant en compte la variabilité des situations dans son analyse. En effet, l'analyse précédente demeure incomplète si l'on ne remarque pas que, loin d'être un objet neutre, la barre présente dans la cabine du métro se révèle porteuse de normes qui sont fonction des circonstances. Alors que le même objet matériel peut devenir le meilleur allié des déhanchements plus ou moins érotiques d'une danseuse dans un bar chaud, lorsqu'il se trouve dans un transport en commun, il commande une attitude respectueuse, susceptible de revêtir différentes formes dès lors que la personne satisfait des réquisits

1. G. H. Mead, *The Philosophy of the Act*, Chicago, University of Chicago Press, 1938, p. 110.

fondamentaux : ne pas s'accaparer un bien public, ne pas bousculer les autres passagers, ne pas les importuner. Selon le contexte, on pourra s'appuyer dessus ou la tenir plus ou moins haut, à deux mains ou non, etc.

Pour mieux faire comprendre sa conception de la signification transmise par le comportement expressif, Goffman se livre à un véritable plaidoyer pour la prise en compte des situations, dans un article de 1964, « La situation négligée ». La définissant comme « un environnement fait de possibilités mutuelles de contrôle, au sein duquel un individu se trouvera partout accessible aux perceptions directes de ceux qui sont "présents" et qui lui sont similairement accessibles »[1], il considère que sans elle, l'on ne peut saisir ni le déroulement de l'interaction ni les messages échangés. L'échange d'informations auquel nous procédons par l'intermédiaire de notre corps ne peut être analysé *in abstracto :* il est toujours corrélé à un cadre socio-spatial. Alors que la sympathie humienne ne permettait la communication qu'entre des entités humaines, l'interaction goffmanienne repose donc non seulement sur la communication avec les autres interactants mais aussi avec l'environnement physique, pour autant qu'il soit porteur de normes sociales s'exprimant dans les attentes des autres personnes. Le comportement physique de chaque interactant ne devient significatif qu'à la condition de s'inscrire dans le cadre de la situation dans laquelle il se trouve, en prenant en compte les repères normatifs qu'elle lui fournit pour s'organiser et s'ajuster à ce qui se passe ici. En bref, la communication n'existe que située. Sans contexte, le texte n'existe tout simplement pas. Véritable structure de contraintes préexistant à l'engagement individuel[2], la situation introduit paradoxalement du jeu dans la signification dans la mesure où le même geste se révèlera porteur de messages différents suivant les scènes dans lesquelles il se déroule.

1. E. Goffman, « La situation négligée » (1964), trad. fr. Y. Winkin, *Les moments et leurs hommes*, *op. cit.*, p. 147.

2. Telle est précisément la pierre d'achoppement entre l'interactionnisme réaliste de Goffman et celui symbolique de Blumer qui considère que la situation est créée par les interactants, ce qui le conduit à considérer chaque situation comme unique, là où Goffman dégage des typologies. Pour la critique goffmanienne de l'interactionnisme symbolique de Blumer, voir J.C. Verhoeven, « An Interview with Erving Goffman, 1980 », *in* G.A. Fine et G.W.H. Smith (eds.), *Erving Goffman*, *op. cit.*, vol. 3, p. 212-238.

*Le décor*

Dans la typologie des symboles significatifs de *La présentation de soi*, Goffman accorde, à côté de la façade personnelle, une place importante au décor dont on comprend mieux le caractère décisif, étant donnée sa compréhension de la situation. Sous ce terme, il entend aussi bien le mobilier et la décoration que la disposition des objets, constituant la scène sur laquelle évolue l'acteur, lorsqu'ils relèvent de son choix. Ainsi en vient-il, par exemple, à s'intéresser au caractère luxueux de certains décors comme l'intérieur ostentatoire des hauts fonctionnaires anglais : « La décoration et les éléments fixes du lieu où l'on donne habituellement une représentation (...) confèrent généralement à ce lieu une sorte de prestige (...) »[1].

Goffman peut englober sous une même catégorie, celle d'appareillage symbolique, la façade personnelle et le décor, dans la mesure où ce dernier apparaît comme un prolongement de l'acteur, visant à confirmer aux autres l'impression qu'il cherche à leur communiquer par son comportement. En ce sens, il relève de ce que *Les relations en public* nomment un territoire du *self*, autrement dit « un champ d'objets, – une réserve –, dont l'ayant droit surveille et défend habituellement les limites »[2]. On peut même l'identifier précisément au territoire de la possession, c'est-à-dire à « tout ensemble d'objets identifiables au *self* et disposés autour du corps, où qu'il soit »[3]. Véritable réserve égocentrique, le décor apparaît comme une extension de la sphère personnelle, dont la signification se voit elle-même bornée par les exigences de la situation. Une chambre à coucher sale et désordonnée apparaîtra comme une faute de grammaire, voire comme un charabia incompréhensible, lorsqu'elle ne satisfait absolument pas l'aménagement minimal de ce que doit être un lieu de repos.

Cette typologie des symboles, façade personnelle et décor, implique l'existence d'une communauté de sens entre les différents protagonistes. En effet, pour que l'appareillage symbolique puisse transmettre de l'information, il faut que les acteurs et les spectateurs partagent le même vocabulaire, véritable condition de l'unité de la société pour Goffman : « La compréhension de l'idiome corporel dans ce qu'il a de commun est une bonne raison d'appeler un agrégat d'individus une société »[4]. Si les individus font société, ce n'est pas parce qu'ils partagent les mêmes

1. E. Goffman, *La présentation de soi*, *op. cit.*, p. 121.
2. E. Goffman, *Les relations en public*, *op. cit.*, p. 43.
3. *Ibid.*, p. 52.
4. E. Goffman, *Comment se conduire dans les lieux publics*, *op. cit.*, p. 35.

institutions, les mêmes valeurs et les mêmes croyances, mais parce qu'ils interprètent de la même manière les situations et qu'ils sont capables de communiquer entre eux par l'intermédiaire de leur corps. L'unité du social réside dans la lisibilité du comportement.

Le discours goffmanien apparaît bien, ce faisant, dans le prolongement des énoncés précédemment analysés dans cette archéologie. Il place la communication au cœur de la réalité sociale. Loin d'être une structure rigide, toujours déjà donnée, la société n'existe qu'en train de se faire, au niveau de l'échange quotidien d'informations entre les interactants. Son unité n'est jamais constituée de manière définitive mais tend à se renforcer ou à se distendre selon la compréhension des symboles échangés. Il amplifie par là même l'analyse humienne des mœurs qui mettait l'accent sur la dimension processuelle du social s'opérant par le biais de l'échange et de la stabilisation d'affects, d'opinions et de manières d'être. Poursuivant la dépsychologisation de la sympathie humienne à l'œuvre dans le pragmatisme, Goffman propose une compréhension exclusivement physique de la signification : résidant dans les attitudes, elle ne renvoie pas à la sphère intérieure et intime mais au positionnement dans la situation, à la manière d'y prendre place et d'y évoluer. Ainsi peut-on dire que dans son œuvre, la communication sociale relève d'un certain sens pratique, dans la mesure où l'échange d'informations non seulement s'effectue grâce à des médiums physiques mais permet à chacun d'ajuster son propre comportement pour produire une réponse significative. En ce sens, le discours de l'interaction donne une cohérence inédite à celui de la sympathie, grâce à l'analyse minutieuse qu'il propose du phénomène de diffusion et de partage des impressions comme langage, tout en l'obligeant à se déployer dans un paradigme qui n'est pas le sien, celui du refus du dualisme.

### *Le* face-work *ou la grammaire de l'ordre de l'interaction*

Que le comportement soit compris comme un vecteur de communication implique l'existence d'une grammaire. La diffusion des impressions, l'imitation des désirs et des croyances, l'échange de symboles significatifs en appellent à des règles syntaxiques pour pouvoir constituer une véritable communication entre les individus.

Goffman insiste lourdement sur l'existence de cette structure grammaticale fondamentale, depuis sa thèse de doctorat jusqu'à son texte testamentaire : il existe un ordre de l'interaction[1] dans lequel doivent s'insérer nos comportements pour former un message signifiant, c'est-à-dire une attitude compréhensible permettant à l'autre interactant d'ajuster son comportement pour former un véritable acte social. Ainsi peut-il penser la relation intersubjective de manière processuelle et pas seulement discontinue. La notion d'ordre de l'interaction se voit élaborée en référence à ce qu'entend Parsons par ordre social dans *The Social System*[2] : il s'agit d'un système cohérent et organisé où les actions sont intégrées les unes aux autres, selon les exigences d'un tout dont la fonction est « d'affirmer l'ordre social et l'ordre moral »[3]. Il convient cependant de préciser que les deux notions ne se recouvrent pas entièrement, puisque Goffman se garde bien de faire de l'ordre de l'interaction la vérité de l'ordre social, prenant soin, au contraire, de pluraliser ce dernier pour considérer le premier seulement comme l'une de ses modalités[4]. L'ordre de l'interaction apparaît ainsi comme un ordre social particulier. De manière logique, étant donné l'accent mis sur la communication à l'œuvre dans l'interaction, Goffman le rapproche d'une structure grammaticale, en n'hésitant pas à parler des « relations syntaxiques qui unissent les actions de diverses personnes mutuellement en présence »[5] ou encore des « règles de syntaxe d'un langage » qui permettent de saisir le « système de conventions déontologiques » dont « le fonctionnement de l'ordre de l'interaction »[6] est la conséquence.

Si l'analyse dans *Les relations en public* de l'unité véhiculaire et du croisement des piétons dans la rue a permis de faire apparaître la notion de *face-work*, il convient de préciser la manière dont s'organise la régulation

1. Voir le dernier chapitre de la thèse, « Interpretations and Conclusions », in *Communication Conduct in an Island Community*, *op. cit.*, p. 343, et le titre de la dernière communication, « The Interaction Order », *American Sociological Review*, vol. 48, n° 1, 1983, p. 1 *sq.*, repris dans E. Goffman, *Les moments et leurs hommes*, *op. cit.*, p. 186 *sq.*

2. Voir E. Goffman, *Communication Conduct in an Island Community*, *op. cit.*, n. 1, p. 33. Cette référence n'avait rien d'évident dans la mesure où Parsons était particulièrement mal vu par les professeurs de Goffman au département de sociologie de l'Université de Chicago.

3. E. Goffman, *Les rites d'interaction*, *op. cit.*, p. 80.

4. Voir E. Goffman, *Communication Conduct in an Island Community*, *op. cit*, p. 343 où il précise qu'il existe plusieurs types d'ordres sociaux. L'affirmation de cette pluralité demeure une constante sous sa plume : les couches sociales se superposent les unes aux autres dans une dépendance relative pour former une société stratifiée.

5. E. Goffman, *Les rites d'interaction*, *op. cit.*, p. 7-8.

6. *Ibid.*, p. 198.

des comportements dans l'interaction pour comprendre le lien entre l'établissement et le maintien d'une face d'un côté et de l'autre cette syntaxe. De la même manière que Durkheim déterminait la spécificité des règles morales en s'intéressant à leurs violations, Goffman accorde une grande importance aux comportements compréhensibles mais fautifs ainsi qu'aux comportements vides de sens.

Dans cette perspective, l'étude d'attitudes plus ou moins déviantes, depuis celle non pertinente, que l'on pourrait nommer solécisme pour filer la métaphore linguistique, jusqu'à celle aberrante qui relève, elle, du barbarisme, se présente comme une véritable épreuve du négatif destinée à révéler la teneur essentielle de notre grammaire. Se déployant de manière si ordinaire que l'on n'y prête plus garde, elle apparaît, en effet, très difficile à saisir de manière directe. Les violations, qu'elles soient d'opposition ou de défaut, troublent l'évidence et nous la donnent enfin à voir en creux. En ce sens, Goffman accorde une attention particulière d'un côté aux gaffeurs et de l'autre aux fous, puisque tous deux échouent, d'une manière plus ou moins grave, à honorer la syntaxe. Alors que les premiers ne réussissent pas à satisfaire les exigences de la situation de manière ponctuelle, faute d'avoir su les interpréter correctement, les seconds produisent un énoncé « agrammatical »[1] dans la mesure où ils ne maîtrisent absolument pas la syntaxe. Si les deux types d'infraction permettent de préciser la nature de la grammaire interactionnelle, la négation totale de la syntaxe offre le mérite de le faire de manière radicale. Le fou ne se trompe pas sur un accord faute d'avoir su identifier l'auxiliaire mais produit un énoncé totalement vide de sens.

Goffman n'a cessé de s'intéresser à ce phénomène depuis son essai de 1952, « On cooling the Mark Out »[2], jusqu'à « La condition de félicité » en 1979[3], au point de lui consacrer un article exclusif en 1969, « La folie dans la place »[4]. Il envisage la nature des symptômes de la maladie mentale comme essentiellement sociale[5], même si bien évidemment toute forme de déviance sociale ne relève pas de la pathologie mentale : « L'un des critères

1. E. Goffman, *Les relations en public*, *op. cit.*, p. 221.

2. Traduit en français par P. Joseph, sous le titre « Calmer le jobard : quelques aspects de l'adaptation à l'échec », *in* I. Joseph *et alii* (éd.), *Le parler frais d'Erving Goffman*, Paris, Minuit, 1969, p. 277-300.

3. Voir E. Goffman, *Façons de parler*, *op. cit.*, p. 205 *sq*.

4. Cet article fut publié la première fois dans *Psychiatry: Journal for the Study of Interpersonal Processes*, vol. 32, n° 4, 1969, avant d'être repris dans *Les relations en public*, *op. cit.*, sous forme d'appendice, p. 313-361.

5. Voir E. Goffman, *Les relations en public*, *op. cit.*, p. 330.

que les hôpitaux psychiatriques du monde entier emploient pour séparer leurs pensionnaires est le degré d'évidence de "la maladie mentale". En gros, cela signifie que les malades sont gradués selon le point auquel ils violent les règles cérémonielles des rapports sociaux »[1]. Le comportement du fou perturbe ou encore obstrue, de manière irrémédiable et dangereuse, le flux de significations qui s'écoule habituellement sans heurts entre des individus normaux. En face du fou, la personne *lambda* se voit démunie, ne sachant pas comment interpréter ses actions et ses attitudes. Ils ne parlent pas la même langue, si tant est que ce dernier parle véritablement. Menace pour toute « existence significative », véritable trouble de l'intelligence partagée, la folie apparaît particulièrement déstabilisante[2]. Elle fait vaciller les repères habituels et met à mal la confiance que les interactants s'accordent de manière relativement spontanée, en supposant qu'ils partagent le même idiome.

Aborder la question de la syntaxe par son absence permet de dégager la conception que se fait Goffman de l'ordre de l'interaction, en précisant les rapports qui unissent les concepts de face, d'engagement et d'embarras, puisqu'il n'hésite pas à renouveler sa terminologie en focalisant l'analyse, tour à tour, sur ces différentes notions, sans remettre en question ses thèses fondamentales. Dans l'engagement et l'embarras se joue l'indissociabilité entre d'un côté l'image de soi signifiée par le comportement expressif valorisant les individus comme personnes lorsqu'elle est pertinente, et de l'autre l'ordre de l'interaction. Il ne peut y avoir de signification satisfaisante, compréhensible par les autres personnes, que dans la mesure où le corps et le langage se plient aux règles sociales en vigueur attendues par les autres, lorsqu'ils projettent l'image de soi pertinente, c'est-à-dire le bon positionnement dans la situation, que l'on nommera alors face. Le comportement des interactants dans chaque situation se voit donc soumis à une règle fondamentale : projeter l'image de soi adéquate ou normale, en permettant à l'autre personne de le faire également, afin de nouer un dialogue.

### *Les infractions du fou*

Dès lors, il convient de déterminer qui nous considérons comme fou, afin de préciser le lien entre la revendication d'une identité sociale acceptable et la grammaire de l'interaction. Le malade mental apparaît, en premier lieu, comme celui qui n'est pas prêt à rester à sa place ou à jouer

1. E. Goffman, *Les rites d'interaction*, *op. cit.*, p. 81.
2. Voir E. Goffman, *Les relations en public*, *op. cit.*, p. 340.

le jeu. Or rester à sa place revient à donner une image de soi acceptable pour les autres, à se définir comme un individu susceptible d'avoir des relations respectueuses qu'ils peuvent admettre. Ou encore, à se comporter de manière conforme à leurs attentes.

> Les symptômes mentaux n'existent (...) ni par eux-mêmes ni par leur étiquette; les symptômes mentaux sont des actes accomplis par un individu qui proclame ouvertement devant les autres qu'il exige une idée de lui-même que l'organisation sociale ne peut ni lui permettre ni influencer beaucoup[1].

Ainsi la folie apparaît-elle comme « l'échec le plus flagrant à organiser une conduite en accord avec une idée de soi-même, acceptée par les autres »[2]. Elle naît dans l'espace interstitiel du face-à-face qui se présente d'habitude comme un lieu de dialogue.

Goffman s'attache particulièrement aux comportements anormaux dans les lieux publics et semi-publics, qui révèlent la syntaxe implicite de la vie quotidienne, « le fin réseau d'obligations qui assure l'ordre de la circulation et du mêlement des participants »[3], en la désorganisant. Fidèle à sa vocation de « botaniste manchot », soucieux de proposer des nomenclatures[4], il en distingue deux types principaux. En premier lieu, tous les comportements qui violent l'intimité des autres personnes présentes. Par exemple, lorsqu'une personne, dans un supermarché, se met à fouiller le contenu d'un chariot qu'elle n'a pourtant pas confondu avec le sien, ou s'immisce dans une conversation entre deux individus qu'elle ne connaît pas et se met à leur parler comme s'ils étaient familiers, ou encore se déshabille devant tout le monde. Le fou apparaît comme celui qui s'introduit de manière intempestive, sans crier gare, dans le territoire des autres, qu'il soit chariot de courses, espace de dialogue ou champ visuel d'après les exemples précédents, au mépris de tout respect des distances à observer.

Est également jugé incongru et fautif un autre type de comportement : celui qui manifeste une mauvaise tenue, une irruption du corps par trop violente, imposée aux autres. Dans *Les rites d'interaction*[5], Goffman en dresse un inventaire d'après ce qu'il a pu observer dans le service d'un hôpital psychiatrique dans lequel il a séjourné. Les patients se jettent sur la

1. E. Goffman, *Les relations en public*, *op. cit.*, p. 332, trad. mod.
2. *Ibid.*
3. *Ibid.*, p. 334.
4. Voir P. M. Strong, « The importance of being Erving », *in* G. A. Fine et G. W. H. Smith (eds.), *Erving Goffman*, *op. cit.*, vol. 1, p. 42.
5. E. Goffman, *Les rites d'interaction*, *op. cit.*, p. 71.

nourriture et la mangent avec voracité sans souci de passer pour des goinfres, pètent, rotent, se masturbent, etc. Il faut remarquer, et le point est crucial, qu'il n'y a faute que dans la mesure où ces comportements sont faits en public. Ce n'est pas le fait de roter en tant que tel qui est jugé anormal, sinon le monde serait peuplé de fous, mais le fait de le faire devant les autres, sans aucune pudeur, en se moquant totalement de leur regard. Ainsi la mauvaise tenue est-elle toujours mauvaise tenue par rapport à quelqu'un d'autre, bien qu'elle semble avant tout porter atteinte à la personne qui la pratique. Si elle n'est pas à proprement parler violation de l'intimité d'autrui, elle est également, comme le premier type de comportement analysé, une certaine forme d'irrespect de l'autre. Manifester que l'on sait bien se tenir, c'est également montrer que l'on est un interactant digne de confiance, qui a conscience de la présence de l'autre en face et s'efforce d'en tenir compte dans ses agissements. L'élégance apparaît bien comme une forme de politesse visant moins à satisfaire soi-même que son public.

Se manifestant essentiellement dans la relation avec l'autre, que ce soit dans le traitement qu'on lui accorde ou dans la manière dont on se présente à lui, les symptômes mentaux possèdent une incontestable nature sociale : ils éclairent de manière négative les exigences auxquelles doit se plier notre comportement pour être compréhensible, sa grammaire fondamentale qui organise les différents flux expressifs en un message signifiant.

### *L'incapacité à être embarrassé*

Goffman précise son analyse en introduisant la notion d'embarras : son absence dans les différents comportements précédemment cités constitue le critère déterminant pour les considérer comme relevant de la pathologie mentale et non d'un manquement ponctuel ou d'une vulgarité susceptible d'être amendée. Le fou n'a nulle conscience de son infraction et ne met rien en œuvre pour la réparer.

Dans les trois livres où il joue un rôle, *La présentation de soi*, *Les rites d'interaction* et *Les relations en public*, l'embarras se présente comme une émotion survenant chez l'acteur lorsqu'il a perturbé le cours de l'interaction, ou chez les autres personnes présentes lorsqu'elles voient leur propre définition de la situation vaciller, suite à l'infraction commise par un tiers. Cette diffusion de la gêne constitue un risque inhérent à toute interaction[1], révélant d'une part l'emprise des règles sociales sur l'individu et

1. E. Goffman, *La présentation de soi*, *op. cit.*, p. 230.

d'autre part le caractère socialement valorisé de l'image de soi construite dans une interaction réussie qui fait de l'individu une personne. L'embarras survient lors d'un échec nécessairement double, pour établir cette image valorisée et nouer une interaction viable. Il révèle ainsi le lien entre personnalité et ordre de l'interaction. L'on ne peut établir la première sans obéir au second.

L'embarras apparaît communicatif[1], dans la mesure où l'impossibilité pour l'individu d'honorer les exigences de la situation rejaillit sur les autres participants qui voient leurs propres convictions mises à mal. Mais par là même, une réparation se trouve déjà à l'œuvre, puisque la gêne traduit la conscience de la profanation des règles cérémonielles et constitue une attitude expiatoire. Éprouver de la confusion revient donc encore à honorer les règles. « L'embarras, loin d'être une impulsion irrationnelle qui viendrait transpercer le comportement socialement prescrit, fait partie intégrante de celui-ci pour autant qu'il est un comportement ordonné »[2]. Il exprime la lucidité sur la faute commise et permet de la réparer en exprimant le fait que l'on n'aurait pas dû échouer à respecter les règles et que l'on se sent coupable.

Or le fou n'éprouve aucune gêne après avoir commis des actes inconvenants. Apparaît donc moins en cause dans la folie l'infraction de certaines règles que le rapport à ces règles : le fou est celui qui, après avoir commis une offense, n'en est aucunement conscient, puisque les règles n'ont pas de valeur à ses yeux. « Les procédés formels du contrôle social », les excuses, les justifications et rectifications ne peuvent se déployer : le fou ne cherche ni à dissimuler son offense ni à la neutraliser rituellement[3]. S'il est jugé fou, ce n'est pas tant en raison de son comportement en lui-même que de l'ignorance de ses implications. Il suscite chez les personnes présentes au mieux de la perplexité, au pire de l'anxiété puisqu'elles sentent qu'il peut faire « n'importe quoi », dans la mesure où les règles n'ont aucune prise sur lui. Il est totalement indifférent à ce que son attitude peut avoir d'insultant pour les autres et à ce qu'ils pensent de lui. Électron libre qu'aucune structure ne canalise, son comportement s'apparente à du non-sens et fait advenir l'absurde dans le ronron de la vie quotidienne. Face à celui qui ne connaît pas la syntaxe, on ne sait quelle langue parler et on ne peut adopter que la fuite comme solution. Nulle réponse n'est possible. Nul rappel à l'ordre n'est envisageable. On observera à ce propos la distance

1. E. Goffman, *Les rites d'interaction*, *op. cit.*, p. 111.

2. *Ibid.*, p. 99, trad. mod.

3. E. Goffman, *Les relations en public*, *op. cit.*, p. 330-331.

moins respectueuse que craintive, qui entoure les personnes « étranges » : lorsqu'un homme manifestement agité entre dans un wagon de métro, la moitié des passagers en descend. Si un homme assis sur un banc parle tout seul, personne ne prendra le risque de prendre place à côté de lui. On préférera rester debout, de peur d'être attiré dans un vertige chaotique.

Mettant à mal la syntaxe tacitement admise et reconnue pour valable par les différents participants, la folie fait s'effondrer la confiance minimale qui s'instaure entre deux personnes dès lors qu'elles se rendent compte qu'elles maîtrisent les mêmes règles de conduite et qu'elles sont prêtes à les appliquer. Face à quelqu'un qui les connaît mais n'est pas disposé à les suivre, le trouble, l'embarras et le désarroi seront moindres puisque l'on ne perd pas espoir de « le ramener à la raison ». Le cadre de l'expérience sociale élémentaire qui va de soi habituellement, vacille en présence du fou : on ne sait plus sur quel pied danser.

### *Engagement et image de soi*

Dès lors, il devient possible de préciser la nature de l'infraction commise par le fou, éclairant la syntaxe fondamentale de l'ordre de l'interaction rendant nos comportements significatifs. Il viole deux éléments profondément liés : la valeur de l'autre et la sienne, en donnant une image de soi non conforme aux exigences de la situation ou en n'acceptant pas l'image de soi que l'autre projette en satisfaisant ces mêmes exigences. Cette double violation rend l'image de soi projetée par le fou non significative.

Le recours à la notion d'engagement, « clé de la thèse de Goffman et de son œuvre ultérieure »[1], s'avère ici très utile. En effet, l'engagement requis dans une interaction s'identifie au degré d'implication psychologique pertinent dans la situation en cours. Il s'agit de prêter « la juste attention au cadre »[2], c'est-à-dire d'accorder toute la considération qu'elles méritent aux règles qui structurent la situation en s'intéressant à ce qui se passe ici. Ainsi dans chaque situation existe-t-il l'obligation « d'exprimer ses idées, ses préoccupations et ses émotions de façon à les rendre aussi utilisables que possible par les autres comme source d'un engagement convenable »[3].

C'est précisément cette contrainte que le fou apparaît incapable de satisfaire. En effet, il peut apparaître trop impliqué dans l'interaction,

1. Y. Winkin, « Portrait du sociologue en jeune homme », *in* E. Goffman, *Les moments et leurs hommes*, *op. cit.*, p. 76.

2. E. Goffman, *Les rites d'interaction*, *op. cit.*, p. 102.

3. *Ibid.*, p. 104, trad. mod.

ce que Goffman qualifie de « repli »[1] sur cette dernière, comme dans le cas où une personne se met à fouiller un caddy qui n'est pas le sien au supermarché en commentant son contenu, ou dans celui où un inconnu s'immisce dans une conversation. Il accorde une attention disproportionnée aux différents éléments de la situation, alors qu'il devrait simplement les prendre en compte sans en faire une affaire personnelle. Si le fou s'oublie dans les exemples précédents, il peut également être replié sur lui-même, exprimant de la sorte un engagement insuffisant dans l'interaction, comme dans l'exemple suivant observé par Goffman dans l'hôpital psychiatrique où il séjourne :

> Une patiente remarque que sa serviette sanitaire est de travers. Elle se lève du banc et de façon méthodique et explicite, elle part à la pêche de sa serviette en passant sa main sous sa jupe, le long de sa jambe. Mais même lorsqu'elle se penche, sa main ne parvient pas à aller assez loin. Elle se lève alors, passe avec nonchalance sa robe par-dessus sa tête, la laisse tombe par terre. Elle remet alors calmement la serviette en place, puis repasse sa robe, le tout non pas en montrant de l'inconscience, mais en affichant *un royal désintérêt* pour la nécessité de recourir à une ruse ou à un subterfuge quelconque pour cacher ce qu'elle est en train de faire[2].

Dans ce cas, le comportement traduit un « mépris pour la situation », l'ignorance totale du cadre, pour agir comme si l'on était hors champ. Un engagement disproportionné, dans le trop ou le pas assez, gêne la bonne marche de l'interaction en entravant la fine mécanique du système social miniature qu'est l'interaction. Les autres participants se sentent « déréglés, irréels, anormaux »[3], injustement privés de la considération qu'ils reçoivent habituellement par une attitude excessivement familière ou indifférente, et en viennent à désigner le fauteur de troubles comme un interactant incompétent.

Ainsi la structure de l'interaction, sa grammaire ou encore sa syntaxe fondamentale apparaît-elle étroitement liée à la structure du soi. Le fou est celui dont les actions apparaissent situationnellement insolentes, puisque sa conduite manifeste un traitement inadéquat de l'autre et de soi, en ne respectant pas les exigences du cadre dans lequel il évolue. L'un ne va pas sans l'autre : une personne de valeur est celle qui respecte, assure et rassure la valeur des autres personnes en face d'elle. L'on ne peut respecter

1. E. Goffman, *Les rites d'interaction*, *op. cit.*, p. 105.

2. E. Goffman, *Comment se conduire dans les lieux publics*, *op. cit.*, p. 42, souligné par nous.

3. E. Goffman, *Les rites d'interaction*, *op. cit.*, p. 119.

le territoire de l'autre, sans montrer que l'on reconnaît cette valeur et manifester de la sorte la sienne. Faire preuve de bonne tenue revient à extérioriser la considération que l'on porte aux autres.

### *La réciprocité du* face-work *comme syntaxe de l'interaction*

Les exemples donnés par Goffman, sa spécification des violations du fou et le lien entre image de soi socialement acceptable et interaction réussie permettent de dégager la syntaxe des interactions qui rend nos comportements signifiants et de comprendre ce qu'il faut entendre par *face-work*[1], expression habituellement traduite en français par « travail de figuration », bien que ce dernier terme puisse prêter à confusion. L'impératif selon lequel une personne doit tout entreprendre « pour que ses actions soient en accord avec sa face et celle des autres »[2] est à l'interaction ce que la grammaire est au langage. De la même manière qu'un énoncé qui ne respecte pas les règles de syntaxe est jugé fautif, les comportements qui ne respectent pas la figuration sont jugés anormaux.

Si Goffman explicite la notion de face dans *Les rites d'interaction* en la définissant comme l'image de soi socialement valorisée qu'un individu peut projeter lorsqu'il respecte les exigences de la situation, elle parcourt toute son œuvre depuis sa thèse de doctorat en 1953[3], quels que soient les changements terminologiques qu'il a pu adopter. Dans *La présentation de soi*, il souligne l'obligation d' « agir d'une façon socialement acceptable »[4]. *Asiles* se donne pour objectif d'élaborer « une théorie sociologique de la structure du soi » qui n'est pas « la propriété de la personne à qui il est attribué, mais relève plutôt du type de contrôle exercé sur l'individu par lui-

1. La notion de face goffmanienne connaît une grande postérité dans les travaux de sociologues. Voir par exemple P. Brown et S. C. Levinson, *Politeness: some universals in language usage*, Cambridge, Cambridge University Press, 1987. Ces deux auteurs réduisent cependant considérablement l'analyse goffmanienne sur trois points : ils minorent la procédure de construction sociale à l'origine de la face pour ne voir dans cette dernière qu'un quant-à-soi, ils majorent l'interaction verbale en passant sous silence les autres formes de communication par lesquelles la face se diffuse dans les situations d'interaction et ils ne conçoivent le *face-work* que de manière défensive.

2. E. Goffman, *Les rites d'interaction*, *op. cit.*, p. 15, trad. mod.

3. Voir E. Goffman, *Communication Conduct in an Island Community*, *op. cit.*, p. 359 (notre trad., souligné par nous) : « C'est seulement les jeunes gens qui ne sont pas encore des personnes sociales, qui peuvent être ouvertement sanctionnés pour une offense interactionnelle. Les jeunes n'ont pas de *face sociale* à perdre, c'est pourquoi ils peuvent être ouvertement critiqués sans que cela produise la scène embarrassante de quelqu'un qui *perd la face*. »

4. E. Goffman, *La présentation de soi*, *op. cit.*, p. 82.

même et ceux qui l'entourent »[1]. *Stigmate* se comprend, de manière générale, comme l'analyse des comportements des individus ne pouvant pas soutenir une appartenance normale, c'est-à-dire incapables de sauver la face à cause de la possession d'un attribut socialement dévalorisant, les empêchant de répondre aux exigences de la situation. *Les relations en public* mettent l'accent sur « les apparences normales »[2] et *Façons de parler* souligne que dans une conversation, le plus important est de « s'assurer que les énormes ressources expressives de l'interaction en face-à-face ne servent pas par inadvertance à transmettre quelque chose d'inconvenant »[3] : lors d'une conversation, les interlocuteurs ne peuvent préserver l'ordre de la communication qu'en préservant la face de chacun, exigence que Goffman thématise sous le nom de condition de félicité, « contrainte générale à laquelle doit se plier toute énonciation : se relier de façon acceptable à ce que le récipiendaire a à l'esprit ou peut aussi y faire venir »[4]. Si l'œuvre la plus théorique de Goffman, *Les cadres de l'expérience*, met l'accent sur l'organisation de l'expérience des interactants lorsqu'ils interprètent une situation, il ne s'agit cependant pas d'une rupture dans son analyse, puisqu'il s'emploie à dégager l'ancrage cognitif du « sauver la face ». Ainsi cette notion apparaît-elle comme un fil directeur montrant l'unité de son œuvre autour de l'élucidation de la grammaire de l'interaction, par delà ses changements terminologiques.

Élargissant les données de l'anthropologie sur la Chine et l'Amérique du Nord, Goffman forge ce concept inédit dans le champ de la sociologie pour dépsychologiser la personnalité en la liant au cours d'action. Chose de part en part sociale, la face possède une incontestable dimension objective qui se manifeste par son caractère contraignant. L'image que chacun doit revendiquer dans la situation s'identifie au positionnement conforme aux exigences de cette dernière. Seule cette adéquation se révèle à même de nous faire considérer comme normaux. En ce sens, la face apparaît comme la pression la plus intime et peut-être la plus efficace que la société exerce sur les individus. Remise en jeu dans chaque situation, elle est un bien volatil, dont l'individu se sent responsable sans en être l'auteur. Goffman parle expressément de « prêt que la société nous accorde »[5] et n'hésite pas à

1. E. Goffman, *Asiles. Études sur la condition sociale des malades mentaux* (1961), trad. fr. L. et C. Lainé, Paris, Minuit, 1968, p. 224.

2. E. Goffman, *Les relations en public*, *op. cit.*, titre du chap. VI, p. 227.

3. E. Goffman, *Façons de parler*, *op. cit.*, p. 26.

4. *Ibid.*, p. 270.

5. E. Goffman, *Les rites d'interaction*, *op. cit.*, p. 13.

la présenter comme « une croix »[1]. En effet, elle est entièrement à notre charge dans la mesure où elle n'est soutenue que par notre attitude et que tout échec à l'incarner nous dévalorise.

En ce sens, l'analyse goffmanienne de la face radicalise l'analyse humienne de la constitution sociale de l'identité et prolonge le développement meadien sur le *self.* Goffman se révèle non seulement pleinement conscient mais également fier de la déflation qu'il fait opérer à la personnalité et qu'il considère comme un apport majeur de sa sociologie[2]. À la manière de Hume dans le livre I du *Traité*, Goffman n'envisage jamais l'existence d'une sphère subjective indépendante des relations sociales et s'emploie à montrer son émergence au cours du processus de l'interaction, mais à la différence du philosophe écossais, conséquence du palier constitué par les archives pragmatistes rendant tout retour en arrière impossible, il minimise fortement le rôle des passions sociales dont l'embarras semble un pâle représentant. Si la face et le *self* ne sont pas des attributs individuels préexistant à notre engagement dans l'action, ils ont surtout un rôle fonctionnel et se présentent comme « une formule changeante pour se gérer » dans cet engagement, selon les termes mêmes des *Cadres de l'expérience*[3], au plus près de la définition de Dewey du *self* comme « facteur à l'intérieur de l'expérience »[4]. « Tout comme la situation présente nous prescrit de revêtir les traits officiels derrière lesquels nous nous dissimulerons, elle nous dira où et comment nous nous montrerons »[5]. La face se joue à fleur de peau dans l'attitude, le comportement, la tenue, beaucoup plus que dans les sentiments éprouvés.

Si le *face-work* constitue la condition de l'interaction et qu'il s'agit de jouer le rôle normal en aidant l'autre à faire de même, il importe cependant de ne pas le réduire à une dimension purement négative de sauvetage. Goffman considère cette dernière opération comme une simple étape du processus, à côté de celles qui consistent à construire, à maintenir ou encore à avoir une face. Ainsi le *face-work* comprend-il également une dimension positive : celle de l'élaboration de la face. Dans les relations intersubjectives, il ne s'agit pas seulement de préserver sa réputation de

1. E. Goffman, *Les relations en public*, *op. cit.*, p. 180.

2. Voir E. Goffman, « Réplique à Denzin et Keller », trad. fr. L. Quéré, *in* I. Joseph *et alii* (éd.), *Le parler frais d'Erving Goffman*, *op. cit.*, p. 306 : « Si l'on peut considérer que mon approche a fini par "décentrer" le *self*, alors je suis heureux d'en être le pionnier. »

3. E. Goffman, *Les cadres de l'expérience*, *op. cit.*, p. 566.

4. J. Dewey, « Experience, Knowledge and Value : A Rejoinder » (1939), *The Later Works, 1925-1953*, vol. 14, *op. cit.*, p. 17.

5. E. Goffman, *Les cadres de l'expérience*, *op. cit.*, p. 566.

normalité mais aussi, bel et bien, de l'élaborer à nouveaux frais en la mettant à l'épreuve. Une face se constitue à chaque fois au cours de l'interaction, pour autant que les réalités sociales, toutes objectives qu'elles soient, se produisent dans les activités de la vie quotidienne. Le social dont la face est une manifestation n'existe qu'en train de se faire, dans une réélaboration processuelle et continuelle.

Deux sens de la face peuvent alors être distingués. Au sens étroit, elle apparaît comme le rôle exigé par la situation, auquel cas garder la face veut dire déployer le comportement normalisé et attendu dans la situation où l'on se trouve. L'on peut parler d'une performance située dont les modalités sont corrélées au type de scène sur lequel on évolue. Dans un vocabulaire moins technique, Goffman parle alors de « soi », établissant une équivalence entre ces trois notions et faisant voler la notion d'identité personnelle en éclat. Un interactant aura autant de soi que de rôles différents qu'il est amené à jouer. Mais la face doit aussi s'entendre au sens large comme la capacité à tenir un rôle. Il s'agit alors moins d'un rôle spécifique que du talent de l'acteur, compétence générative qui sous-tend les performances effectives. Bien évidemment, il existe une subordination des deux sens : tel rôle précis est toujours dépendant du talent général de l'acteur ; tel comportement social s'avère toujours fonction de l'action socialement acceptable de manière générale ; tel rôle se voit toujours indexé au rôle général de l'homme sur la scène publique. Si la folie intéresse tant Goffman, c'est que le malade mental, à la différence du gaffeur, semble dépourvu de face au second sens. Son échec à jouer son rôle n'est pas seulement ponctuel, immanent à une situation précise mais se répète dans la plupart des situations, bien que cette incapacité ne soit jamais totale comme le révèle de manière magistrale *Asiles* en étudiant les adaptations secondaires sur lesquelles nous reviendrons.

Le lien étroit entre la mauvaise tenue du fou et le manque de déférence à l'égard des autres personnes présentes met en évidence que dans le *face-work* l'identité du possesseur de la face n'entre pas en jeu. Dans toute interaction, il s'agit non seulement de conserver sa face mais également celle de l'autre, dans la mesure où l'on ne peut projeter une image de soi normale, entendons conforme aux exigences de la situation, sans prendre en considération les attentes d'autrui, de manière à lui permettre également de pouvoir tenir son rôle. En n'accordant nulle considération à la face, que ce soit la sienne ou celle de l'autre, le fou produit un comportement qui fait vaciller le sens commun. La réciprocité se trouve analytiquement incluse dans l'expression *face-work*. La structure grammaticale dans laquelle s'insèrent les comportements expressifs est celle du respect de l'aptitude des individus à être des acteurs sociaux compétents, ce qui se manifeste par la mise en œuvre d'un comportement normal, étant données les exigences de la situation. Or, en ménageant ma face, c'est-à-dire à la fois le rôle que je dois jouer ici et maintenant pour satisfaire les attentes du public, et mon talent général d'acteur qui me rend capable de jouer à chaque fois le bon rôle, je respecte celle de l'autre. J'assure ma face en préservant ma dignité sociale, et je ne peux le faire qu'à condition de rassurer l'autre par une attitude adéquate. Le *face-work* implique de prendre en compte et de satisfaire les attentes normativement partagées. Je ne peux établir ma face sans établir celle de l'autre et je ne peux établir celle de l'autre sans établir la mienne, puisque la face en général est constituée par l'ensemble des croyances sociales sur les exigences de telle ou telle situation. Les attentes mutuelles des personnes en présence sont concordantes dans la mesure où ce sont les mêmes croyances : elles ne sont pas individuelles, mais collectives. Cette identité de nature rend raison de la confiance entre les interactants.

> L'individu qui s'attache à maintenir une règle a tendance à s'attacher en même temps à une certaine image de lui-même. S'agissant de ces obligations, il devient pour lui-même et pour les autres, la personne qui suit telle règle, la personne dont on attend naturellement qu'elle agisse ainsi. Pour ce qui est de ses attentes, il se met à dépendre de la manière dont les autres réaliseront leurs obligations à son égard[1].

Le *face-work* lie les acteurs sous l'égide de définitions sociales partagées par eux sous forme de croyances et mises en œuvre afin de manifester leur estime réciproque. La syntaxe de l'interaction, rendant leurs comportements signifiants, se résume donc à une exigence : maintenir une représentation adéquate pour manifester sa normalité. Les faces perdurent dans la circulation pour autant que soient communiquées des attitudes socialement codifiées. Dans ces conditions, il existe une identité entre la face et l'ordre social de la situation dans laquelle on se trouve. Sauver l'un revient à sauver l'autre. Préserver les faces en jeu dans l'interaction signifie conforter un ordre social : « Les sociétés, pour se maintenir comme telles, doivent mobiliser leurs membres pour en faire des participants de rencontres autocontrôlés »[2].

1. E. Goffman, *Les rites d'interaction*, *op. cit.*, p. 46.
2. *Ibid.*, p. 41.

### *Ordre grammatical et ordre rituel*

Cette emprise du social sur l'individu n'est compréhensible qu'en raison du processus de valorisation des interactants en présence. Jouer le rôle pertinent permet d'être reconnu comme un acteur social compétent; laisser l'autre jouer le sien revient à prendre ses attentes au sérieux.

L'analyse de la folie confirme de manière dramatique ce que le croisement des piétons dans *Les relations en public* avait déjà souligné. Bousculer une personne possède des implications rituelles dans la mesure où il s'agit d'une attitude irrespectueuse envers une entité pouvant prétendre à la sacralité. Or, de manière symétrique, le fou, jugé anormal et «bousculé» dans ses propres attentes, se voit dévalorisé. Goffman souligne ainsi que tous les individus ne sont pas considérés comme des personnes, analyse qu'il déploiera de manière magistrale dans *Stigmate* :

> Un individu qui aurait pu aisément se faire admettre dans le cercle des rapports sociaux ordinaires possède une caractéristique telle qu'elle peut s'imposer à l'attention de ceux d'entre nous qui le rencontrent et nous détourner de lui, détruisant ainsi les exigences qu'il a vis-à-vis de nous du fait de ses autres attributs[1].

Celui qui produit un message dénué de signification, en ne respectant ni sa face, ni celle des autres, se voit privé de ce droit. L'exigence du *face-work* ne s'exerce que vis-à-vis des individus qui savent eux aussi appliquer cette exigence. Ne peut être une personne que celui qui traite les autres et soi-même comme tel. Relationnelle, la syntaxe de l'ordre de l'interaction produit moins la réciprocité qu'elle ne la suppose et ne la confirme. Ainsi l'individu se voit-il valorisé lorsqu'il joue correctement son rôle et que ses attentes sont satisfaites, ce qui conduit à identifier la société ou plus exactement les exigences sociales de la situation comme sources de la valorisation. «Quand l'individu se présente aux autres, sa représentation tend à s'incorporer et à illustrer les valeurs sociales officiellement reconnues, bien plus, en fait que n'y tend d'ordinaire l'ensemble de son comportement»[2].

Pour préciser cette analyse, il convient de prendre garde aux références de Goffman qui affirme qu'«il s'agit là en quelque sorte, en adoptant le point de vue de Durkheim et de Radcliffe-Brown, d'une cérémonie, d'une expression revivifiée et d'une réaffirmation des valeurs morales de la

1. E. Goffman, *Stigmate*, *op. cit.*, p. 15.
2. E. Goffman, *La présentation de soi*, *op. cit.*, p. 41.

communauté»[1]. Dès 1906, dans la «Détermination du fait moral», Durkheim cherchait, en effet, à comprendre pourquoi dans les sociétés modernes, la personne semble une valeur absolue, au point que le meurtre apparaît comme le sacrilège le plus condamnable, alors que lorsque l'on analyse l'homme tel qu'il se présente communément, «il n'y a rien qui implique cette sainteté; il n'y a rien en lui que temporel»[2]. L'individu ne peut produire, en et par lui-même, cette valeur qui l'auréole comme personne, elle lui est nécessairement conférée par une source extérieure. S'il apparaît comme sacré, ce ne peut être que par l'intermédiaire de « la fin dont il est le serviteur et l'organe » : la société[3]. Cette affirmation recevra sa démonstration en 1912 dans *Les Formes élémentaires de la vie religieuse*, à partir de l'étude de la religion des aborigènes australiens. Ces derniers considèrent leur totem comme sacré, dans la mesure où il est «la forme matérielle sous laquelle est représentée aux imaginations cette substance immatérielle, cette énergie diffuse à travers toutes sortes d'êtres hétérogènes, qui est seule, l'objet véritable du culte»[4], le *mana*. Or seule la société, entité radicalement différente de l'individu, apparaît susceptible de produire une telle idée, transcendant l'individu en l'éveillant à la conscience de forces qui le dominent et le soutiennent. Autrement dit, le totem est perçu comme sacré pour autant qu'il symbolise la société, ce qui signifie très précisément que la société possède une efficience causale, susceptible de modifier la nature des êtres, en leur conférant une valeur qu'ils ne possèdent pas naturellement. Toutefois, comme le remarque Durkheim non sans étonnement, le caractère sacré n'est pas seulement revêtu par le totem et l'être qu'il représente mais également par les membres du clan. L'explication déployée pour le totem est-elle réitérable lorsque l'individu est en cause? Oui, à condition de préciser qu'est moins sacré l'individu que son âme, c'est-à-dire l'ensemble des représentations collectives qui vit dans sa conscience. Le principe impersonnel qu'est le *mana* se personnalise en se diffractant dans les corps des individus sous formes d'opinions, de valeurs, de croyances ou encore d'affects. L'individu n'est sacré que parce qu'il y a du social en lui, ce qui en fait une personne, si bien que cette dernière notion se compose de deux éléments :

1. *Ibid.* Goffman découvrit très tôt la pensée du sociologue français grâce à Lloyd Warner, son directeur de thèse à Chicago, auteur d'études sur les aborigènes australiens.

2. É. Durkheim, « Détermination du fait moral », *Sociologie et philosophie*, *op. cit.*, p. 84.

3. *Ibid.*, p. 76.

4. É. Durkheim, *Les formes élémentaires de la vie religieuse* (1912), Paris, P.U.F., 1960, p. 270.

un élément impersonnel, le *mana*, et un élément d'individuation, le corps. Elle peut se définir comme la coloration donnée par un corps singulier aux représentations collectives impersonnelles et neutres. En toute rigueur, la personne n'est pas l'individu : c'est plus et autre chose. Ainsi se trouve justifiée l'étonnante affirmation de l'introduction des *Formes élémentaires de la vie religieuse* sur la duplicité de l'homme. En lui coexistent deux êtres : un être individuel et un être social, de sorte que « dans la mesure où il participe de la société, l'individu se dépasse naturellement lui-même aussi bien quand il pense que quand il agit »[1]. Le social se présente alors comme cette inquiétante étrangeté, vivant en nous pour le meilleur (la valorisation) et le pire (la contrainte).

Goffman se situe au plus près de cette analyse en considérant qu'en rendant un culte aux règles sociales dans ces cérémonies en miniature que sont les interactions de la vie quotidienne, l'individu se voit rétribué, en retour, par le regard approbateur des membres de la société à laquelle il appartient : « Dans l'interaction humaine, (...) l'idole dont nous sommes rituellement soucieux, se soucie aussi rituellement de nous »[2]. Cependant, il convient de prêter attention au fait que l'individu durkheimien n'a qu'une âme alors que l'individu goffmanien possède plusieurs faces, ce que la différence des sociétés étudiées permet sans doute de comprendre. En effet, plus une société est complexe, plus elle offre de scènes et de situations et plus elle comporte de représentations collectives. Ainsi la face goffmanienne apparaît-elle beaucoup plus situationnelle et contextuelle que l'âme durkheimienne. Si la personnalité est chose sociale et que la société est chose complexe, non seulement notre personnalité ne nous appartient pas mais elle se reconstruit sans cesse. Puisque chaque situation possède ses exigences propres, il existe une multitude de faces. Le *mana* collectif, c'est-à-dire les forces impersonnelles de la société, ou comme le dit Goffman les « règles du groupe »[3], se diffractent dans les individus (thèse héritée de Durkheim) en fonction des situations (thèse strictement goffmanienne). L'ordre grammatical de l'interaction se présente donc comme un ordre rituel dans la mesure où le *face-work* revient à honorer l'étincelle sacrée virtuellement déposée par la société dans chaque interactant.

1. É. Durkheim, *Les formes élémentaires de la vie religieuse*, *op. cit.*, p. 23.

2. E. Goffman, *Communication Conduct in an Island Community*, *op. cit.*, p. 173, notre trad.

3. E. Goffman, *Les rites d'interaction*, *op. cit.*, p. 10.

Alors que la mise au jour d'une sémantique lui permet d'insister sur l'échange de symboles constitutifs de la vie sociale, l'étude de la syntaxe l'amène à interpréter ce dialogue comme une cérémonie où nos attitudes ne se contentent pas de répondre les unes aux autres pour constituer un acte social mais s'articulent de manière à honorer mutuellement les exigences dont nous sommes porteurs, qui nous valorisent comme personnes dignes de confiance et de respect. La notion de rites intervient dans trois de ses œuvres, *La présentation de soi*, *Les rites d'interaction* et *Les relations en public*.

Ainsi Goffman hybride-t-il l'ensemble discursif de la communication élaboré depuis l'archive humienne avec deux autres discours, celui de l'anthropologie religieuse mais aussi celui de l'éthologie animale. En effet, il se réfère à ces deux traditions pour rendre compte du concept : si le rite permet de manifester « son respect et sa considération envers un objet de valeur absolue », il est également un « acte formel et conventionnalisé », « rigidifié quant à sa forme et changé en signal ou "déclencheur" à l'intérieur de l'espèce animale »[1]. Par là même, il peut non seulement dramatiser la dimension normative inhérente à toute communication en la rapprochant d'une cérémonie dont les interactants sont à la fois les officiants et les bénéficiaires mais aussi mettre l'accent sur la séquentialité codifiée du processus. Le rite se rapproche d'une parade stéréotypée et aisément interprétable, à ce titre, par les autres acteurs : il s'agit bel et bien d'une attitude institutionnalisée qui ne possède pas une valeur intrinsèque mais symbolique, à l'instar de ce que notait déjà Radcliffe-Brown et que Goffman reprend à son compte. Les rites ne persistent « que comme éléments d'un mécanisme établissant certaines valeurs sociales fondamentales et permettant ainsi le maintien de l'ordre social »[2].

Segments du flux de la communication, ils ont pour fonction grammaticale d'établir la face. L'exigence fondamentale du *face-work* ne peut donc s'accomplir que dans une séquence où les individus se sacralisent réciproquement comme personnes.

> L'individu qui s'attache à maintenir une règle a tendance à s'attacher en même temps à une certaine image de lui-même. S'agissant de ces obligations, il devient, pour lui-même et pour les autres, la personne qui suit telle règle, la personne dont on attend naturellement qu'elle agisse ainsi.

1. E. Goffman, *Les relations en public*, *op. cit.*, p. 73 et n. 1, p. 73.

2. A. R. Radcliffe-Brown, « Le Tabou » (1939), *Structure et fonction dans la société primitive*, Paris, Minuit, 1969, p. 220, texte auquel se réfère Erving Goffman dans *Les rites d'interaction*, *op. cit.*, n. 4, p. 48.

> Pour ce qui est de ses attentes, il se met à dépendre de la manière dont les autres réaliseront leurs obligations à son égard, puisque la façon dont ils le traitent exprime ce qu'ils pensent de lui [1].

Un comportement jugé non signifiant sera celui qui manifeste une appréciation péjorative sur les différents participants de la situation (y compris celui qui le met en œuvre), qui déploie une ligne de conduite irrespectueuse vis-à-vis de sa face, de celle des autres, ou des deux. En dernière instance, si le comportement du fou apparaît absurde, c'est dans la mesure où il commet un sacrilège.

> Les symptômes du malade mental (...) sont quelque chose dont ses autres ne peuvent pas s'accommoder. Ni lui, ni eux, ne se retirent assez de l'organisation ou de la relation pour permettre à ce qu'il exprime de confirmer ce que son statut implique. Ainsi, son comportement s'attaque à la syntaxe de la conduite, et dérange l'accord usuel entre posture et place, expression et position [2].

### *Régulation et ritualisation : la mise au jour des formes de la socialité*

La syntaxe du *face-work* permet de comprendre avec précision la régulation immanente à l'ordre de l'interaction, l'agençant en système cohérent, et de prendre la pleine mesure de l'originalité et de la force de la théorie sociale proposée par Goffman. Elle repose sur la réciprocité de la relation intersubjective où les faces des interactants, s'échangeant grâce à des procédures rituelles, apparaissent dépendantes les unes des autres. À ce titre, elle se présente comme entièrement immanente au système et ne requiert pas d'intervention extérieure. Par là même, Goffman est amené à proposer une classification des rites différente de celle de Durkheim. Alors que ce dernier s'intéressait avant tout au caractère ambivalent du sacré, objet d'une distance craintive mais aussi d'un désir fusionnel, ce qui le conduisait à distinguer d'un côté des rites négatifs, manifestant l'obligation de se tenir à distance d'une entité qui nous est infiniment supérieure, et de l'autre des rites positifs, manifestant l'obligation de communier avec elle pour se voir à son tour nimbé de son aura, Goffman s'intéresse, lui, à la solidarité des faces et au fait que les personnes dans l'interaction sont à la fois celles qui honorent et celles qui sont à honorer, les récipiendaires et les bénéficiaires. Ainsi étudie-t-il la régulation immanente à l'ordre de

1. E. Goffman, *Les rites d'interaction*, *op. cit.*, p. 46, trad. mod.
2. E. Goffman, *Les relations en public*, *op. cit.*, p. 341.

l'interaction à partir de la distinction entre les rites envers ma face et ceux envers la face de l'autre. C'est seulement subordonnée à ce premier niveau qu'intervient la distinction entre rites positifs et négatifs.

### *Les rites envers la face des autres*

Le changement de vocabulaire entre *La présentation de soi* en 1959 et *Les rites d'interaction* en 1967 où Goffman passe des « techniques de protection » à la « déférence », montre l'approfondissement de son analyse grâce au concept de face, puisqu'il peut désormais mettre l'accent sur le caractère obligatoire et plus seulement sur la dimension stratégique. Il ne s'agit pas tant de tactique que de pratiques cérémonielles rendant un culte à un objet investi d'une valeur exigeant une certaine attitude. Mais s'il y a explicitation et approfondissement, il n'existe cependant pas de rupture dans son analyse : de *La présentation de soi* aux *Rites d'interaction*, il est toujours question d'un comportement respectueux envers les autres par lequel l'on doit s'efforcer de rendre leur ligne de conduite compatible avec les exigences de la situation. Il convient de tout mettre en œuvre pour éviter que l'autre ne commette une fausse note et n'en vienne à rompre la fluidité de la communication.

Ainsi Goffman définit-il les techniques de protection comme « les mesures (...) utilisées par le public et les personnes de l'extérieur pour aider les acteurs à sauver leur représentation »[1]. Cette forme de tact implique d'écouter l'autre, de ne pas le mettre mal à l'aise, de s'efforcer de ne pas fournir des informations qui invalideraient le rôle qu'il tient dans l'interaction, de passer outre le détail qui cloche, ou encore de manifester son intérêt pour son rôle. Jouer le jeu participe du désir d'éviter une scène et de troubler l'interaction. Ainsi peut-on être amené à honorer les prétentions de l'autre pour ne pas le décevoir et paralyser le système social miniature dans lequel l'on évolue. Témoigne de ces dispositions, la scène suivante observée à l'hôpital psychiatrique :

> Une autre fois, le personnel, sans consulter les malades, décida de leur faire fêter la Saint-Valentin. Beaucoup de malades ne désiraient pas y participer, mais le firent quand même parce qu'ils estimaient qu'il ne fallait pas faire de la peine aux élèves-infirmières qui avaient organisé la réunion. Les jeux choisis par les infirmières étaient très puérils et de nombreux malades

1. E. Goffman, *La présentation de soi*, *op. cit.*, p. 200.

> trouvaient stupides d'y jouer; ils furent heureux de voir la réunion prendre fin et de pouvoir retourner à des activités de leur choix [1].

Cet exemple montre de manière magistrale que l'incapacité sociale des fous n'est jamais totale.

*Les rites d'interaction* mettent l'accent sur la dimension religieuse de ces techniques de protection, grâce au concept de face qu'elles ont pour fonction d'honorer. Goffman peut alors définir la déférence comme « un composant de l'activité humaine qui fonctionne comme un moyen symbolique de transmettre dans les règles à un bénéficiaire l'appréciation portée sur lui, ou sur quelque chose dont il est le symbole, l'extension ou l'agent » [2], entendons les exigences situationnelles. À l'intérieur de ce cadre, Goffman se voit en mesure de réintroduire la dichotomie durkheimienne entre rites négatifs et rites positifs, traditionnelle en anthropologie, en distinguant d'un côté les rites d'évitement ou de respect du territoire personnel, et de l'autre, les rites de présentation ou échanges confirmatifs [3].

Les premiers sont présentés comme une « forme de déférence qui incite l'acteur à se tenir à distance du bénéficiaire, afin de ne pas violer ce que Simmel appelle “la sphère idéale” qui entoure celui-ci » [4]. Reposant sur l'idée que l'individu est investi d'une valeur sacrée qu'il faut respecter et qu'il est tabou à ce titre, ils regroupent, comme les rites durkheimiens négatifs, toutes les actions qui manifestent un effort pour ne pas violer son intimité. Il faut éviter à la fois de le toucher physiquement (ceci n'est bien évidemment valable que si on ne le connaît pas) et moralement, c'est-à-dire que la discussion doit éviter tout ce qui pourrait le peiner, l'embarrasser, ou encore l'humilier. Ainsi s'interdira-t-on de bousculer une personne dans la rue ; de se coller à l'unique autre patient présent dans une salle d'attente ; de demander, lors d'une conversation mondaine, à une femme célibataire des détails sur sa vie sentimentale et sur son statut si peu enviable, etc. Goffman poursuit cette analyse dans *Les relations en public* avec la notion de « territoires du *self* », entendons les localisations de la sphère idéale de la personne, les lieux où la face émanant de son corps physique vient se loger pour autant qu'ils le prolongent. Dans cette perspective, il distingue l'espace personnel (celui qui entoure un individu), la place (l'espace bien délimité que l'individu peut revendiquer, telle une place vide dans un bus), l'espace utile (celui situé immédiatement autour d'un individu auquel il a

1. Extrait d'un rapport d'enquête, cité par E. Goffman, *La présentation de soi*, *op. cit.*, p. 218.
2. E. Goffman, *Les rites d'interaction*, *op. cit.*, p. 50, trad. mod.
3. Voir *ibid.*, p. 55.
4. *Ibid.*, p. 56.

droit en raison d'une certaine activité, comme l'espace devant un tableau dans un musée), le tour (l'ordre dans lequel un ayant droit reçoit un bien quelconque), l'enveloppe (la peau et les habits), le territoire de la possession (les effets personnels, tels un sac à main), les domaines réservés de la conversation (le droit qu'a l'individu d'exercer un certain contrôle sur l'interlocuteur habilité à lui adresser la parole et le moment opportun) et les réserves d'informations qui rejoignent très précisément l'analyse précédente de la déférence : lors d'une discussion, il faut s'abstenir de poser des questions indiscrètes sur la vie privée d'une personne, demandes toujours susceptibles de contredire le rôle qu'elle est en train de jouer.

Si Goffman s'attache avant tout, dans son analyse, aux modes de violation et aux différentes formes d'empiètement, il ajoute cependant dans sa conclusion que l'obligation négative de respecter le territoire de l'autre est la plupart du temps respectée, ce qui constitue selon le vocabulaire des *Rites d'interaction*, un rite négatif de déférence ou encore un rite d'évitement :

> Nous aurions un bien meilleur paradigme en posant l'existence de quelques participants qui cherchent tous à éviter une violation flagrante des règles et doivent tous traiter avec les contingences qu'amènent les divers traits des divers cadres où ils évoluent. (…) En Amérique, par exemple, dans les urinoirs publics, des hommes se trouvent très près les uns des autres dans un cas où il leur faut s'exhiber pendant un certain temps. Mais les regards y sont d'une prudence extrême, afin de ne pas violer l'intimité d'autrui plus qu'il n'est nécessaire. Lorsque deux hommes urinent l'un à côté de l'autre, leurs yeux ne peuvent parcourir sans danger qu'un territoire très étroit[1].

Ainsi, les rites d'évitement et le respect des territoires du *self* de l'autre individu attestent-ils de l'une des caractéristiques du caractère sacré de la face : son aspect interdit. On ne peut s'en approcher sans la contaminer et cette contamination apparaît sacrilège. Les rites d'évitement constituent des prohibitions qui « obligent une personne à s'abstenir de certains actes de peur de violer le droit des autres à garder leur distance »[2].

Cependant, il ne faudrait pas réduire le sacré à cette seule dimension et oublier son caractère désirable et attirant : il en appelle à la fusion. Communier avec lui peut nous permettre de nous voir, à notre tour, auréolés de son halo. Telle est précisément la fonction des rites de présentation et autres échanges confirmatifs, relevant de ce que Durkheim nommait des rites positifs. S'ils se définissent comme « les actes

1. E. Goffman, *Les relations en public*, *op. cit.*, p. 70.
2. E. Goffman, *Les rites d'interaction*, *op. cit.*, p. 65.

spécifiques par lesquels l'individu fait savoir au bénéficiaire comment il le considère et comment il le traitera au cours de l'interaction à venir »[1], les exemples donnés par Goffman mettent en évidence qu'il ne s'agit pas tant de montrer à l'autre comment on l'envisage que de lui manifester la reconnaissance accordée à sa valeur. Ainsi les rites de présentation désignent-ils l'ensemble des procédés par lesquels l'on démontre sa sympathie pour les intérêts de l'autre, dans la mesure où ils sont jugés importants. Le sociologue insiste notamment sur les salutations, les adieux, et autres compliments. On s'enquiert de la santé de quelqu'un, on complimente une femme sur sa nouvelle coiffure, on subit avec patience le commentaire des photographies de vacances, etc.

Goffman reprend cette typologie dans *Les relations en public* en insistant d'une part sur le rôle confirmatif de ces rites positifs envers la face des autres qui renforcent le lien social, et d'autre part sur la nature du contact entre deux personnes qu'ils présupposent. Il peut s'agir de ratifier le nouveau statut social d'une personne en lui montrant que l'on est prêt à continuer à avoir des relations avec elles, à entretenir une relation déjà existante ou à en commencer une nouvelle. L'analyse de Goffman se révèle particulièrement subtile et intéressante, dans sa capacité à montrer que les phrases apparemment vides de sens, que nous employons tous mécaniquement, sont, en réalité, celles qui en sont peut-être le plus pleines. Elles s'apparentent à de véritables cérémonies religieuses, à la liturgie bien huilée. Ainsi analyse-t-il cet échange standard auquel nous procédons quotidiennement, lorsque nous répondons « ça va ? » à une personne qui vient de nous poser la même question.

Comme il le remarque, la question ne vaut pas pour elle-même, puisqu'elle n'appelle aucune réponse. Lorsque quelqu'un me la pose, je sais que mon état de santé lui est à peu près indifférent et qu'il n'attend pas d'élément précis, pour cette raison je ne suis pas obligé de lui donner une réponse informative. Je sais qu'il le fait uniquement pour me montrer qu'il se soucie de moi, donc que ma personne possède de la valeur à ses yeux : à cet acte d'allégeance, je réponds, à mon tour, en montrant que pour moi aussi, il est quelqu'un de respectable. Dans cet échange standardisé, c'est la réciprocité de la face qui se joue ni plus ni moins.

Une autre phrase apparemment anodine, pourrait être soumise à une analyse similaire : la traditionnelle affirmation-exclamation-question à laquelle chacun se sent obligé de sacrifier lorsqu'il entre dans une boulangerie : « Beau temps, aujourd'hui (!) (?) (.) », en été, ou bien « Quel

1. E. Goffman, *Les rites d'interaction*, *op. cit.*, p. 63.

froid (!) (?) (.)», en hiver. Cette attention aux «menus propos» était déjà présente dans la thèse de doctorat[1], où ils étaient qualifiés de «ressources sûres» de la conversation (entendons de sujets ne présentant pas de danger) sans que Goffman mette l'accent sur leur aspect rituel.

### *Les rites envers ma face*

Si la face de l'autre constitue l'objet d'un culte positif et négatif, chacun des interactants doit également exercer un culte envers sa propre face. Comme Goffman l'a souligné lors de ses analyses sur la folie, c'est non seulement le manque de déférence de certaines personnes qui les fait considérer comme anormales mais également leur manque de tenue. Les rites envers ma face constituent le deuxième volet de sa dichotomie. Suivant le même mouvement qui le conduisait à passer dans *La présentation de soi* d'une conception stratégique des différentes pratiques à adopter à l'égard d'autrui à une conception religieuse dans *Les rites d'interaction*, ce qui n'était encore perçu que comme des «attributs et techniques défensifs» dans le premier texte devient, dans le second, des «éléments du comportement cérémoniel qui se révèle(nt) à travers le maintien, le vêtement et l'allure et qui ser(vent) à montrer à l'entourage que l'on est une personne douée de certaines qualités»[2]. Après s'être contenté de pointer du doigt une obligation sans être en mesure d'en rendre compte, Goffman peut à présent en livrer une explication : la stratégie ne fait en vérité qu'exprimer une obligation religieuse envers ma face.

Les attributs et les techniques défensifs de *La présentation de soi* se définissent comme «les mesures (…) utilisées par les acteurs pour sauver leurs propres représentations»[3]. Dans ce texte, Goffman se révèle avant tout soucieux de détailler les moyens par lesquels un acteur protège sa ligne de conduite, comment il met toutes les chances de son côté pour bien jouer son rôle. Il insiste ainsi sur la loyauté, la discipline et la circonspection dramaturgiques. Les membres d'une équipe ne doivent pas trahir les secrets de leur représentation et sont contraints à une certaine cohérence. Les acteurs doivent avoir suffisamment de distance par rapport à leur rôle pour être capables de taire leurs sentiments spontanés. Ils doivent prendre

1. Voir E. Goffman, *Communication Conduct in an Island Community*, *op. cit.*, chap. XV, p. 206-216. À Dixon, l'une des ressources sûres et inépuisables de la conversation est constituée par les commentaires sur le nombre de poissons pêchés par les bateaux locaux.

2. E. Goffman, *Les rites d'interaction*, *op. cit.*, p. 69.

3. E. Goffman, *La présentation de soi*, *op. cit.*, p. 200.

en compte l'information que le public détient sur eux pour être capables de faire feu de tout bois et éventuellement réajuster le tir.

Mais une question demeure en suspens : pourquoi l'acteur veut-il à tout prix sauver son spectacle ? Comment comprendre cette urgence alors qu'il ne s'agit jamais que d'un jeu, si l'on s'en tient au paradigme épistémologique de cet ouvrage, selon lequel la vie sociale est une représentation théâtrale ? La réponse tombe claire et nette comme un couperet dans *Les rites d'interaction :* pour ne pas perdre la face. La pièce se révèle dramatique sans mauvais jeu de mot. De manière immanente à la représentation scénique, s'opère un processus aux enjeux cruciaux : la valorisation des individus comme personnes, pour autant qu'en sauvant leur jeu, en honorant les contraintes de la situation, ils gagnent une face, entité sociale qui les valorise en transcendant leur humanité trop humaine. L'interactant se doit d'honorer l'étincelle sacrée virtuellement présente en lui qui assure sa personnalité : il doit manifester en toute occasion qu'il est un individu sachant se comporter de manière socialement convenable. Ainsi doit-il s'efforcer de rendre sa ligne de conduite acceptable pour les autres. Loin de constituer une manipulation cynique et égoïste du public, la stratégie se révèle un comportement obligatoire nous rappelant que la société a prise sur l'individu par sa face. Pour ne pas perdre ce bien si volatil qu'elle lui a seulement prêté et dont il est le dépositaire dans toutes les situations dans lesquelles il se trouve, il doit agir de manière à satisfaire les croyances normatives partagées par tous les individus en présence : que doit faire un acteur dans telle situation pour se comporter normalement ? La meilleure manière d'insister sur les obligations que véhicule la face possédée de manière toujours située consiste à dire que les rites envers soi correspondent à ce que l'on doit à soi-même, étant bien entendu que le *self* s'identifie à la personnalité, valeur socialement constituée.

À première vue, il semblerait que la tenue comme terme générique désignant les pratiques qui permettent de sauver sa face dans *Les rites d'interaction*, ait une extension moindre que les mesures défensives, puisqu'elle semble se réduire à une question d'attitude physique. Il n'en est pourtant rien, puisque Goffman précise sa première définition en y ajoutant la liste des qualités qu'une personne doit manifester : « discrétion et sincérité ; modestie dans ses revendication à l'égard de son *self*; esprit de compétition et loyauté ; contrôle de ses paroles et de ses gestes ; maîtrise de ses émotions, de ses appétits et de ses désirs ; sang-froid dans l'adversité, et ainsi de suite »[1]. Le simple maintien physique se révèle bien évidemment

1. E. Goffman, *La présentation de soi*, *op. cit.*, p. 69.

incapable d'extérioriser tous ces attributs: il faut faire intervenir l'ensemble des attitudes gestuelles et verbales d'une personne pour comprendre comment elle peut se traiter elle-même comme personne, c'est-à-dire comme un objet cérémoniel et sacré en se présentant sous un jour convenable aux autres.

### *Les rites de réparation comme point d'articulation entre les faces*

Une attention spéciale doit être accordée au chapitre IV des *Relations en public*[1] s'intéressant à une sous-catégorie des rites envers sa propre face, les rites réparateurs, dans la mesure où ils jouent un rôle décisif dans la régulation immanente à l'ordre de l'interaction. Ils comprennent l'ensemble des pratiques ayant pour mission de sauver sa face en la restaurant.

Après une offense commise à l'égard de la face d'un autre, le fautif voit le doute jeté sur ses propres compétences sociales, lui faisant courir le risque d'être discrédité. Son activité consiste alors à montrer qu'il avait, sinon en réalité, du moins en intention[2], une juste relation aux règles et qu'il s'agit d'un regrettable malentendu dans le premier cas et d'une erreur déplorable dans le second. Les rites réparateurs couvrent le spectre qui court des justifications aux excuses et permettent de rétablir le flux de la communication en raccommodant la relation intersubjective qui s'est rompue.

Ainsi la motivation de la personne déployant un rite réparateur s'avère-t-elle essentiellement égoïste ou plus exactement personnelle. Elle se soucie moins de l'offensé que d'elle-même, courant précisément le risque de ne plus apparaître comme une personne, dans la mesure où elle a échoué à comprendre les exigences de la situation et a commis un sacrilège l'excluant de fait de la cérémonie. Si l'échange réparateur possède incontestablement des effets cérémoniels sur la face de l'autre (je m'excuse, je me justifie, je prie, signes que j'accorde de l'importance à son jugement), il est avant tout tourné vers son émetteur puisqu'il vise à manifester que ce dernier possède toujours les attributs socialement valorisés dont il a pu sembler privé. Il vise donc moins à compenser l'offensé qu'à dépeindre « les rapports usuels de l'offenseur virtuel aux règles que ses actions paraissent avoir enfreintes et aux personnes dont ces règles auraient

1. E. Goffman, *Les relations en public*, *op. cit.*, p. 101-180.
2. Voir *ibid.*, p. 112.

dû protéger les territoires »[1]. L'offenseur cherche à montrer et à démontrer sa capacité à connaître et à mettre en œuvre les règles pertinentes dans telle ou telle situation. Ainsi insiste-t-il par là même sur l'irréductibilité de son individualité à sa personnalité : en tant que personne, il blâme ce qu'il a fait comme individu, manière subtile d'affirmer que malgré les apparences, il est toujours dépositaire de l'étincelle sacrée déposée par la société en lui. « S'excuser, c'est se couper en deux parties, une partie coupable d'une offense et une partie qui se dissocie du délit et affirme sa foi en la règle offensée »[2].

À ce titre, l'échange réparateur assure une régulation entièrement immanente à l'ordre de l'interaction, mettant en avant une modalité du contrôle social trop souvent passée sous silence par un certain nombre de théoriciens. En effet, ce contrôle social est envisagé la plupart du temps comme une contrainte s'exerçant de manière transcendante sur les individus par le biais d'institutions qui vont résorber les offenses en infligeant des châtiments. Bien que ce modèle permette de comprendre le processus sanctionnant les infractions judiciaires, il est insuffisant et inadéquat pour saisir la manière dont la communication se rétablit la plupart du temps dans nos interactions quotidiennes. Elle se restaure malgré les malentendus et les fautes que nous commettons lorsque nous choisissons un registre de langue impertinent dans la situation où nous nous trouvons, sans qu'il y ait pourtant intervention d'une entité extérieure au processus. Dans l'ordre de l'interaction, les offenses se corrigent par un amendement spontané du fautif. Ainsi l'échange des symboles significatifs dépasse-t-il de lui-même les silences, les hurlements et les bégaiements en rétablissant le flux d'une conversation de gestes réglée, audible et significative.

Cette autopunition de l'offenseur ne peut se comprendre qu'en raison de la réciprocité des faces qui fait que, sitôt qu'un individu met en danger celle d'autrui, la sienne en pâtit. Il est vital pour la personnalisation réciproque des interactants que la signification véhiculée par les comportements s'échange facilement et sans heurts, ce qui implique le respect de la syntaxe :

> Puisque les fautes y (dans l'ordre de l'interaction) sont petites et les châtiments encore plus, on se soucie souvent moins, et de façon admise, de parvenir à une définition exacte que de dégager la circulation. Quand un vol est commis, il est rare qu'un innocent s'offre en coupable; quand une offense interactionnelle a lieu, toute personne directement impliquée est

1. E. Goffman, *Les relations en public*, *op. cit.*, p. 119.
2. *Ibid.*, p. 116.

> souvent prête à en assumer la faute et à offrir une réparation. Dans ce cas le caractère d'opposition qui marque les débats de justice n'est pas puissant; on trouve plutôt une collaboration tacite, même s'il se peut que les participants soient inconscients de leur coalition [1].

Si l'offenseur ne s'est pas rendu compte de sa gaffe, l'offensé n'hésitera pas à amorcer un mouvement pour provoquer la réparation. Le but de ce que Goffman appelle «le défi interrogatif» [2] ou «le mouvement préventif» [3] est d'en appeler à la personnalité de l'offenseur pour qu'il se dissocie de son individualité. Ce souci de rétablir l'échange permet de comprendre que l'offensé (du moins l'offensé normal) réponde presque toujours de manière favorable aux excuses, prières, justifications pour signifier qu'il les accepte. Cette acceptation ne relève pas tant de son bon vouloir qu'elle ne se présente comme une obligation, dans la mesure où l'offenseur, en entamant une réparation, manifeste qu'il possède une face qui mérite à son tour considération. L'offensé se doit de répondre aux justifications, prières et autres excuses par un remerciement ou une minimisation, manière pour lui d'indiquer «qu'il est pleinement conscient de l'offense virtuelle et désireux de se distinguer de ce qui pourrait la commettre» et de démontrer «sa conscience des normes et des pratiques liées à la distribution des sanctions négatives» [4].

Si l'offensé n'ose pas réagir et si l'offenseur ne parvient pas à enclencher un rite réparateur en raison d'une incapacité sociale, les autres personnes ayant assisté à la scène n'hésiteront pas à se substituer à ce dernier. Ainsi cette scène observée à la première personne dans le métro : un jeune homme manifestement aviné s'assied à côté d'une jeune femme dans le wagon et lui tient des propos obscènes. Elle ne bronche pas, jusqu'à ce que de guerre lasse, il s'en aille. Dans la mesure où elle n'a pas manifesté sa dignité outragée et où l'importun ne s'est pas excusé, elle a perdu la face. Les règles sociales normant le comportement de deux personnes de sexes différents dans un endroit public n'ont pas été respectées. Aussitôt après le départ de l'offenseur, les autres passagers se sont mis à commenter la scène en s'offusquant du comportement du malotru et ont alors offert à la passagère l'occasion de montrer son mécontentement et par là même, sa juste appréciation de la situation et donc sa compétence sociale. Que la réparation puisse être effectuée par un tiers ne se comprend que par la notion de

1. *Ibid.*, p. 112, trad. mod.
2. *Ibid.*, p. 152.
3. *Ibid.*, p. 159.
4. *Ibid.*, p. 141.

face : puisque l'offense a jeté le doute sur celle de la personne insultée, il importe de la restaurer pour rétablir le flux de communication. Mais ne doit-on pas comprendre l'attitude du public se substituant au fautif comme un rite envers la face de l'autre ? Pas uniquement, dans la mesure où par là même, ils sauvent également la leur.

La réciprocité du travail de figuration permet ainsi de comprendre l'articulation entre les rites envers la face d'autrui et ceux envers sa propre face, dans la mesure où la face, loin d'être une propriété individuelle, apparaît comme une construction sociale ne pouvant se maintenir que dans l'échange. L'offense met en péril la face en général, c'est pourquoi les personnes qui ne sont pas individuellement concernées se sentent obligées de la sauver. L'ordre de l'interaction se comprend, dès lors, comme un système d'échange où la valeur échangée n'est pas marchande mais sociale. Seule la dimension contraignante de la face se révèle à même d'expliquer pourquoi les individus en sont simplement les réceptacles sans en être les maîtres et possesseurs : elle exige une circulation dans la mesure où elle n'est sauvée que si celle du plus grand nombre de participants l'est. Sauver la face n'est ni plus ni moins que sauver la société. S'il s'agit de la société à son niveau le plus rudimentaire – les exigences situationnelles –, et que l'on est encore bien loin de la complexité sociale des grandes institutions, il n'en demeure pas moins que cette strate, pourtant si simple, est fondamentale : elle constitue le premier point d'emprise de la société sur l'individu.

Dans cette perspective, se recouvre précisément la compréhension de l'ordre de l'interaction comme communication et comme cérémonie, qui constitue, à nos yeux, la force et la valeur du geste goffmanien. Il apparaît comme le point de convergence des ensembles d'énoncés précédemment dégagés, depuis le discours de la sympathie jusqu'à la compréhension pragmatiste de la conversation de gestes, hybridés avec le discours de l'anthropologie durkheimienne religieuse. Souligner la dimension rituelle de la syntaxe ne constitue cependant pas une rupture avec ces archives, puisque le recours à cette autre tradition contribue principalement à amplifier la dimension réglée de la communication, en exacerbant la contrainte exercée par la syntaxe et en prenant au sérieux la dimension morale véhiculée dans l'expression « faute de grammaire ».

## IMPASSES ET CHANGEMENT DE CAP

Aborder l'œuvre foisonnante de Goffman sous l'angle de la communication offre le mérite de montrer la profonde unité de son analyse. Malgré les changements de paradigmes, depuis l'univers du théâtre dans *La présentation de soi* jusqu'à celui du cinéma dans *Les cadres de l'expérience*, en passant par l'anthropologie religieuse dans *Les rites d'interaction* et la théorie des jeux dans *Strategic Interaction*, Goffman n'a eu de cesse d'explorer l'ordre de l'interaction, en le constituant en objet de savoir de plein droit, à partir d'une réflexion poussée sur les significations sociales exprimées par le corps et mises en forme par une grammaire situationnelle. L'ordre de l'interaction repose sur un échange de symboles physiques renvoyant à notre positionnement dans la situation, qui sont significatifs lorsqu'ils respectent une syntaxe générale, le *face-work*, qui se modalise différemment suivant des exigences à chaque fois spécifiques. Ces symboles ne se contentent pas de signifier la manière de prendre place dans les situations en répondant à leurs exigences immanentes mais rendent également un culte à ces dernières par l'intermédiaire des personnes dans les attentes desquelles elles se déposent de manière provisoire.

Seules les formations discursives précédentes, philosophie des sentiments moraux, psychologie expérimentale, doctrine de l'imitation, etc., peuvent permettre de comprendre cette appréhension inédite des relations intersubjectives qui a conduit la sociologie à s'intéresser à la « fange de la vie sociale » pour autant que, dans les menus drames de la vie quotidienne, un ordre social menace à chaque fois de s'effondrer et ne se conforte que par l'emprise qu'il acquiert sur les individus en les valorisant comme personnes, sitôt qu'ils agissent de manière conformiste. Si ce renouvellement de la sociologie marque incontestablement une rupture, le seuil de scientificité franchi ne doit pas se comprendre comme une Épiphanie survenant *ex nihilo* mais bien comme ce qui a été rendu possible par le jeu notionnel d'un certain nombre d'énoncés qui le précédaient. Recomposés de manière originale et cohérente, ils ont pu donner lieu à une épistémologie et à des concepts inédits, à même de rendre compte de l'une des strates du monde social. L'interaction naît de la sympathie qui s'est spécialisée, au gré de ses reprises épistémologiques par les sciences humaines naissantes, en principe explicatif du lien social jusqu'à devenir imitation et prise de rôle. L'idiome corporel et les relations syntaxiques radicalisent le vocabulaire de la communication et vont jusqu'au bout de la perspective symbolique qui irrigue ces différents énoncés, dont la conversation de gestes donne la version pré-goffmanienne la plus aboutie. La face est elle-même rendue possible par l'analyse humienne de la constitution sociale de la subjectivité développée dans le livre II du *Traité de la nature humaine*, amplifiée par l'analyse pragmatiste du *self* comme facteur d'ajustement dans l'expérience, etc.

Néanmoins, le territoire ainsi redessiné par le geste goffmanien entre la sympathie, le lien social, l'imitation, la conversation de gestes, les processus de socialité et la nature sociale du *self*, formant la vaste carte de l'interaction, comporte une zone d'ombre, une *terra incognita*, qui va conduire le sociologue à introduire une notion absente des discours précédents, l'organisation de l'expérience. Il doit la substituer aux deux opérations cognitives composant la sympathie dans la philosophie humienne, selon les analyses du livre II du *Traité :* l'inférence de l'état mental éprouvé par l'autre personne et la conversion de l'idée de cet état mental en impression. Cette transformation conceptuelle est rendue nécessaire par l'impossibilité de recourir à une démarche psychologique classique : la route lui est barrée par l'une des régions du territoire de l'interaction, le pragmatisme, obstacle qu'il ne peut contourner.

### *Seuil de scientificité et obstacle épistémologique*

L'interactionnisme sociologique qui s'élabore dans l'œuvre goffmanienne apparaît bien comme un palier par rapport aux discours précédents. En effet, aucun ne prétendait rendre compte de manière scientifique des relations intersubjectives en en révélant la teneur sociale. Leur portée étant beaucoup plus large et leur ambition plus grande, leur objet s'avérait par là même plus diffus *:* l'énoncé humien dont l'analyse des bonnes manières n'était qu'une étape dans une histoire naturelle de l'extension progressive de la sympathie permettant aux hommes d'approuver ce qui ne les concerne pas directement, relevait de la philosophie morale au sens large, entendons la philosophie qui prend en charge l'ensemble des phénomènes humains selon la terminologie du XVIII$^{e}$ siècle[1] ; l'école de psychologie française, plus attentive aux progrès de la communication qu'à l'analyse *hic et nunc*, proposait pour sa part une psychologie appliquée ; la sociologie de l'imitation développait, quant à elle, une théorie vitaliste faisant de la sympathie un véritable principe ontologique rendant compte de la propa-

1. Voir D. Hume, *Enquête sur l'entendement humain*, *op. cit.*, I, 1, p. 33 : « La philosophie morale, je veux dire : la science de la nature humaine, peut être traitée de deux manières différentes … ».

gation de la vie dans les différentes strates du monde, qu'elles soient physiques, organiques ou sociales; dans la thèse de Park s'élaborait une philosophie des sciences sociales s'intéressant aux processus de constitution de l'opinion publique; enfin, le pragmatisme, soucieux d'enraciner l'élaboration de la subjectivité et de l'esprit dans le comportement naturel des individus en adoptant une perspective évolutionniste, dessinait les lignes d'un *behaviorisme* social de grande ampleur. Alors que dans ces différents discours, l'ampleur de la perspective adoptée allait de pair avec une analyse diachronique attentive à l'évolution des phénomènes sur le long terme, Goffman opte pour une vision non seulement resserrée sur la situation sociale en face-à-face mais également synchronique. Ne recourant ni à une analyse génétique ni à une analyse historique, il se désintéresse de la manière dont l'espèce humaine en général et chaque individu en particulier a appris à interpréter les exigences de la situation. Si l'ordonnancement du domaine de l'interaction « lui est reconnu à partir d'une base étendue de présuppositions cognitives partagées et de contraintes auto-entretenues », « de présuppositions normatives », il n'en demeure pas moins que les questions de savoir « comment un ensemble de tels accords en vient à s'organiser historiquement », « comment (il) se répand ou se contracte géographiquement avec le temps », « comment (...) en un lieu et un espace donnés des individus particuliers adoptent ces accords » sont « de bonnes questions » mais « pas des questions auxquelles (il peut) s'attaquer »[1].

Ce rétrécissement de la perspective sur l'effectivité du processus situé de l'interaction, sur sa séquentialité, lui permet pourtant, de manière paradoxale, de faire franchir aux énoncés précédents un véritable seuil. En effet, d'une part, il parvient à isoler de manière précise la relation intersubjective dans sa teneur physique au sein d'un ensemble notionnel aussi complexe que diffus dans les archives le précédant – opinion, bonnes manières, lien social, conversation de gestes, etc. –, et d'autre part, il parvient à élaborer une méthodologie déterminée, reposant sur l'observation du comportement abordé à l'aune d'une théorie de la communication systématisée, là où elle était encore à un stade embryonnaire chez ses prédécesseurs. Il ne s'agit plus simplement de mentionner la communication et l'infusion des impressions, d'envisager la propagation des croyances et des désirs ou encore de parler de symboles significatifs, mais de mettre au jour, de manière précise et rigoureuse, une sémantique et une syntaxe pour comprendre non seulement quelle signification est transmise

1. E. Goffman, « L'ordre de l'interaction », *Les moments et leurs hommes*, *op. cit.*, p. 198.

par le comportement (le positionnement dans la situation) mais aussi et surtout quelle grammaire doivent respecter les symboles émis pour faire sens (le *face-work*).

« Naturaliste du social »[1], Goffman recommande aux sociologues d'accorder leur corps avec celui des personnes observées pour « relever toutes leurs réactions corporelles, gestuelles ou visuelles, à ce qui se passe autour d'eux », de façon à dégager la manière dont ils répondent à la situation[2]. Ainsi l'interactionnisme apparaît-il bien comme une recomposition originale, faisant franchir aux énoncés précédents un seuil d'épistémologisation[3] et de scientificité[4], selon le vocabulaire foucaldien de *L'archéologie du savoir*.

Si la sympathie humienne constitue l'une de ses archives et peut apparaître grosse d'une analyse de la vie quotidienne, attentive à la manière dont le social s'élabore et se maintient dans nos relations les plus ordinaires, il n'en demeure pas moins que ses hybridations avec d'autres notions et d'autres perspectives que celles de la philosophie des sentiments moraux l'ont profondément infléchie, donnant une tournure spécifique à l'analyse goffmanienne. Alors que la sympathie constituait un principe psychologique et que Hume élaborait une analyse épistémologique fine et détaillée des opérations mentales la rendant possible – l'inférence et la conversion –, l'interactionnisme aborde les relations intersubjectives en mettant l'accent sur leur dimension physique. L'idiome corporel ne renvoie pas à un état mental mais à notre positionnement dans la situation. Cette dépsychologisation de la notion de communication, allant à l'encontre de la tâche que se donne Hume dans l'*Enquête sur l'entendement humain* d'établir une carte de l'esprit en constituant une véritable « géographie mentale »[5], s'amorce dès la fin du XIX^e dans les sciences

1. E. Goffman cité par P. M. Strong, « The importance of being Erving : Erving Goffman, 1922-1982 », *op. cit.*, p. 41.

2. E. Goffman, « Le travail de terrain » (1974), trad. fr. D. Cefaï et P. Joseph, *in* D. Cefaï et L. Perreau (éd.), *Goffman et l'ordre de l'interaction*, *op. cit.*, p. 543.

3. Voir M. Foucault, *L'archéologie du savoir*, *op. cit.*, p. 252 : « Lorsque dans le jeu d'une formation discursive, un ensemble d'énoncés se découpe, prétend faire valoir (même sans y parvenir) des normes de vérification et de cohérence et qu'il exerce, à l'égard du savoir, une fonction dominante (de modèle, de critique ou de vérification), on dira que la formation discursive franchit un *seuil d'épistémologisation*. »

4. Voir *ibid.*, p. 252-253 : « Lorsque la figure épistémologique ainsi dessinée obéit à un certain nombre de critères formels, lorsque ses énoncés ne répondent pas seulement à des règles archéologiques de formation, mais en outre à certaines lois de construction des propositions, on dira qu'elle franchit un *seuil de scientificité*. »

5. D. Hume, *Enquête sur l'entendement humain*, *op. cit.*, I, 13, p. 51.

humaines qui naissent alors en France : plus attentives à identifier des phénomènes qu'à en rendre compte, elles ne s'intéressent en aucune manière au déroulement effectif du processus. Elle se voit amplifiée par le pragmatisme américain qui externalise l'esprit dans la conduite, ce qui le dispense de s'intéresser aux conditions de possibilité mentales de l'interprétation dans la mesure où le dualisme est tout simplement exclu. Mais si ce déplacement de la sympathie depuis le champ de la psychologie vers le champ du comportement permet de préciser l'épistémologie des relations intersubjectives en mettant l'accent sur l'observation physique et en invitant à dresser une typologie des symboles expressifs, il place également l'interactionnisme goffmanien devant un certain nombre de questions non élucidées, puisqu'elles ne peuvent tout simplement pas être formulées dans les termes du discours qui s'est lentement élaboré depuis les archives précédentes. Le territoire de l'interaction comprend une zone inexplorée que les notions satellites de la sympathie, à savoir l'inférence, la conversion et le transfert de vivacité, ne peuvent pas éclairer puisqu'elles y sont interdites de séjour.

Comment comprendre le mécanisme d'interprétation à l'œuvre dans l'interaction ? Comment les différents interactants sont-ils capables de partager le même idiome corporel, de décrypter les exigences sociales de la situation dans laquelle ils se trouvent et de les mettre en œuvre ? Bref, la substitution de l'interaction à la sympathie présente bien le mérite d'isoler un segment précis dans le champ des phénomènes couvert par ce principe mais ne permet pas de comprendre les conditions de possibilité de son déroulement. Alors que Goffman parvient à expliquer la séquentialité de l'interaction, en étant attentif à la succession des rites selon une logique de communication cérémonielle, il se voit condamné par l'interdiction pragmatiste à en rester à même la peau. Il lui est interdit de poser un mécanisme d'inférence mental et individuel, dans la mesure où ce serait réintroduire une subjectivité antésociale alors que l'analyse a précisément pour but de rendre compte de sa constitution dans la relation intersubjective.

Pourtant la sociologie de l'interaction ne peut prétendre au rang d'analyse scientifique achevée si le déroulement de cette dernière demeure incompréhensible. La descriptibilité de la relation ainsi isolée ne saurait dispenser d'une explication. Dans cette perspective, Goffman se voit obligé de recourir à la psychologie, mais à une psychologie qui ne peut être que « dépouillée, étriquée », « qui convient à l'étude sociologique des conversations, des rencontres de hasard, des banquets, des procès, des flâneries »[1]. Quelle forme peut bien prendre une telle analyse pour être compatible avec la compréhension du *self* comme construction sociale ? Celle d'une étude de « la structure de l'expérience individuelle de la vie sociale »[2], prenant en compte une dimension irréductible au vécu subjectif, se déployant à travers des opérations impersonnelles de mise en forme, mise en sens et mise en scène des situations. L'expérience de l'individu va apparaître sous-tendue par la mobilisation de cadres sociaux qui s'avèrent à la fois cognitifs et pratiques, ce qui signifie que l'expérience des agents possède une dimension non subjective qui excède leur psychologie. Le deuxième volet de l'œuvre de Goffman, depuis *Les cadres de l'expérience* en 1974 jusqu'à « L'ordre de l'interaction » en 1981, souvent présenté comme une rupture dans son parcours, s'emploie ainsi, en réalité, à mettre au jour le principe d'organisation sociale de l'expérience individuelle permettant de faire attention aux situations et de communiquer avec les autres personnes. Reste à comprendre comment la relation cognitive ultimement mise au jour par Goffman comme centre de l'interaction[3] permet de répondre à la question des conditions de possibilité de la communication intersubjective sans s'identifier pour autant à une opération mentale et interne de psychologie individuelle, telle qu'elle pouvait se déployer dans l'analyse humienne. Ce déplacement de l'analyse peut être appréhendé comme l'ultime seuil décrit par Foucault, celui de la formalisation, « lorsque (le) discours scientifique, à son tour, (peut) définir les axiomes qui lui sont nécessaires, les éléments qu'il utilise, les structures propositionnelles qui sont pour lui légitimes, lorsqu'il (peut) ainsi déployer, à partir de lui-même, l'édifice formel qu'il constitue »[4]. Bref, le moment où le discours scientifique ne se contente pas de présenter une version unifiée, cohérente et systématique des différentes séquences le précédant mais invente son propre appareil conceptuel pour répondre aux questions et problèmes soulevés par sa synthèse créatrice.

1. E. Goffman, *Les rites d'interaction*, *op. cit.*, p. 8.
2. E. Goffman, *Les cadres de l'expérience*, *op. cit.*, p. 22.
3. Voir E. Goffman, « L'ordre de l'interaction », *Les moments et leurs hommes*, *op. cit.*, p. 197.
4. M. Foucault, *L'archéologie du savoir*, *op. cit.*, p. 253.

### *Des cadres de l'expérience à la relation cognitive*

#### *La définition des situations*

Souvent présentés comme une rupture dans la production de Goffman, *Les cadres de l'expérience* sont alors envisagés soit comme une œuvre de circonstance – le sociologue se voyant contraint par la publication retentissante des *Études d'ethnométhodologie* de Garfinkel en 1967[1] d'élaborer une œuvre explicite de théorie sociale, en se positionnant par rapport à un certain nombre d'auteurs, alors qu'il est habituellement avare de références –, soit comme le signe d'un tournant psychologique dans son analyse où il assumerait une position remettant en question l'orientation « structuraliste » de ses textes précédents, dont témoignerait notamment la discussion de la phénoménologie sociale d'Alfred Schütz. Au mieux une parenthèse, au pire une volte-face. Mais s'il s'agit bien pour Goffman de présenter la manière dont les définitions de la situation sont construites par les protagonistes, il ne propose une analyse ni psychologique ni subjective de cette élaboration. En effet, la construction, loin d'être arbitraire et à la discrétion des individus qui inventeraient la scène sur laquelle ils jouent, de telle sorte que l'on pourrait retracer son procès dans la conscience subjective, se révèle au contraire la simple actualisation d'une institution qui lui préexiste : « Je soutiens que toute définition de la situation est construite *selon* des principes d'organisation qui structurent les événements – du moins ceux qui ont un caractère social – et notre propre engagement subjectif »[2]. Autrement dit, la définition de la situation n'est jamais que l'interprétation et la mise en œuvre par les acteurs de ses exigences immanentes qui existent indépendamment de ses derniers : « Si toute situation demande à être définie, en général, cette définition n'est pas inventée par ceux qui y sont impliqués »[3]. *Leitmotiv* qu'il reprend dans une mise au point adressée à deux de ses détracteurs, Denzin et Keller, lui reprochant précisément son manque de sensibilité à la psychologie individuelle et au sens subjectif :

> Les individus auxquels j'ai affaire n'inventent pas le monde du jeu d'échecs chaque fois qu'ils s'assoient pour jouer. (...) Quelles que soient les singularités de leurs motivations et de leurs interprétations, ils doivent,

1. Voir G. W. H. Smith, « Enacted Others : Specifying Goffman's Phenomenological Omissions and Sociological Accomplishments », *Human Studies*, vol. 28, 2006, p. 55.

2. E. Goffman, *Les cadres de l'expérience*, *op. cit.*, p. 19.

3. *Ibid.*, p. 9.

pour participer, s'insérer dans un format standard d'activité et de raisonnement qui les fait agir comme ils agissent[1].

Ainsi *Les cadres de l'expérience* apparaissent-ils bel et bien comme l'exploration de la terre inconnue du territoire de l'interaction – les conditions de possibilité de son déroulement –, se déployant depuis les régions avoisinantes (l'externalisation de l'esprit et de la signification dans la conduite, opérée par le pragmatisme) et non depuis une aire géographique appartenant à un autre territoire, la psychologie individuelle, dont l'accès a été barré par les différentes recompositions notionnelles opérées par le jeu des énoncés discursifs précédemment étudiés. Goffman rencontre la question de l'expérience et de notre constitution du sens de la réalité, en tentant de dépasser une difficulté immanente au discours de l'interaction, héritée des aléas de sa constitution, ce qui le conduit à renouveler son appareil conceptuel et à fournir une contribution décisive à la psychologie sociale et à la manière dont elle doit s'entendre.

Selon lui, les cadres constituent les « éléments de base »[2] de la définition de la situation, entendons les principes sociaux et objectifs d'organisation des situations et de la manière dont nous les prenons en compte, qui doivent, à ce titre, être abordés comme des entités institutionnalisées. Ils se présentent comme les schèmes organisateurs non seulement de la situation perçue mais également de notre perception de la situation, la seconde étant bien évidemment étroitement articulée à la première, même si des décalages demeurent toujours possibles, lors des erreurs, gaffes, malentendus et autres accidents interactionnels infatigablement traqués par Goffman. La structuration de la place dans laquelle nous nous trouvons oriente notre appréhension et notre comportement. Elle nous fournit un modèle pour l'interpréter au double sens du terme : comprendre ce qui s'y passe et y agir de manière pertinente. La nature sociale, matérielle, cognitive et pratique de ce que l'on peut nommer à la suite d'Isaac Joseph des « dispositifs » « d'attribution de sens »[3], peut s'analyser de manière parallèle à celle des formes *a priori* simmeliennes organisant non seulement la conscience unifiante de certains éléments mais aussi les éléments unifiés dont on a conscience[4], à cette différence près, écart majeur, que Goffman

1. E. Goffman, « Réplique à Denzin et Keller », *in* I. Joseph *et alii* (éd.), *Le parler frais d'Erving Goffman*, *op. cit.*, p. 307.

2. E. Goffman, *Les cadres de l'expérience*, *op. cit.*, p. 140.

3. I. Joseph, *Erving Goffman et la microsociologie*, Paris, P.U.F., 1998, p. 65.

4. Voir G. Simmel, « Comment la société est-elle possible ? », *Sociologie* (1908), *op. cit.*, p. 63 *sq.*

réduit la conscience à l'engagement dans la situation et au degré de notre attention. Il poursuit par là même le mouvement d'externalisation de l'esprit dans la conduite, entamé par le pragmatisme qui radicalisait l'analyse humienne s'arrêtant, elle-même, à mi-course. En effet, alors qu'elle comprenait la subjectivité comme une construction élaborée dans une relation intersubjective physique, elle maintenait, de manière paradoxale, une sphère mentale interne dont la nature demeurait ambiguë. Dans sa « Réplique à Denzin et Keller », Goffman insiste sur le fait que le cadrage ne s'identifie pas à un processus psychologique mais qu'il « est inhérent à l'organisation des événements et de la connaissance »[1], ce qui signifie bien que cette dernière n'est pas psychologique. Les cadres apparaissent ainsi à même de rendre compte des conditions de possibilité de l'interaction en éclairant le partage d'un vocabulaire et d'une syntaxe commune dans un contexte donné, sans braver l'interdit pragmatiste.

De manière fondamentale, Goffman distingue les cadres primaires des cadres secondaires, en définissant les premiers comme ce « qui nous permet, dans une situation donnée, d'accorder du sens à tel ou tel de ses aspects, lequel autrement serait dépourvu de signification »[2]. Garantissant la saisie de ce qui se passe ici et maintenant dans le cas d'activités franches, ils offrent une compréhension littérale des exigences de la situation et une interprétation sans réserve. Ils désignent donc un principe d'organisation de la situation et de l'expérience, dépourvu d'ambiguïté, comprenant deux classes principales, les cadres naturels et les cadres sociaux. Les premiers « permettent d'identifier des occurrences qui ne sont pas ordonnées ou orientées, qui ne sont pas pilotées ou animées, qui sont "purement physiques" »[3], tandis que les seconds structurent les événements dans lesquels se manifestent une volonté et un objectif. Nous ne sommes pas ici dans le jeu, la duperie, la contrefaçon ou la parodie, mais dans une situation à prendre au pied de la lettre, se donnant pour ce qu'elle est.

La référence à la célèbre analyse consacrée par l'anthropologue et théoricien de la communication, Gregory Bateson, aux singes jouant à se battre[4] vient compliquer ce développement en confirmant ce que d'autres textes avaient déjà soulevé : des activités semblables dans leur

1. E. Goffman, « Réplique à Denzin et Keller », *in* I. Joseph *et alii* (éd.), *Le parler frais d'Erving Goffman*, *op. cit.*, p. 310.

2. E. Goffman, *Les cadres de l'expérience*, *op. cit.*, p. 30.

3. *Ibid.*

4. Voir G. Bateson, « Une théorie du jeu et du fantasme », *Vers une écologie de l'esprit* (1972), trad. fr. F. Drosso, L. Lot et E. Simion, Paris, Seuil, 1977, vol. 1, p. 208-224.

déroulement physique peuvent être cadrées différemment et n'avoir pas véritablement lieu, alors même que l'action s'y déroulant est littéralement accomplie. De la même manière que des singes peuvent s'attaquer « pour de faux », les hommes ont la possibilité de transformer le sens immédiat d'une situation, en le modalisant. Ils peuvent imiter, jouer, mettre en scène, imaginer, répéter, etc. Mais ce, dans la mesure où ils suivent les règles du jeu permettant à chacun de comprendre la variation effectuée. Ce dernier point apparaît décisif dans l'analyse goffmanienne pour comprendre l'originalité de sa perspective : rompant avec Bateson, le sociologue ne considère pas les modalisations du cadrage comme des invention *ex nihilo* d'une situation inédite ou des variations arbitraires d'une situation donnée, fixées de manière métacommunicationnelle par les interactants, mais comme « un ensemble de conventions par lequel une activité donnée, déjà pourvue d'un sens par l'application d'un cadre primaire, se transforme en une autre activité qui prend la première pour modèle mais que les autres participants regardent comme sensiblement différente »[1]. Ainsi le cadre social d'un mariage peut-il être modalisé de différentes manières, répétition la veille du grand jour pour s'assurer que tout se passera bien et que rien n'a été laissé dans l'ombre, représentation théâtrale, ou encore jeu, mais cette modalisation s'effectue toujours d'une manière réglée, conventionnelle et préexistant aux variations.

Dans ces conditions, l'interprétation d'une activité modalisée se fait normalement sans difficulté : elle implique une perspective commune de la part des interactants reposant sur les indices fournis par la situation. Une modalisation peut alors être dite franche au même titre qu'une activité non transformée, c'est-à-dire une activité qui se déroule dans un cadre primaire dont les bords sont perceptibles par toutes les parties prenantes. Les spectateurs d'une pièce ne sont habituellement pas dupes du caractère fictif de ce qui est joué. Il en va tout autrement avec le second type de vulnérabilité transformationnelle, les fabrications, à savoir « les efforts délibérés, individuels ou collectifs, pour fausser une activité et produire une croyance erronée chez un individu ou un groupe sur ce qui est en train de se passer »[2]. Dans ce cas, les interactants ne partagent pas la même perspective d'interprétation. Les agents à l'origine de la manipulation savent que la situation se donne pour ce qu'elle n'est pas, alors que les dupés croient qu'elle est vraie. Ils tiennent la situation fabriquée pour réelle, se trompant sur ses indices et s'engagent dans celle-ci sans retenue. Les modalisations et les

1. E. Goffman, *Les cadres de l'expérience*, *op. cit.*, p. 52.

2. *Ibid.*, p. 93, trad. mod.

fabrications soulignent la stratification de la réalité et de l'expérience : le cadrage d'une situation apparaît comme un enchâssement de structures de contraintes englobantes, dont seule l'ultime frange donne la signification. Le feuilletage dont parle Goffman apparaît pyramidal et les règles de transformation dynamiques.

Structure de contraintes commandant notre interprétation, le cadre organise l'action qui se déroule en son sein. La ressource cognitive corrélée aux ressources écologiques, physiques et sociales de la situation, apparaît donc également comme une réserve d'attentes et de modèles d'actions permettant de s'engager et de participer à la situation[1]. De la sorte, Goffman articule, de manière étroite, la situation, l'interprétation et l'action, en faisant de la seconde notion le lien entre les deux autres, mais sans postuler pour autant un registre mental distinct du registre physique, qu'il soit situationnel ou pratique. Il s'agit bien pour lui de répondre au problème de l'explication de la coordination et de l'ajustement des comportements à l'intérieur du cadre processuel dessiné par le pragmatisme dont il ne peut sortir : si l'on peut poser un sens commun qui apparaisse dans le même temps comme un sens pratique, il n'est pas logé à l'intérieur de la boîte noire de la conscience individuelle mais dans l'organisation même de la situation expérimentée. Les cadres participent donc de l'institution d'une réalité objective[2] par l'interprétation que nous faisons des situations. Notre expérience constitue le support du social pour autant qu'elle soit structurée par lui. À ce titre, elle est un phénomène social et non psychologique, une disposition de la situation et non de l'intériorité, justiciable d'une observation extérieure selon la méthode naturaliste prônée par Goffman. Opérant ainsi à la manière de Durkheim qui annexait la psychologie dans le champ de la sociologie[3], l'interactionnisme goffmanien en vient à élargir considérablement le champ des objets dont il est susceptible de traiter, tout en maintenant un regard myope sur les situations en face-à-face.

1. Sur ce point, voir D. Cefaï, « Type, typicalité, typification », *in* B. Fradin, L. Quéré et J. Widmer (éd.), *L'enquête sur les catégories*, *Raisons pratiques*, n° 5, 1994, p. 105-128.

2. Voir E. Goffman, *L'arrangement des sexes* (1977), trad. fr. H. Maury, Paris, La Dispute, 2002, p. 88 *sq*. Voir également P. Bourdieu, « À propos de la famille comme catégorie réalisée », *Actes de la recherche en science sociales*, n° 100, 1993, p. 32-36.

3. Voir notamment É. Durkheim, « Représentations individuelles, représentations collectives », *Sociologie et Philosophie*, *op. cit.*, p. 1-48.

### *La condition de félicité*

Si Goffman ne s'intéresse nullement à la constitution des cadres dans la conscience subjective et s'il insiste sur leur dimension objective et immanente à la situation, son explication du processus de l'interaction peut néanmoins encore être approfondie dans la perspective qui est la sienne. *Façons de parler* poursuit la démarche initiée par *Les cadres de l'expérience* en mettant en évidence une capacité cognitive impersonnelle, logée au cœur même de la conscience individuelle, celle de se mettre à la place de l'autre, de manière à prendre en compte ses attentes dans lesquelles s'expriment les exigences de la situation. Autrement dit, est présente dans l'esprit individuel la capacité à se décentrer en se projetant hors de soi pour former un *self*. Par là même, la sympathie humienne se voit réactivée mais de manière conforme aux inflexions peu à peu infligées au discours des sentiments moraux : elle apparaît moins comme un principe de mise en relation psychologique, supposant l'intériorisation des états mentaux d'autrui, que comme un principe de mise en relation entre des attitudes, supposant l'externalisation des attentes dans nos gestes et nos mots.

Goffman souligne dans *Façons de parler* l'exigence de prendre en compte l'esprit d'autrui dans toute interaction, c'est-à-dire de s'intéresser à « sa capacité à lire dans nos mots et nos gestes les signes de nos sentiments, de nos pensées et de nos intentions »[1], et parle d'empathie à ce titre. Cette dénomination moderne de la sympathie humienne se voit précisée ainsi : il s'agit de la façon acceptable de se relier « à ce que le récipiendaire a à l'esprit ou peut y faire venir »[2], de manière à constituer un « foyer d'attention commune » « qui n'est manifestement le fait d'aucun des témoins, lesquels se voient mutuellement en être témoin, si bien que l'événement a ainsi le pouvoir de plonger dans une rencontre sociale momentanée des personnes qui n'étaient pas jusqu'alors dans l'état de se parler »[3]. Ainsi « ce que le récipiendaire a à l'esprit » ne doit-il pas être compris comme ce qu'il a dans l'esprit mais comme une information partagée s'exprimant dans l'entre-deux de la relation.

Reste à savoir ce qui est précisément mis en commun par cette relation, c'est-à-dire la teneur de l'information partagée. Le dernier article de Goffman, « La condition de félicité », approfondit ce point en élucidant les différents savoirs implicites que les interactants doivent partager pour

1. E. Goffman, *Façons de parler*, *op. cit.*, p. 271.
2. *Ibid.*, p. 270.
3. *Ibid.*, p. 80.

nouer une interaction. Pour cela, ils doivent être capables de se mettre d'accord sur la définition de la situation en opérant un cadrage correct. Goffman qualifie ces savoirs de présuppositions, d'hypothèses ou encore d'attentes d'arrière-plan, autrement dit d'«état(s) de choses qu'on tient pour acquis en même temps qu'on se livre à une activité»[1]. Ces présuppositions sont mobilisées le plus souvent de manière implicite, et l'on ne s'en rend compte que lors des crises et caprices de la vie en commun. De nature sociale, elles sont partagées par les autres participants de l'interaction et s'expriment dans la conduite.

Goffman distingue quatre «données» présentes à l'esprit des personnes dans le cas des interactions conversationnelles, tout en précisant que cette analyse est susceptible d'être élargie aux interactions non verbales :

1. *Le texte antérieur*. Tout énoncé présuppose des énoncés antérieurs par l'emploi d'anaphoriques, ou un passé commun. Dans une conversation, on présuppose ainsi un certain nombre de choses auquel on fait sans cesse référence et dont on informera au besoin les nouveaux arrivants. Une conversation peut de la sorte être interrompue par un aparté pour mettre un tiers au courant de ce dont il est question. Goffman examine dans cette perspective une assertion triviale : «je suis allé voir un film hier soir, mais je ne l'ai pas aimé». Le «mais» présuppose que la personne proférant cette phrase s'attendait à être distraite par le film et qu'elle pense que la personne à qui elle s'adresse pense de même. Le «l'» (je ne *l'*ai pas aimé) réfère à quelque chose de mentionné dans le texte immédiatement antérieur, le film : il s'agit donc d'une expression anaphorique.

2. *L'environnement immédiat*. Les objets et les événements à portée immédiate des participants sont supposés être vus, mentionnables et rappelables par tous les participants. Cet ensemble autorise l'emploi de pronoms déictiques. Ainsi une phrase aussi banale que celle analysée par Goffman, «comment as-tu trouvé le film hier soir?», emploie le pronom «tu» comme substitut d'une désignation moins commode, parce que l'antécédent est présent physiquement et comprendra que c'est bien à lui que l'on s'adresse.

3. *Les connaissances importées*. Goffman emprunte cette notion aux *Studies in Ethnomethodology* de Garfinkel, désignant par là «ce que chaque locuteur présuppose que ses auditeurs connaissaient du monde et

1. *Ibid.*, p. 205.

de sa marche avant que le rassemblement conversationnel n'ait lieu, et qu'ils seront capables d'avoir à l'esprit »[1]. C'est grâce à cette supposition sur la nature et la qualité de l'information disponible par la personne à qui je m'adresse que je peux faire des sous-entendus. Ces informations importées ont plusieurs dimensions : ce dont je suis sûr que l'autre sait, dans la mesure où j'ai été témoin de son apprentissage, ce que je suppose su par l'autre sur la base d'une probabilité inférentielle (lorsque je vais voir un médecin, je suppose qu'il va me comprendre sans plus d'explication, si je lui dis que je souffre d'une rupture de la coiffe du sus-épineux de l'épaule droite, ou encore un adulte suppose que son interlocuteur est au courant des affaires politiques et qu'il peut parler par exemple de l'affaire Cahuzac sans avoir à s'expliquer plus avant), ce que je suppose que l'autre a l'intention de faire par examen de la cohérence discursive (l'on présuppose que l'énoncé d'une action habituellement liée à une autre indique l'intention d'accomplir la deuxième action. Par exemple, lorsqu'un client demande par téléphone à un restaurateur s'il accepte les cartes bleues, ce dernier pense que le client a l'intention de venir manger chez lui et ne veut pas simplement s'enquérir, pour le plaisir, de la possibilité des moyens de paiement).

4. *Les normes morales de considération*. Goffman les rattache à ce que Hymes nomme « la compétence communicationnelle »[2]. Il s'agit des présuppositions qui portent sur la manière dont l'autre doit se comporter.

> Par exemple, John va supposer que, dès lors qu'il suit les conventions établies pour sommer quelqu'un de parler, cette personne se laissera sommer : qu'une fois installée dans la conversation, elle lui accordera son attention ; qu'elle le laissera terminer son tour de parole sans l'interrompre « indûment » et ne prendra le sien que quand le tour précédent le permet ou l'exige ; que la topicalité sera respectée ; que, la rencontre étant près de finir, toutes les parties en seront averties en temps utile ; et ainsi de suite[3].

L'on peut donc dresser une typologie des présuppositions exigées dans une interaction verbale en distinguant un texte antérieur, des objets constituant un environnement immédiat, une connaissance importée mais aussi des normes de conduite. Elles forment un savoir commun partagé par les interactants. Chacun est conscient qu'il est possédé par l'autre et

1. E. Goffman, *Façons de parler*, *op. cit.*, p. 228.

2. Voir D. H. Hymes, *Vers la compétence de communication* (1972), trad. fr. F. Mugier, Paris, Hatier, 1984, p. 47.

3. E. Goffman, *Façons de parler*, *op. cit.*, p. 234.

autorise, à ce titre, la même interprétation de la situation en cours. La manifestation de ce savoir commun est identifiée à la santé d'esprit et assure la bonne marche de l'interaction.

De manière remarquable, Goffman n'en reste cependant pas à la caractérisation de ce savoir commun mais en dégage la contrainte générale, en insistant sur la dimension *in fine* physique de cette information : dans toute interaction, il faut livrer à l'autre l'information dont il a besoin pour interpréter la situation et ses exigences, de manière à « rendre notre comportement compréhensible et pertinent, compte tenu des événements tels que l'autre va sûrement percevoir »[1]. Les informations présupposées n'ont de sens et ne trouvent place que dans la constitution et le maintien d'un foyer d'attention commun permettant d'agir de manière significative pour l'autre, ce que Goffman exprime précisément dans son texte testamentaire « L'ordre de l'interaction » :

> Au centre même de la vie interactionnelle, on trouve la relation cognitive que nous avons avec ceux qui sont au-devant de nous ; et sans cette relation, notre *activité* comportementale et verbale ne pourrait être organisée de manière signifiante. Bien que cette relation cognitive puisse être modifiée au cours d'un contact social et qu'elle le soit régulièrement, la relation elle-même est extra-situationnelle, puisqu'elle est constituée par l'information que chaque membre d'une paire de personnes possède à propos de l'information que l'autre possède sur le monde, et par l'information qu'il a (ou n'a pas) à propos de la possession de cette information[2].

Ainsi Goffman met-il bel et bien en évidence, dans la seconde partie de son œuvre, la condition de possibilité de l'interaction permettant de comprendre, dans les termes mêmes du discours scientifique qui est le sien, la capacité à saisir les exigences du contexte et à les mettre en œuvre dans son comportement pour être significatif. Elle repose en dernière instance sur l'aptitude à prendre en compte les attentes d'autrui pour constituer un foyer d'attention commun ordonnant le déroulement de notre action. S'il fait intervenir une relation cognitive et qu'il précise son caractère extra-situationnel pour autant qu'elle permette l'interprétation des situations, cette indépendance à l'égard de la situation ne doit pas être rattachée à une compétence psychologique individuelle. Capacité présidant à la prise de rôle et à l'élaboration du *self*, elle appartient bien plutôt à une strate impersonnelle et prépersonnelle de l'organisation de l'expérience se

1. *Ibid.*, p. 271.

2. E. Goffman, « L'ordre de l'interaction », *Les moments et leurs hommes*, *op. cit.*, p. 197, souligné par nous.

manifestant et se maintenant dans le foyer externe et commun d'attention éclairant la situation. Une intelligence du dehors au dehors. Ainsi Goffman rend-il bien compte de l'interaction en impliquant au sens fort, c'est-à-dire en incluant, le cognitif dans le situationnel, dans la mesure où il se loge dans l'espace physique d'attention qui surgit au cours des relations intersubjectives.

Le discours scientifique de l'interaction atteint par là même son seuil de formalisation, selon le vocabulaire de *L'archéologie du savoir*. Pour expliquer le fonctionnement de l'objet isolé dans le champ des phénomènes, sans se contenter de proposer une classification des différents ingrédients entrant en jeu dans son processus, mais en en rendant compte de manière cohérente avec les autres régions notionnelles du nouveau territoire dessiné, il se voit amené à forger un appareil conceptuel absent des archives le précédant, autour des notions de cadres et d'expérience. L'évacuation de la dimension épistémologique de la sympathie se voit palliée par le recours à une relation cognitive constituant dans l'entre-deux des corps des participants un espace où les cadres objectifs de la situation peuvent être mobilisés pour structurer son interprétation. Mettant au jour les conditions de constitution du discours de l'interaction, ses hybridations conceptuelles et la nécessité de résoudre les problèmes résultant de cette reconfiguration, l'archéologie de l'interaction permet ainsi de prendre la pleine mesure de la transformation de la sympathie humienne. Initialement principe psychologique, elle devient principe cognitif.

CHAPITRE III

# PENSER LE CHANGEMENT SOCIAL

Franchissant un seuil de formalisation dans les textes goffmaniens, le ou plutôt les discours de la sympathie se voient ainsi amenés à déployer, à partir d'eux-mêmes, « l'édifice formel » qu'ils « constituent », autrement dit à embrasser et résoudre les questions théoriques suscitées par leur systématisation en inventant de nouveaux concepts. Créatif et méthodique, le savoir interactionnel resserre son domaine d'investigation sur les rencontres en public et conduit par là même les archives précédentes vers des centres d'intérêt qu'elles ignoraient. En effet, puisque la condition de possibilité de l'interaction ne peut être identifiée à des opérations psychologiques telles que Hume les décrivait dans le livre II du *Traité de la nature humaine*, et se comprend à partir des cadres et d'une relation cognitive impersonnelle et prépersonnelle, le savoir interactionnel est conduit à poser des questions, sinon étrangères, du moins peu développées, dans les différents énoncés le précédant : celles de l'attention que l'on prête à la situation, de son interprétation, et donc des déplacements de significations et de comportements.

L'approfondissement et l'infléchissement des différentes formations discursives entraînent peu à peu l'interactionnisme à envisager non seulement une communication non subjective entre les différentes entités humaines ou physiques composant la situation, mais également un brouillage, voire une contestation de l'information transmise dans cette communication, c'est-à-dire du positionnement socialement adéquat. En effet, si la communication se voit assurée par l'instauration d'un foyer d'attention commun entre les différents interactants, ce dernier peut éclairer des éléments qui ne méritent pas d'être pris en compte ou sont considérés comme tels. Autrement dit, dans la sociologie interactionniste, les discours de la sympathie, de l'imitation et de la communication rencontrent une question décisive de la théorie sociale, celle de la possibilité du changement des mœurs et des institutions alors qu'elles obéissent à des normes, et lui apportent des éléments de réponse aussi novateurs que stimulants.

Il importe de bien saisir que cette contribution de l'interactionnisme à l'édifice du savoir, donnant à connaître un domaine du réel par le jeu de ses concepts et de ses méthodes, ne surgit pas *ex nihilo* mais s'enracine dans les territoires archéologiques qui l'ont précédé. La sociologie interactionniste ne rencontre et ne résout la question des variations et des modifications de l'ordre social que dans la mesure où les problèmes, notamment épistémologiques, posés par les différents seuils et ruptures affectant la sympathie, la conduisent à inventer la réponse à des difficultés qu'elle ne peut surmonter avec les notions antérieures. Elle en vient ainsi à embrasser des perspectives inédites, poursuivies par ses héritiers. En effet, de manière tout à fait remarquable, preuve qu'elle constitue bien un savoir méthodique, la sociologie interactionniste déborde largement l'œuvre de Goffman dans laquelle elle s'est systématisée. La question de la modification des attentes situationnelles abordée de manière explicite dans ses textes, notamment *Asiles*, continue d'être approfondie dans d'autres enquêtes revendiquant leur filiation avec cette dernière, aussi bien les études féministes que la sociologie politique, et plus particulièrement l'étude des mobilisations collectives, en passant par l'ethnographie de l'espace public. L'interactionnisme rejoue, dans une tonalité autre que celle de la philosophie des sentiments moraux, la partition de la dimension morale et politique de la vie ordinaire.

## INTERPRÉTATION ET ATTENTION

La nécessité de rendre compte de la communication à l'œuvre dans l'interaction, sans se contenter d'en prendre acte et sans transgresser l'interdiction pragmatiste de recourir à une psychologie dualiste, permet à la sociologie interactionniste de contourner un de ses risques inhérents que certains commentateurs continuent pourtant de lui reprocher[1] : une appréhension statique de l'ordre social. En effet, si la communication entre les

1. Voir notamment R. Sennett, « Two on the Aisle », *in* G. A. Fine et G. W. H. Smith (ed.), *Erving Goffman*, *op. cit.*, vol. 1, p. 320-328.

différentes entités composant la situation s'effectuait de manière mécanique et automatique sans une activité de cadrage, les exigences sociales se répèteraient de manière immuable. Chaque situation prescrirait de manière autoritaire le comportement adéquat qui serait immanquablement incarné par les acteurs, de telle sorte qu'il faudrait, en vérité, moins parler de communication que d'imprégnation despotique où l'interactant serait, en réalité, un simple interpatient modelé par des normes qui le dépassent. Tel est le sens de la critique que lui adresse notamment Harold Garfinkel dans ses *Recherches en ethnométhodologie*[1] à propos du cas du transsexuel Agnès sur lequel nous reviendrons.

*Les cadres de l'expérience* qui insistent sur l'organisation de l'expérience individuelle de la scène sociale, permettent aisément d'invalider cette interprétation, en explicitant une perspective théorique présente dès les premières œuvres de Goffman. Envisager les relations intersubjectives sous l'angle de la communication, comme les formations discursives précédentes invitaient à le faire, implique nécessairement de prendre en compte une activité et une temporalité dans l'échange d'informations introduisant du jeu en son sein. Le dialogue physique des rencontres peut éventuellement contribuer à faire évoluer l'ordre de l'interaction. Qu'il soit systématique et contraignant ne le réduit pas pour autant à une syntaxe monotone. L'ordonnancement n'empêche ni la vitalité ni les variations.

### *Le contre-sens d'Harold Garfinkel*

La critique de l'interactionnisme à laquelle se livre Garfinkel dans « "Passer" ou l'accomplissement du statut sexuel chez une personne "intersexuée" », étude plus connue sous le nom « Le cas Agnès »[2], accrédite l'idée d'un interactionnisme comprenant de manière rigide les normes sociales que les agents, réduits au statut de simple marionnettes, mettraient en œuvre de manière mécanique. Cette analyse s'avère instructive dans la mesure où elle révèle en creux toute l'importance de la perspective communicationnelle et interprétative de Goffman pour saisir l'originalité de sa compréhension de la normativité sociale.

Agnès, sujet de l'étude de Garfinkel, est née avec un pénis, tout en possédant des formes et une pilosité conformes au type féminin. Considérée de sexe masculin à sa naissance, elle se sent pourtant femme,

1. H. Garfinkel, *Recherches en ethnométhodologie* (1967), trad. fr. coordonnée par M. Barthélémy et L. Quéré, Paris, P.U.F., 2007.

2. *Ibid.*, p. 203-296.

exprimant, ce faisant, un *hiatus* entre l'assignation sexuelle officielle et celle vécue. Loin de vouloir devenir femme, perspective absurde – selon elle – puisqu'elle l'est déjà, elle souhaite simplement que l'on supprime l'appendice surnuméraire que la nature lui a administré par une générosité absurde et qu'on la dote de ce qu'elle aurait dû avoir naturellement : un vagin. « J'ai toujours été une fille », déclarait-elle aux médecins pour appuyer sa demande d'une intervention artificielle destinée à lui permettre de réaliser sa véritable nature. Une fois l'opération réalisée, Agnès ne se considère donc nullement comme un transsexuel qui, selon elle, est une curiosité, une exception, une bizarrerie, mais comme la femme qu'elle a toujours été, ayant enfin récupéré l'organe qu'elle aurait toujours dû posséder. Bien entendu, un tel *passage*, selon le titre même de l'étude, ne va pas sans difficulté : alors qu'Agnès possède une biographie de garçon, elle doit sans cesse produire les apparences d'une femme « normale », c'est-à-dire d'une femme ayant toujours été considérée comme telle par les autres. Or, l'étude de Garfinkel montre qu'Agnès ne joue nullement à être une femme, c'est-à-dire qu'elle ne se réfère pas à un modèle établi au préalable qui lui dirait comment se comporter, qui lui fournirait les règles du jeu. La conduite pertinente se voit découverte à nouveaux frais dans chaque situation où se trouve Agnès : elle est accomplie et validée intersubjectivement dans un processus d'élaboration du sens qui se rejoue à chaque occasion. Il n'existe pas de script idéal qu'Agnès pourrait se contenter de suivre de manière mécanique. Autrement dit, le modèle n'existe pas dans une quelconque strate de la réalité sociale, en dehors de son accomplissement temporel et précaire. Élargissant son analyse, Garfinkel considère le cas Agnès comme un miroir grossissant de nos conduites : nous ne nous référons pas pour agir à des paradigmes extérieurs existant indépendamment de nous, mais nous produisons, reconnaissons et maintenons l'ordre et l'intelligibilité du monde social par des opérations réglées normativement que nous accomplissons les uns avec les autres dans le cours de l'action, pour rendre nos conduites observables et descriptibles.

Dans cette perspective, Garfinkel critique implicitement la pertinence de la notion goffmanienne de rôle développée dans *La présentation de soi* et le modèle du jeu déployé dans *Strategic Interaction :* c'est parce qu'Agnès n'a pas une conception déterminée de ce qu'est une femme normale que son comportement ne peut être analysé comme une conduite délimitée par les règles du modèle, qui impliqueraient la connaissance des risques inhérents au jeu et la mise en place de stratégies pour les anticiper. Autrement dit, il considère que la compréhension goffmanienne de l'interaction à partir de la prise en compte des exigences de la situation nous imposant de jouer tel ou tel rôle et pouvant nous amener à déployer différentes stratégies pour mettre en adéquation notre comportement avec ce dernier, ne rend compte ni de la processualité ni de la labilité des relations sociales. Selon Garfinkel, l'analyse interactionniste figerait l'ordre social en le considérant comme un système transcendant les individus, qui s'incarnerait dans leurs actions de manière mécanique, despotique et répétitive, alors qu'il n'existe qu'en train de s'accomplir dans la conduite effective des agents.

Le caractère passionnant de l'étude de cas de Garfinkel ne doit cependant pas masquer les limites de son diagnostic de l'œuvre de Goffman, omettant l'articulation, en son sein, de la notion de modèle à celle de situation[1], et méconnaissant la perspective dialogique qui parcourt les archives de l'interactionnisme depuis la science de la nature humaine jusqu'au pragmatisme. C'est parce que le modèle est toujours interprété dans une situation qui transmet une information en demandant une réponse, qu'il n'existe pas de détermination mécanique de nos comportements. La sociologie de Goffman se tient dans cet entre-deux précaire mais stimulant, où la pertinence de l'expression «contrôle social» n'empêche la prise en compte ni de la séquentialité ni de la production concrète de la régulation.

Alors même que *Les cadres de l'expérience* montrent de manière magistrale la nécessaire interprétation du modèle en insistant sur les ajustements, les erreurs et les changements de perspective, Goffman mettait en évidence cette articulation entre modèle et situation dès *Les relations en public*, en 1971. Dans le chapitre IV, il commence par brosser une analyse on ne peut plus traditionnelle des échanges rituels comme relevant de l'idéologie morale officielle qui définit les attributs personnels convenables que les hommes et les femmes doivent arborer dans leurs rapports en

1. Un autre problème tient au statut que joue dans la propre explication de Garfinkel le rôle de la femme naturelle et normale, envisagé comme objet fixé pour toujours (*ascribed object*). En effet, si le comportement d'Agnès n'est pas déterminé, il n'en est pas moins guidé par l'idée que se fait Agnès de ce qu'est une femme normale. Or, «normal» signifie «en accord avec les mœurs» (voir H. Garfinkel, *Recherches en ethnométhodologie*, *op. cit.*, p. 213) : de fait, il apparaît légitime de se demander si Garfinkel échappe à toute perspective d'intériorisation des mœurs par imprégnation culturelle. Bien qu'Agnès ne sache pas avant d'en parler avec Bill, son petit ami, comment une femme doit se comporter à l'occasion d'un pique-nique, il n'empêche qu'elle incarne dans son comportement des stéréotypes du féminin : elle porte de longs cheveux blonds, se fait les ongles, adore faire des régimes et s'épanouit dans son travail de dactylo.

face-à-face. Ces attributs constituent, selon lui, le « fond commun de croyances qui unit les sociétés occidentales », c'est-à-dire un ensemble de « traditions morales »[1]. Les corpus de parades sont qualifiés de données culturelles, auxquelles l'application du terme d'intériorisation semblerait pertinent[2]. Si Goffman s'en tenait là, l'interactionnisme tomberait effectivement sous le coup de la critique de Garfinkel. Or, il prend soin de donner un coup de gouvernail qui fait toute l'originalité de sa sociologie :

> Armé de cette science primitive, l'individu se retrouve non pas tant avec *un guide pour l'action* (quoiqu'il soit probable que c'en soit un à l'occasion) *qu'avec un guide pour l'attention*, un guide qui lui indique ce qui est à voir dans une situation particulière et, par suite, ce vis-à-vis de quoi il pourrait bien être avisé de prendre une position, soit pour offrir une justification, des excuses ou un prétexte, soit pour imiter ou contrefaire, soit pour passer méprisant[3].

Loin d'être appliqué directement à la situation, le modèle l'est par une médiation cognitive qu'est l'attention : il faut prendre garde à la situation. Autrement dit, le paradigme s'avère toujours trop pataud et grossier par rapport à la texture fine et subtile de la situation qui interpelle les interactants en leur demandant une réponse pertinente contextualisée. Seule l'interprétation des agents engagés dans la situation se révèle à même de réaliser la jonction entre modèle et situation. Comment jouer le rôle en fonction des exigences propres à la scène sur laquelle on évolue ? Telle est la question décisive. Dès 1961, dans « Role Distance », Goffman développait l'idée selon laquelle le rôle ne s'identifie pas à son interprétation (*performance*) et insistait sur le fossé entre les deux[4]. Dans ces conditions, il convient de distinguer la validation du rôle (*role-validation*) et l'engagement dans le rôle (*role-commitment*), selon la distinction des *Relations en public* empruntée par Goffman au sociologue américain Kai T. Erikson. Alors que la validation du rôle s'effectue quand la communauté donne à l'individu certaines attentes à combler, en même temps qu'une idée précise de la conduite qu'elle estime appropriée pour lui, l'engagement dans le rôle

1. E. Goffman, *Les relations en public*, *op. cit.*, p. 178.

2. Voir E. Goffman, *Stigmate*, *op. cit.*, p. 150, trad. mod, souligné par nous : « On peut admettre que l'une des conditions nécessaires de la vie sociale est le partage par tous les intéressés d'un ensemble unique d'attentes normatives, de normes soutenues en partie parce qu'elles sont *incorporées*. »

3. E. Goffman, *Les relations en public*, *op. cit.*, p. 179, souligné par nous.

4. Voir E. Goffman, « Role Distance », *Encounters: Two Studies in the Sociology of Interaction*, *op. cit.*, p. 93. Ce faisant, Goffman prend ses distances avec la *role analysis* de l'anthropologue Ralph Linton en la complexifiant (voir *ibid.*, p. 91-95).

apparaît comme le processus complémentaire et nécessaire par lequel l'individu fait siens certains styles de comportement[1]. Le rôle ne peut être validé sans cette appropriation personnelle. La conduite concrète dans sa complexité ne se réduit jamais à la simple application monotone et répétitive d'un modèle idéal : l'individu n'est pas un petit soldat de bois mais un interlocuteur comprenant, répondant et peut-être même contestant les exigences sociales.

Cette activité à l'œuvre dans l'interaction se manifestant dans des procédures d'attribution du sens et d'anticipation de ce qui est attendu rend compte de la vulnérabilité de l'ordre de l'interaction. Il est le lieu des gaffes et des bourdes parce que les situations sont problématiques, ambiguës, plurivoques et que nos propres réponses sont soumises à nos capacités. Dans chaque situation, il faut toujours se poser la question suivante : que se passe-t-il ici ? Il est bien beau de savoir qu'il faut laisser sa place aux personnes âgées dans le bus, cela ne nous dit pas ce qu'il faut faire quand on se trouve devant une personne d'une soixantaine d'années dans les transports en commun. La personne en question pourra se trouver fort vexée de la proposition. L'interprétation est affaire de tact et le tact n'est pas un ensemble de règles explicites mais objet d'appréciation. Il faudra ainsi faire attention au regard du passager : lorgne-t-il d'un air avide sur ma place, auquel cas je serai autorisé à la lui offrir, ou manifeste-t-il la plus parfaite indifférence, auquel cas ma proposition sera non seulement déplacée mais même offensante, comme une intrusion indue dans son intimité et une appréciation blessante de sa condition physique. Il faudra également que ma langue ne fourche pas au moment de lui proposer mon siège et que je parvienne à me lever sans déranger les autres personnes présentes. Rien ne nous dit de manière infaillible comment prendre en compte et comment répondre aux normes immanentes à la situation en fonction des exigences de la syntaxe de l'ordre de l'interaction.

Si la sociologie interactionniste en vient à déborder les enjeux des archives qui la précèdent, en abordant la question classique en théorie sociale de l'activité des individus dans un système normatif et en envisageant ainsi celle de la rupture des attentes et de leurs éventuelles modifications, il importe de comprendre que cette perspective analytique inédite est bel et bien rendue possible par le paradigme de la communication se déployant, non sans inflexions, depuis la philosophie des sentiments moraux jusqu'au pragmatisme en passant par la psychologie

1. Voir E. Goffman, *Les relations en public*, *op. cit.*, n. 4, p. 318. Cette référence est également présente dans « Role distance », *Encounters*, *op. cit.*, p. 90.

expérimentale et la microsociologie françaises. Le modèle, le rôle ou encore le script, suivant les différents termes employés par Goffman, ne peut s'appliquer de manière unilatérale, puisqu'il n'existe pas comme une réalité indépendante dont la localisation ontologique demeurerait problématique mais comme une information située demandant à être transmise, reçue et retournée sous la forme d'une réponse. L'échange de symboles immanent aux relations intersubjectives, présent dès le livre II du *Traité de la nature humaine* de Hume, garantit la possibilité d'une authentique activité au sein de l'ordre de l'interaction, pour autant que ces relations puissent se déployer avec des entités non humaines, sitôt qu'elles sont porteuses d'exigences sociales comme l'a montré le pragmatisme. Mais si l'analyse de l'évolution des mœurs n'est nullement absente de l'œuvre de Hume, comme en témoigne de manière magistrale la narration des différentes guerres civiles dans son *Histoire d'Angleterre*, notamment au XVIIe siècle[1], il n'en demeure pas moins qu'il ne peut aborder ce point dans le cadre d'une réflexion sur la normativité sociale, perspective étrangère à son territoire conceptuel. Ainsi la formalisation du discours de la sympathie dans celui de l'interaction doit-elle se comprendre comme une continuité innovante ou encore une mutation fidèle. L'interactionnisme se localise entre des territoires conceptuels qu'il n'a pas forgés en éclairant et en nommant, à partir d'eux, des terres intermédiaires, jusqu'alors inconnues, qui constituent sa contribution à la compréhension de la réalité. Il comble les vides de la carte qui s'est peu à peu dessinée en faisant de ces interstices ses propres espaces d'invention et d'investigation.

*Les leçons de la métaphore théâtrale*

Analysant l'activité des participants à l'interaction, Goffman rencontre la question du changement social à travers la prise au sérieux de ce qu'interpréter veut dire, parvenant par là même à mettre en évidence la condition de possibilité des variations de l'interaction, leur nature et la manière dont elles s'actualisent. En effet, la notion de « schèmes

1. Voir D. Hume, *Histoire d'Angleterre depuis l'invasion de Jules César jusqu'à la Révolution de 1688*, *op. cit.*, t. 9, p. 221 : « On ne trouvera chez aucun peuple un changement de caractère et de mœurs plus soudain et plus général que celui qu'on vit éprouver dans cette période à la nation anglaise. D'une profonde tranquillité, de la concorde, de la soumission et de la sagesse, elle passe tout d'un coup à l'état de faction, de fanatisme, de révolte et presque à la frénésie. » Voir également « De la règle du goût », *Essais et traités sur plusieurs sujets*, t. 1, *op. cit.*, p. 280.

interprétatifs» définissant les cadres de l'expérience[1] était déjà présente dans *La présentation de soi* par le biais d'une réflexion sur la performance théâtrale. Goffman n'hésite pas à présenter la capacité à comprendre et à donner des significations comme l'une des composantes essentielles de l'interaction : « À tout prendre, il faut donc voir que la sensibilité interprétative et le pouvoir discriminant des interactants sont extraordinaires »[2].

Corollaire de la notion de communication, l'interprétation parcourt toute son œuvre, unifiant les différents paradigmes pour produire ses propres résultats théoriques. Sa double dimension, à la fois mentale et physique, permet de ressaisir de manière synthétique les différentes opérations du sens commun impliqué dans l'interaction. L'interprétation peut, en effet, être non seulement qualifiée de mentale, dans la mesure où il s'agit de prêter attention aux attentes situationnelles, mais également de physique, dans la mesure où il convient de manifester dans son propre comportement leur prise en compte. Mais dans l'activité interprétative s'abolit également une autre frontière: celle entre l'individuel et le collectif, donnant toute son originalité à la théorie sociale dont l'interactionnisme est porteur. Bien qu'elle ait l'individu pour siège, l'interprétation le déborde en se déployant à partir de croyances et de significations collectivement partagées et en s'exerçant sur les pratiques structurées en rites sociaux qui supportent ces croyances.

Cette double ambiguïté de l'interprétation, mentale et physique, individuelle et sociale, donne à comprendre que les règles sociales soient à la fois une ressource mais aussi un produit des comportements individuels investis par le social: une ressource, puisque c'est la croyance dans leur caractère obligatoire, une situation étant donnée, qui sert de guide à l'individu pour agir, et un produit, puisqu'elles ne deviennent effectives qu'en étant mises en œuvre par les acteurs individuels. L'interprétation comme procédure active se situe donc en position médiane entre la croyance aux règles et leur effectivité. Elle leur donne orientation, tournure et forme. C'est précisément dans cet entre-deux que peut s'introduire le changement. La possibilité même de l'interprétation repose ainsi sur cet espace de jeu où les règles ne déterminent pas de manière mécanique leur mise en œuvre.

Bien que *Les cadres de l'expérience* fournissent l'analyse la plus aboutie de la notion, la métaphore théâtrale déployée dans *La présentation de soi* et dans «Role Distance», l'un des deux essais de *Encounters*, présente le double avantage non seulement de répondre de manière directe

1. E. Goffman, *Les cadres de l'expérience*, *op. cit.*, p. 30.
2. E. Goffman, *Les relations en public*, *op. cit.*, p. 148.

à la critique de Garfinkel en donnant à penser la complexité de la notion de rôle, mais aussi de fournir une clé d'entrée intuitive à la question du changement. En effet, la relative indépendance entre le texte que doivent jouer les comédiens et les contraintes inhérentes à la représentation théâtrale offre un modèle pertinent pour penser la manière dont les règles macrosociales sont mises en œuvre dans la situation interactionnelle. L'interprétation interactionnelle porte ainsi sur la modulation réciproque des règles macrosociales et de la syntaxe du *face-work* au sein d'une représentation[1]. Si l'interprétation peut être respectueuse des règles, elle peut être également subversive et modifier l'ordre social.

### *Le jeu entre la structure du* face-work *et les règles macrosociales*

La métaphore théâtrale utilisée par Goffman dans *La présentation de soi*, ainsi que dans «Role Distance», affiche moins pour objectif de s'inscrire dans la filiation des moralistes du XVIIe siècle en mettant en évidence le caractère illusoire et hypocrite de la vie en société, que de poser les jalons nécessaires pour rendre compte de l'espace de jeu entre les exigences de la situation et l'interaction qui se déroule en son sein. Elle éclaire la part respective et la relation entre les deux niveaux du social, l'ordre de l'interaction et l'ordre institutionnel, autrement dit entre le micro et le macro, au sein de l'interaction située, dont la souplesse d'ajustement permet l'interprétation.

Si les éclaircissements de Goffman sur l'articulation et le partage au sein même de l'interaction entre ce qui lui appartient en propre et ce qui résonne en elle de structures macrosociales peuvent parfois sembler sibyllins («L'étude naturaliste des rencontres est à la fois plus étroitement liée et plus séparée de l'étude de la structure sociale qu'on pourrait se l'imaginer de prime abord»)[2], sa mise au point la plus nette, et en ce sens la

1. En ce sens, il devient possible d'invalider un certain nombre de critiques faites à Goffman sur l'oubli de la dimension macrosociale dans ses analyses. Si Goffman revendique une perspective micro, il n'en demeure pas moins que celle-ci offre une clé de lecture, certes partielle mais néanmoins absolument nécessaire – et sans doute la plus accessible pour chacun de nous en faisant appel à notre expérience ordinaire – sur la manière dont le niveau macro se déploie dans les miettes de notre vie quotidienne. Pour une critique de la dimension exclusivement micro de l'interactionnisme, voir notamment A. Giddens, «Goffman as a systematical social theorist», *in* P. Drew et A. J. Wotton (eds.), *Erving Goffman: Exploring the Interaction Order*, Cambridge, Polity Press, 1988, p. 250-279.

2. E. Goffman, «Fun in games», *Encounters: Two Studies in the Sociology of Interaction*, *op. cit.*, p. 80, notre trad.

plus précieuse, se trouve dans son texte testamentaire, « L'ordre de l'interaction », où il emploie l'expression de couplage lâche :

> C'est ainsi qu'en général (et toutes qualifications mises à part) ce qu'on trouve, au moins dans les sociétés modernes, c'est un lien non exclusif, un « *couplage lâche* » entre des pratiques interactionnelles et les structures sociales, un déplacement des strates et des structures dans des catégories plus vastes, les catégories elles-mêmes ne correspondant terme à terme avec aucun élément du monde structurel, une sorte d'engrenage de diverses structures dans les rouages interactionnels[1].

Cette expression s'inscrit dans le prolongement de « Fun in Games » dans *Encounters*, où Goffman proposait deux images pour rendre compte de la relation entre les deux niveaux : celle domestique du voilage et celle biologique de la membrane cellulaire. La barrière entre les propriétés macrosociales et situationnelles ressemble plus à un fin rideau qu'à un mur solide : elle sélectionne et transforme ce qui passe à travers[2]. Cette barrière peut également être pensée comme la paroi d'une cellule qui assure une relation sélective entre les éléments du monde extérieur et le milieu interne de la cellule à la manière d'un filtre[3]. Goffman introduit alors la notion de règles de transformation pour rendre compte de cette sélection et de sa mise en forme dans l'interaction[4] et emploie le verbe imprégner[5] pour expliquer la relation entre les deux niveaux. Par là même, il rejette l'idée selon laquelle le niveau microsocial serait déterminé par le niveau macro, puisqu'il s'agit d'un ordre *sui generis*, possédant donc une autonomie par rapport à lui, une consistance réelle, dans la mesure où il existe en et par lui-même. Mais il se garde bien d'adopter la position inverse de Georg Simmel ou de Margaret Gilbert[6] : le niveau macrosocial n'est pas déterminé par celui micro. Dans cette perspective, il n'hésite pas à critiquer « le point de vue réductionniste selon lequel les éléments macrosociologiques de la société, comme la société elle-même, seraient des composés, existant de

1. E. Goffman, « L'ordre de l'interaction », *Les moments et leurs hommes*, *op. cit.*, p. 215-216, trad. mod., souligné par nous. L'expression goffmanienne de « *loose coupling* » est traduite en français par « couplage flou », nous adoptons pour notre part la traduction de « couplage lâche » dans la mesure où *loose* exprime plus l'idée de relative liberté, d'espace de jeu dans la contrainte que l'idée d'imprécision.

2. Voir E. Goffman, « Fun in games », *Encounters*, *op. cit.*, p. 33.

3. Voir *ibid.*, p. 65.

4. Voir *ibid.*, p. 29.

5. Voir *ibid.*, p. 47.

6. Voir M. Gilbert, *Marcher ensemble*, trad. fr. coordonnée par A. Bouvier, Paris, P.U.F., 2003.

manière intermittente, de ce qui peut être repéré dans la réalité des rencontres, en quelque sorte une agrégation et une extrapolation d'effets interactionnels »[1]. Il ajoute qu'il ne pense pas

> qu'il soit possible d'apprendre quoi que ce soit sur l'état du marché des biens de consommation, les différentes valeurs foncières d'une ville, ou les modes de succession ethnique dans les administrations municipales, ou la structure de système de parenté, ou encore les changements phonologiques des dialectes d'une communauté, par l'extrapolation ou l'agrégation des rencontres sociales avec des personnes qui seraient impliquées dans ces domaines[2].

Il insiste à nouveau sur ce point en mai 1982, lors de sa dernière intervention publique à l'occasion d'un colloque en France, « Microsociologie et Histoire »[3] : on ne peut déduire la forme de vie institutionnelle à partir de ce qui se passe dans une interaction. Il existe une indépendance relative entre les deux niveaux et donc une limitation intrinsèque aux changements introduits par l'interaction dans la structure macrosociale. Si l'ordre de l'interaction peut varier et éventuellement introduire des changements institutionnels, la portée de ceux-ci ne doit cependant pas être exagérée.

Comment comprendre ce couplage lâche non déterminant ? La métaphore théâtrale, à condition de la prendre au sérieux et de ne pas l'analyser comme un simple ornement rhétorique, permet de préciser cette articulation paradoxale. Dans la représentation scénique existe, en effet, un niveau de contraintes immuables, indépendantes du texte joué, propres à toutes les représentations : parler de manière audible pour le public, ne pas se livrer à une autre occupation que celle de jouer, laisser l'autre comédien enchaîner ses répliques, ne pas lui faire mal, faire semblant, etc. Ces contraintes immuables de la représentation comme représentation jouent le rôle d'une régulation fondamentale du même ordre que la syntaxe de l'interaction, le *face-work*. Si l'on suit la métaphore théâtrale, le niveau macrosocial apparaît représenté par le texte qui existe indépendamment de la représentation mais s'incarne dans le jeu des acteurs. La représentation dramaturgique apparaît, en ce sens, comme la synthèse entre les deux niveaux : les règles de la représentation comme représentation et le texte. Lors d'une représentation, le texte se voit couplé, engrené, corrélé à ces règles syntaxiques de base, de la même manière que les règles macro-

1. E. Goffman, « L'ordre de l'interaction », *Les moments et leurs hommes*, *op. cit.*, p. 208.
2. *Ibid.*
3. Voir E. Goffman, « Microsociologie et Histoire », *in* P. Fritsch (éd.), *Le sens de l'ordinaire*, Paris, éditions du CNRS, 1983, p. 201.

sociales sont mises en situation dans une interaction. Ainsi la métaphore théâtrale permet-elle de distinguer trois niveaux de règles : la syntaxe pure du *face-work*, les règles macrosociales et l'interface entre les deux, l'interaction située.

La modulation du texte est affaire d'interprétation. Cette notion permet de penser la nature précise de l'interface entre l'ordre de l'interaction et les structures macrosociales. Leur engrenage dans les interactions ne doit pas conduire à penser que certaines des règles de l'interaction expriment les structures sociales extérieures, qu'elles sont leur reflet à une plus petite échelle. Non, il rend simplement compte du fait que les manières de sauver la face sont choisies par rapport[1] à des structures sociales extérieures, de même que les contraintes générales de la représentation théâtrale, propres à son statut de représentation, se déploient en fonction du texte : le comédien lors d'un aparté doit parler de manière suffisamment forte pour que le public l'entende, mais cette contrainte doit être modulée par le statut du texte qu'il récite, la confidence. Ainsi s'avancera-t-il sur le devant de la scène, pourra-t-il éventuellement mettre sa main en porte-voix, et les autres comédiens sur scène feront comme s'ils ne l'entendaient pas. Chaque participant de l'interaction en face-à-face doit de même répondre à cette question délicate : comment prendre en compte les distinctions sociales extérieurement valides au sein même des manières pertinentes de sauver la face eu égard à la situation ? Le modèle théâtral permet ainsi de distinguer, au sein de l'interaction, un niveau stable et un niveau labile.

La syntaxe de l'interaction, celle du *face-work*, à savoir manifester son respect à l'autre et ainsi prouver sa compétence sociale, demeure une structure contraignante, immuable, sans laquelle il ne saurait y avoir d'interactions, de la même manière que les contraintes de la représentation comme représentation structurent toute représentation théâtrale. Mais à l'inverse de ce système stable, comme le montre l'exemple précédent de la confidence, les manières de sauver la face, c'est-à-dire de moduler cette structure en fonction de règles macrosociales extérieures et des contraintes situationnelles, varient. Nous retrouvons donc ici les deux sens goffmaniens de la face. Au sens large, elle s'identifie à la capacité à tenir un rôle, c'est-à-dire au talent de l'acteur. Le *face-work* implique alors de montrer que l'on est à même de jouer et de laisser l'autre jouer. Il s'agit d'une compétence générative – la compétence sociale en général – sans laquelle il ne pourrait y avoir de performances effectives. La face au sens

1. Voir E. Goffman, « L'ordre de l'interaction », *Les moments et leurs hommes*, *op. cit.*, p. 216.

étroit correspond, elle, au rôle précis et déterminé exigé par la situation dans laquelle on se trouve, c'est-à-dire à l'actualisation de la compétence sociale générale dans une interaction située, en vertu des règles macro-sociales extérieures. La capacité à jouer, la face au sens large, comme contrainte formelle et rigide de toute interaction, ne détermine pas de manière nécessaire son actualisation dans un rôle particulier. Mais si l'activité interprétative inhérente à l'interaction fait fond sur la relative indépendance de la syntaxe de l'interaction et des règles macrosociales, que veut dire alors interpréter son rôle ?

### *La quantification de la valeur de la face comme objet de l'interprétation*

Pour saisir en quoi consiste l'actualisation de sa face dans un rôle précis, il convient de dresser une typologie à trois niveaux en distinguant différentes strates de contraintes se superposant et s'hybridant les unes avec les autres.

En premier lieu, il apparaît possible de relever ce qui appartient de manière intrinsèque à la situation d'interaction, c'est-à-dire ses données physiques objectives, comme une file d'attente, une rencontre inopportune, une bousculade, etc., bref ce qui permet à la fois d'établir des types de situations et de singulariser chaque occurrence au sein de la famille à laquelle elle appartient. Au sein des situations de rencontres, il faudra, par exemple, distinguer celles se déroulant dans un espace public de celles se déroulant dans un espace privé et au sein de ces dernières, celles prenant place dans le hall d'entrée de l'appartement ou sur la terrasse du jardin, etc. Bien évidemment, la liste des catégories de situation n'est jamais déterminée une fois pour toutes dans la mesure où le caractère historique des sociétés humaines en crée sans cesse de nouvelles, du fait des inventions technologiques ou des modes sociales (par exemple les conversations avec un téléphone portable, les *chats* sur internet ou encore les *speed-dating*).

À un second niveau, il convient de prendre en compte ce que signifie mettre en œuvre la syntaxe du *face-work* en fonction de ces données objectives. Si l'on reprend la liste précédente – la file d'attente, la rencontre inopportune ou la bousculade –, on trouve l'ordre fixé en fonction de l'arrivée, les salutations et les excuses. C'est donc la situation dans sa configuration physique et spatiale, pour autant qu'elle soit normative, qui offre les ressources pour sauver la face. Ces ressources composent donc un répertoire interactio-situationnel. Cette contrainte constituée par la situation apparaît irrécusable. Sans elle, il n'y aurait pas d'interaction.

Enfin, il semble nécessaire de s'intéresser à la manière dont ces exigences sont modulées par les structures sociales extérieures. Dans la file d'attente, on pourra laisser passer devant soi une vieille dame ou une femme enceinte; si l'on rencontre son supérieur hiérarchique et un collègue, on saluera d'abord le premier; si l'on bouscule un enfant, on aura plutôt tendance à présenter des excuses à son supposé parent qu'à lui-même. Ce troisième niveau ne doit pas apparaître comme déterminé de manière mécanique par le niveau macrosocial. D'une part, il est bel et bien interactionnel puisqu'il se saisit des ressources propres à la situation pour sauver la face, même si elles sont choisies en fonction de structures macrosociales. D'autre part, il ne reflète pas terme à terme les structures sociales extérieures, puisque c'est le même comportement qui pourra être utilisé dans des situations de même type mais couplées à une autre structure sociale. Goffman donne ainsi comme exemple d'une modulation semblable corrélée à des structures sociales différentes, le traitement similaire des femmes et des statuts professionnels inférieurs à l'occasion des échanges informels :

> Dans la manière dont les femmes se comportent oralement dans des échanges informels à caractère sexuel, il est de peu d'importance, d'un point de vue statistique, de savoir qu'un petit nombre d'hommes, comme les jeunes cadres d'entreprise, se trouvent aussi dans la même situation d'attente et de dépendance des paroles de l'autre – quoique dans chaque cas, ces autres ne soient pas nombreux. Mais du point de vue interactionnel, le problème est d'importance. D'une part, il nous permet de tenter d'identifier une catégorie de rôles que les femmes et les jeunes cadres partagent (et quiconque se trouve dans une situation semblable), et d'autre part, de constater qu'il s'agira de rôles qui relèvent sur le plan de l'analyse, de l'ordre de l'interaction, alors que la catégorie « femmes » et « jeunes cadres » n'en relève pas[1].

On pourrait prolonger cette remarque de Goffman en remarquant que les marques de courtoisie dues par la gente masculine aux femmes sont impliquées dans des relations mettant en scène d'autres catégories de la population : un adulte envers une personne âgée, un hôte envers son invité, un spécialiste face à un novice. De la même manière, accorder la place d'honneur à quelqu'un lors d'un repas, ce qui est bel et bien une ressource de la situation d'interaction, peut exprimer des caractéristiques socio-économiques très différentes.

1. E. Goffman, « L'ordre de l'interaction », *Les moments et leurs hommes*, *op. cit.*, p. 216.

L'intérêt principal de cette typologie est de révéler la teneur exacte de l'interprétation dans les rôles joués. La marge de manœuvre réside dans la valorisation plus ou moins importante de la face des personnes impliquées dans l'interaction, qu'il s'agisse de la sienne ou de celle des autres. Les règles macrosociales entrant en compte dans l'interaction sont, en effet, principalement des règles de statut institutionnel[1], distribuant de manière différenciée les individus dans la hiérarchie sociale. Si la syntaxe comme ossature du rapport de réciprocité demeure la constante de toute interaction, l'engrenage des règles de statut institutionnel dans cette syntaxe fondamentale consiste à quantifier ce caractère sacré selon une hiérarchie et une reconnaissance sociales des personnes, extérieures à l'interaction. En effet, le troisième élément de la typologie montre que les modulations reviennent à distinguer une face plus qu'une autre, donc à reconnaître une face comme plus sacrée qu'une autre : celle de la personne âgée par rapport à celle du jeune, celle du patron par rapport à celle de l'employé, celle du parent par rapport à celle de l'enfant. La modulation n'apparaît pas comme une nécessité inhérente à la situation dans laquelle on se trouve, mais comme le produit contingent de l'histoire d'une société donnée qui est affaire d'interprétation. L'analyse interactionnelle produit, à ce titre, des résultats très intéressants pour relever l'asymétrie de la vie publique selon les genres. Analysant les remarques de rue (« *street remarks* »), autrement dit les commentaires qu'un inconnu s'autorise à adresser à une autre personne dans la rue, un certain nombre de sociologues ont pu pointer du doigt que la rue constitue un espace phénoménal différent pour les femmes et les hommes[2]. Bien qu'elle constitue un lieu où la réciprocité devrait être de mise, lorsqu'on l'envisage sur le plan strictement situationnel, elle apparaît corrélée à des structures macrosociales inégalitaires qui induisent une différenciation de traitement. Les femmes sont bien d'avantage exposées à des remarques plus ou moins appréciatives et à une « drague » intrusive que les hommes.

L'ordre interactionnel se voit donc articulé à des règles appartenant à une autre strate du social quantifiant différemment la sacralité de la face des personnes en présence. Comme le préconise Goffman,

1. Voir E. Goffman, « Fun in Games », *Encounters*, *op. cit.*, p. 33, où il reconnaît que les attributs sociaux extérieurs, c'est-à-dire les caractéristiques socio-économiques, sont d'une importance décisive pour l'analyse sociologique.

2. Voir C. West, « Une perspective féministe sur Goffman », trad. fr. C. Danino, *in* D. Cefaï et L. Perreau (éd.), *Goffman et l'ordre de l'interaction*, *op. cit.*, p. 31-53.

> ce ne sont pas (…) les conséquences sociales de la différence innée entre les sexes que nous devons expliquer, mais bien (comment) ces différences ont été (et sont) encore mises en avant comme garanties de nos arrangements sociaux; et, plus important encore, (comment) les fonctionnements institutionnels les pérennisent dans leur apparente validité [1].

Alors qu'il arrange nos rencontres, l'ordre interactionnel se trouve lui-même arrangé par d'autres ordres, bien que cela n'ait rien d'inéluctable. Ainsi peut-on, à ce stade de l'analyse, distinguer une forme limitée d'interprétation et une forme majorée. La première se cantonne à la mise en œuvre du *face-work* en fonction des exigences de la situation et peut être qualifiée de faible dans la mesure où la syntaxe est une contrainte fondamentale; la deuxième concerne l'engrenage des règles macrosociales dans la syntaxe et peut être qualifiée de forte parce que cette modulation n'est pas une nécessité inhérente à la situation. Il devient alors possible de localiser ce qui est susceptible de changer au cœur de l'interaction par l'interprétation des individus engagés: la quantification du caractère sacré. C'est par ce biais-là, certes limité mais néanmoins fondamental dans ses implications sur l'égalisation des conditions, que l'interactionnisme aborde la question du changement social. Montrer que la préséance des places n'appartient pas à l'ordre de l'interaction proprement dit mais à la manière dont il sélectionne des hiérarchies, ouvre la voie à une remise en cause de l'utilisation des catégories d'âge, de genre ou encore de race pour justifier des situations inégalitaires qui ne sont pas impliquées par la syntaxe fondamentalement réciproque du *face-work*. Ainsi la distinction entre deux strates du monde social permet-elle de voir comment l'une peut corriger l'autre.

### *Figures de l'interprétation*

Que la possibilité de l'interprétation repose sur la dépendance seulement relative entre la syntaxe de l'ordre de l'interaction et les règles macrosociales ne dispense pas de préciser l'activité de l'individu engagé dans l'interaction: elle donne, en effet, à comprendre la possibilité du changement, dans la mesure où cette activité peut se manifester de manière conformiste ou créatrice. Ici encore, le recours à la métaphore théâtrale se révèle précieux. Puisque les exigences sociales portant sur la manière de se comporter dans telle ou telle situation peuvent être comparées au texte d'une pièce de théâtre, il ne faut pas oublier que toute représentation est

1. E. Goffman, *L'arrangement des sexes*, *op. cit.*, p. 44.

unique et constitue un événement au sens fort. Le texte sera interprété différemment non seulement quand il sera joué par des comédiens différents, mais également quand il sera joué plusieurs fois par le même comédien. Comment comprendre ce phénomène? En raison de l'appropriation singulière du texte réalisée par l'interprète. Sont en jeu trois données : la compréhension du texte par celui qui le joue et l'intention qu'il veut exprimer dans son interprétation, le caractère physique de son jeu (intonations, mimiques, gestes, déplacements, etc.) et enfin ses relations avec ses partenaires et le public.

Ces éléments permettent de saisir les différences susceptibles d'exister entre les représentations d'une même pièce, qu'elles soient données ou non par le même acteur. Elles rendent compte, en effet, de la possibilité d'innovations, de perturbations et d'incidents. Deux comédiens peuvent conférer une intention totalement différente au même texte selon l'attention qu'ils prêteront ou non à tel ou tel élément: le Misanthrope est-il un personnage comique ou un précurseur du romantisme? Le Christian du *Cyrano de Bergerac* d'Edmond Rostand, un jeune homme aussi beau que sot ou un homme dont la profondeur des sentiments peine à s'exprimer dans des mots? Outre les différences de focalisation sur les nuances du texte montrant que le foyer d'attention dont parle Goffman ne peut jamais s'établir de manière mécanique, un comédien peut également oublier son texte, emprunter par mégarde une de ses répliques à un autre comédien, se prendre les pieds dans le décor ou encore s'étaler de tout son long sur la scène. La rapidité du débit avec lequel est prononcé le texte se voit elle-même susceptible de modifier sa réception. Selon les réactions du public, son jeu sera alors altéré pour la suite de son déroulement. Ainsi le malheureux Eric Ruf interprétant Mésa dans *Le partage de midi* à la Comédie-Française, s'est troublé et a bafouillé en suscitant les éclats de rire de la salle lors d'une tirade particulièrement dramatique. Si l'interprétation rend le théâtre vulnérable, elle en fait également un spectacle vivant où la stabilité du texte n'empêche pas le renouveau. Le comédien ne peut certes pas jouer sans texte, mais le texte varie selon l'interprétation qui en est donnée. Le texte s'actualise et se modifie à travers sa mise en œuvre, même s'il lui est irréductible. C'est ce qu'exprime précisément Goffman dans «Role Distance» en insistant sur le fossé qui sépare le rôle de sa «*performance*» où peuvent s'exprimer le style ou encore la manière des protagonistes[1].

1. Voir E. Goffman, « Role Distance », *Encounters*, *op. cit.*, p. 151.

Quels enseignements en tirer pour l'interaction? Comment l'activité interprétative peut-elle modifier l'ordre immanent à cette strate du monde social? Il semble, d'après le modèle théâtral, que le changement puisse intervenir au sein de l'interaction, mais peut-on aller jusqu'à envisager qu'il puisse également intervenir par l'interaction? Que chaque interaction située soit fonction de la manière dont les participants interprètent les règles macrosociales extérieures, pertinentes eu égard à la syntaxe du *face-work* dans la situation où ils se trouvent, doit-il nous amener à penser que les règles macrosociales elles-mêmes peuvent être modifiées? Si tel était le cas, il faudrait alors noter une limite dans le modèle théâtral, puisque les représentations d'une pièce modifient le sens du texte sans toucher à sa lettre.

À la lecture des différentes analyses goffmaniennes, l'interprétation dans le choix de l'interface apparaît susceptible de revêtir trois visages: elle peut se donner comme respectueuse, erronée, ou encore subversive. Ces différents types révèlent que les exigences de la situation ne déterminent pas l'interprétation des acteurs, même s'ils la contraignent et que dans cette activité, une modification peut intervenir dans et par l'interaction. Cette comparaison entre vie sociale et vie théâtrale apparaît alors éclairante pour comprendre que l'obéissance aux exigences de la situation n'est jamais mécanique mais toujours active, et donc toujours susceptible, à ce titre, d'introduire des variations et des accidents dans la mise en œuvre des règles, qui peuvent modifier à la fois les attentes et les normes. Goffman attache une telle importance au modèle théâtral, malgré les difficultés qu'il présente (notamment dans la distinction entre le personnage et l'acteur qu'il récuse dans *La présentation de soi*), dans la mesure où il donne les moyens de rompre avec une conception de la norme déterminant de manière uniforme et extérieure les membres de la société, contre laquelle il ne cesse de mettre en garde: « Le problème est que l'approche traditionnelle du contrôle social suppose une vue irréaliste et mécaniste de l'acte social, dont il faut nous affranchir si nous voulons parvenir à une analyse serrée de cette question »[1].

Dans l'interprétation conformiste, l'inférence de la définition de la situation et l'incarnation dans son comportement de ses exigences se font en satisfaisant les attentes normatives sociales du public. Ce premier type d'interprétation montre que le conformisme ne relève jamais de l'automatisme et qu'une certaine activité est d'ores et déjà présente à ce niveau liminaire, levier potentiel pour des variations futures. Il faut tout d'abord

1. E. Goffman, *Les relations en public*, *op. cit.*, p. 326.

prêter attention aux différents éléments physiques de la situation, porteurs de normes sociales : ainsi peut-on être amené à transgresser à son corps défendant l'ordre d'une file d'attente à l'étal d'un revendeur sur le marché, faute d'avoir compris de quelle manière elle se déployait. Il convient, en outre, de prêter attention au statut institutionnel des personnes en présence dans l'interaction, qui n'est pas immédiatement visible et doit pourtant être pris en compte dans notre manière de moduler le *face-work*. Si le sexe ou l'âge des personnes ne donnent généralement pas lieu à confusion, il est plus difficile de distinguer entre un policier en civil de la Brigade-Anti-Criminelle et un manifestant, entre un professeur et un auditeur libre, entre un DRH et un contremaître. Le déficit d'informations et le jeu entre la structure et son contenu exigent ainsi des participants qu'ils se mettent d'accord sur la définition de la situation, comme le montre *La présentation de soi :* chacun d'entre eux revendique par son comportement, son langage, ses intonations et ses mimiques une définition de soi, c'est-à-dire un rôle, qu'il va jouer en fonction de ce qu'il juge acceptable pour son interlocuteur. Si l'on décide de s'exprimer d'une façon déterminée, parce que la tradition de son groupe ou son statut social réclament ce genre d'expression, reste à savoir quelles peuvent être ses projections en fonction du statut de l'autre personne que l'on a en face de soi. Peut-elle considérer la définition de la situation proposée comme satisfaisante, c'est-à-dire conforme à ses propres attentes et concordante avec les indices qu'elle a elle-même inférés, étant donnée la face qu'elle est en droit de revendiquer et sa valeur par rapport à celle de l'autre ? Ainsi dans l'interprétation conformiste, le choix et la stratégie sur la projection de la meilleure face possible – meilleure au sens de plus pertinente – se déploient à partir d'une série d'opérations destinées à identifier d'une part les distinctions sociales situationnellement et extérieurement valides et d'autre part la manière de les considérer eu égard aux exigences du *face-work*. Si cette interprétation n'est pas inventive puisque la représentation qui a lieu est la représentation attendue, elle n'en est pas moins active, nécessitant un ensemble complexe d'opérations. Cette activité des participants permet de rendre compte des styles différents de l'interprétation conformiste.

Bien que l'interprétation soit le plus souvent conformiste, elle peut également devenir erronée, lorsque l'acteur pense choisir la modulation pertinente par rapport à la structure sociale extérieure impliquée dans la situation et à ses exigences propres, mais se méprend dans son interprétation. Il n'infère pas la bonne définition de la situation d'après les signes visibles ou il échoue à incarner le rôle qui lui incombait (il commet un lapsus, son corps le trahit par des bruits ou des odeurs suspects, etc.).

Dans « Fun in Games », Goffman rapproche ces erreurs des incidents décrits par Freud dans *La psychopathologie de la vie quotidienne*[1]. Dans ce type d'interprétation, l'invention n'est que provisoire. Sitôt que l'acteur fautif se rend compte de son erreur, il témoigne de sa volonté de corriger l'infraction précédente en mettant en place un rite de réparation. Il manifeste ainsi qu'il adhère et reconnaît la valeur des règles sociales pertinentes dans la situation.

Dans l'interprétation subversive, une autre interprétation que celle attendue se voit également proposée. Mais ici, c'est bel et bien volontairement et non à son corps défendant qu'un des participants choisit des modalités qui sont, certes, toujours des ressources de la situation, mais en interface avec des structures autres que celles attendues, et qui peut-être ne renvoient à aucune structure actuellement existante. Ici, l'invention se voit assumée comme telle. Goffman évoquait cette possibilité dès *La présentation de soi* en 1959 en empruntant une notion à son professeur Everett Cherrington Hughes : celle de mobilité collective qui se comprend comme le résultat de la modification des tâches incombant à une certaine catégorie de personnes grâce à leur initiative et leurs revendications, « de telle sorte qu'elles ne soient obligées d'accomplir aucune action incompatible avec l'image du *self* qu'elles s'efforcent d'instaurer ». Dans ces conditions, Goffman n'hésitait pas à parler d'« initiative de rôle », c'est-à-dire du processus « par lequel, à l'intérieur d'une organisation sociale déterminée, un membre essaie non pas tant d'atteindre une position supérieure déjà existante que de créer pour lui-même une position nouvelle, comportant des devoirs qui expriment de façon adéquate les attributs qui lui conviennent »[2].

Deux cas sont alors envisageables[3]. Celui où la variation du caractère quantitatif apparaît sans incidence sur les structures sociales extérieures en

1. Voir E. Goffman, « Fun in games », *Encounters*, *op. cit.*, p. 45.

2. E. Goffman, *La présentation de soi*, *op. cit.*, p. 234.

3. Harold Garfinkel dans ses *Recherches en ethnométhodologie*, notamment dans le chapitre II, p. 97-147, présente un autre type d'interprétation subversive : les *Breaching Experiments* ou expériences de perturbation. Comme chez Goffman, il s'agit d'interprétations différentes de celles attendues (ainsi lorsque le membre d'une famille se comporte au sein de celle-ci comme s'il était un étranger, ce qui le conduit à adopter une politesse déplacée et à demander des renseignements qu'il est censé connaître). Mais le parallèle entre les deux perspectives s'arrête là. En effet, la vocation de l'expérience de perturbation est avant tout théorique et épistémologique. Il s'agit de perturber ce qui va de soi pour mieux le comprendre. Ainsi n'est-il nullement question de troubler durablement l'ordre établi mais de le chatouiller pour mieux saisir son fonctionnement. L'expérience de perturbation éclaire par la négative ce

fonction desquelles la quantité remise en jeu avait été choisie. L'invention n'a donc lieu que dans l'interaction sans rejaillir au-dehors. Tel est le cas pour Goffman du mouvement des droits civiques et des luttes féministes : « (…) récemment, les Noirs et les femmes ont brisé de manière concertée la ségrégation qui leur avait été imposée pour accéder à certains lieux publics, obtenant en général des conséquences durables, mais sans que, au bout du compte, leur place dans la structure sociale s'en trouve beaucoup modifiée »[1]. Peut-être faut-il alors penser qu'il s'agit là d'un mécanisme pervers où les opprimés de la société se voient dédommagés de leur statut structurellement inférieur, de leur faible pouvoir économique et de leur exclusion des centres de décision, par de maigres compensations symboliques. À moins que l'on ne puisse supposer que le constat pessimiste de Goffman ne soit plus d'actualité et que les luttes militantes aient fini par payer.

Ce premier cas se distingue de celui où la revalorisation d'une face par le traitement symbolique qu'on lui accorde modifie la place de celui qui la porte dans les structures macrosociales. Ici le changement intervient bel et bien par le biais de l'interaction en débordant son cadre pour rejaillir sur les structures extérieures. Goffman envisage cette possibilité à deux reprises dans son œuvre. La première fois dans *Les relations en public :*

> L'individu qui déçoit certaines attentes peut l'emporter et amener les autres à accepter les nouveaux termes qu'il pose et la nouvelle définition de la situation qu'ils impliquent. Les enfants qui grandissent au sein d'une famille sont constamment engagés dans ce processus : ils négocient constamment l'octroi de nouveaux privilèges qui ne tardent pas à être considérés comme leur dû. Certaines mutineries dans les écoles, les prisons et les ghettos sont des illustrations du même thème, de même que les changements sociaux produits par le mouvement ouvrier et les suffragettes[2].

La seconde dans « L'ordre de l'interaction » où il mentionne le nom d'une des sectes à laquelle Hume s'est longuement intéressé dans son *Histoire d'Angleterre* : les Quakers.

> Dans ce domaine (les remous qu'une doctrine peut susciter en rompant de façon systématique avec les conventions de l'habillement en public), les hippies américains et plus tard les « Chicago Seven » ont été d'intéressants

qui fait tenir le monde de la vie quotidienne. Elle s'apparente à un outil d'élucidation pour le sociologue et non à une revendication pratique mise en œuvre par le militant.

1. E. Goffman, « L'ordre de l'interaction », *Les moments et leurs hommes*, *op. cit.*, p. 218, trad. mod.

2. E. Goffman, *Les relations en public*, *op. cit.*, p. 325.

> émules. Les grands terroristes des modes de contact sociaux ont été au XVIIe siècle les Quakers de Grande-Bretagne qui, d'une certaine manière (comme l'a récemment décrit Bauman), ont réussi à établir une doctrine qui s'attaquait directement aux dispositifs en place grâce auxquels les structures sociales et les valeurs établies pesaient de leur juste poids de politesse dans les échanges sociaux [1].

Il en vient alors à louer « le formidable pouvoir de l'impolitesse systématisée » [2].

Il faut remarquer que dans les deux cas envisagés par Goffman, le choix d'une modalité autre que celle attendue modifie la quantification de la valeur de la face des personnes impliquées dans l'interaction, en la resacralisant. Si Goffman n'envisage jamais le cas de la dévalorisation et que l'on peut certainement voir là une lacune dans son analyse, il possède néanmoins le mérite d'attirer par là même l'attention sur le fait que la moindre valeur des faces est le plus souvent – même si ce n'est pas toujours le cas – une donnée plutôt que le résultat d'un processus interprétatif inédit. Dans les interprétations envisagées par Goffman, une structure différenciée et inégalitaire se voit remise en cause au profit de l'affirmation d'une égalité de statut. Du fait de la réciprocité du *face-work* rendant ainsi possible l'inconvenance systématisée, l'ordre de l'interaction présente des vertus intrinsèquement subversives : l'immuabilité de la syntaxe par son caractère purement formel, loin de contraindre l'interaction à être la répétition du même, ne préjuge pas des structures macrosociales en fonction desquelles doit être quantifié le caractère sacré de la face, puisqu'il n'existe pas de correspondance terme à terme entre ces structures et les manières de sauver la face. Bien au contraire, elle laisse le loisir de choisir d'autres structures, voire de les inventer. Si invention il y a, il y aura alors substitution d'une structure à une autre et remise en cause de l'ordre des places.

Ainsi l'invention ne réside-t-elle pas tant dans l'être même des interfaces que dans le choix d'une interface déjà existante mais inattendue dans cette situation donnée, exprimant la revendication d'une égalité de statut. Lorsque les suffragettes s'immisçaient dans le déroulement des scrutins, allant à l'isoloir et prétendant mettre leur bulletin dans l'urne, leur action n'était pas différente dans son déroulement physique, dans sa teneur concrète et objective, de celle d'un homme allant voter. De la même manière, l'usage transgressif du dispositif d'assise du bus dans lequel prend place Rosa Park ne fait que répéter celui conventionnel auquel

1. E. Goffman, « L'ordre de l'interaction », *Les moments et leurs hommes*, *op. cit.*, p. 219.
2. *Ibid.*

sacrifient les blancs. Dans ces deux exemples goffmaniens, l'innovation ne réside pas dans l'invention d'un comportement inédit mais dans le choix d'une action interdite à une certaine catégorie de personnes en raison de la structure sociale extérieure – minorité juridique des femmes d'un côté, des Noirs de l'autre –, de telle sorte que la modulation attendue pour une femme, lors d'une élection, était de se tenir loin des urnes et pour un Noir, dans un bus, de ne pas se mêler aux personnes ayant une couleur de peau différente. De manière remarquable, l'action de ces militantes s'invitant dans un ordre de l'interaction qui leur était arbitrairement interdit, parvenait à rehausser le caractère sacré de leur personne, en soulignant le caractère arbitraire des mesures discriminatoires par la mise en évidence d'une égalité de capacité. Or de telles innovations dans le choix de la membrane entre ordre de l'interaction et structures sociales extérieures sont susceptibles, même si ce n'est pas automatique, d'introduire des modifications au niveau même des structures et donc d'avoir des répercussions au plan politique. L'outrage aux mœurs militant s'avère dans cette perspective très différent des infractions du fou précédemment étudiées comme remise en cause de la syntaxe : il s'agit d'une part, en effet, d'un manquement ponctuel et localisé, accompli en connaissance de cause et non d'une incapacité générale, indépendante de tout contrôle réfléchi, et d'autre part, d'une contestation de la prise en compte de différences institutionnelles dans l'ordre interactionnel et non d'une invalidation de la syntaxe de ce dernier. Le contestataire choisit de s'attaquer aux modulations qui contredisent le caractère fondamentalement réciproque de l'interaction au nom de ce dernier, en espérant par là même modifier sa place institutionnelle. Goffman prend soin de distinguer précisément ces deux types d'inconvenance situationnelle : « Quoique la plus grande partie des symptômes mentaux partage ce caractère offensant – et c'est là une réponse à ceux qui soutiennent que les symptômes mentaux ne sont pas simplement n'importe quelle sorte de déviation sociale –, il est vrai que de nombreuses déviations sociales de type situationnel ne sauraient constituer des signes de maladie mentale »[1]. Il remarque que

> les inconvenances situationnelles les plus énormes sont maintenant une tactique largement employée par les hippies, la Nouvelle Gauche et les militants noirs; et quoique ces personnes aient été taxées d'immaturité, elles paraissent trop nombreuses, trop capables de rapports collectifs et trop

1. E. Goffman, *Les relations en public*, *op. cit.*, n. 13, p. 331.

> habiles à retrouver un comportement conventionnel pour qu'on puisse les taxer de folie [1].

Il faut, ici, noter une rupture entre l'interprétation subversive et le modèle théâtral, dans la mesure où les variations interprétatives du comédien ne modifient pas la lettre même du texte, alors que les variations interprétatives de l'interactant sont susceptibles d'avoir une incidence sur les règles macrosociales. Cette différence entre l'ordre interactionnel et l'ordre théâtral tient au statut particulier du texte dramatique. S'il a pour vocation d'être joué, il existe, malgré cela, sous une forme consistante en elle-même, indépendante de son actualisation dans une représentation, alors que les règles sociales n'existent qu'en étant soutenues par leurs croyances et leurs comportements. C'est pourquoi les croyances et les comportements sont susceptibles de modifier les réalités dont ils sont le substrat, même si ce type de changement ne saurait épuiser les manières dont les règles macrosociales peuvent être modifiées.

## *ASILES* OU L'ORDRE DE L'INTERACTION COMME RÉSISTANCE POSSIBLE À L'INSTITUTION

Substituant l'interprétation à l'inférence causale humienne, pour comprendre le fonctionnement des relations intersubjectives dans une perspective communicationnelle, le discours de l'interaction parvient à une avancée théorique décisive qui n'était pourtant pas recherchée comme telle : éclairer la condition de possibilité du changement au sein de l'interaction (la relative indépendance des deux strates du social que sont la syntaxe interactionnelle et les règles macrosociales), sa nature (une revalorisation des faces des personnes engagées) et la manière dont il peut s'actualiser (l'interprétation subversive). Reste à saisir la logique dont procède cette activité interprétative, permettant d'attribuer à la sociologie interactionniste le titre de savoir véritable, en faisant franchir au discours de la sympathie un seuil décisif. Pourquoi un participant à l'interaction en vient-il à proposer volontairement une autre interprétation de la situation que celle qu'il sait pourtant attendue ? Et pourquoi une telle interprétation subversive, contrariant les attentes, semble-t-elle susceptible d'être acceptée par les autres participants ?

1. *Ibid.*

Goffman analyse principalement des actes militants ayant fini par s'imposer et modifier les règles de statut institutionnel, même si à l'époque où il écrivait ce n'était peut-être pas encore le cas. Au vu des analyses précédentes, il semble qu'une telle interprétation des situations se déploie et soit acceptée lorsque des règles macrosociales impliquant un traitement inégalitaire des personnes en présence, entrent très fortement en contradiction avec la structure formelle réciproque du *face-work*, au point de menacer la possibilité même de nouer des interactions en face-à-face. La syntaxe peut alors apparaître comme une forme de résistance à l'institution. Mais si l'interprétation subversive fait fond sur une contradiction entre deux strates du social, ne faut-il pas alors parler d'une logique sociale ?

Pour mettre à l'épreuve cette hypothèse, la lecture du grand texte de 1961 de Goffman, *Asiles*, s'avère précieuse. Elle donne à comprendre la dimension vitale de l'ordre de l'interaction pour l'individu, mais également pour le social : la syntaxe égalitaire de l'interaction permet de dépasser certaines contradictions immanentes au second en animant le premier. En outre, la perspective archéologique donnera encore une fois l'occasion d'approfondir le gain théorique de la science interactionniste en se penchant sur les conditions de sa constitution. Que l'analyse d'une modalité du changement social soit inventée par la microsociologie et qu'elle renouvelle l'analyse de la communication intrinsèque des relations intersubjectives en en donnant une version matérialiste ne peut se comprendre qu'en raison des transformations et des seuils précédemment explorés mais aussi des passages notionnels. En effet, dans ce développement retentissent certes les ruptures et les recompositions précédentes, notamment la nécessité de rendre compte de la communication sans recourir à des opérations psychologiques individuelles, mais aussi certains aspects du savoir consubstantiel à ses archives, particulièrement le rôle moteur de la sympathie dans la formation de l'identité personnelle. Bien qu'il s'agisse d'un écho lointain, certains passages du livre II du *Traité de la nature humaine* résonnent dans l'analyse de la mort morale des fous dans l'asile et de leur résurrection dans les adaptations secondaires.

### *L'institution totale, lieu de l'impossibilité officielle des interactions*

Invité du *Laboratory of Socio-Environmental Studies* dépendant du *National Institute of Mental Health* de la fin de 1954 à la fin de 1957, Goffman a eu l'occasion de mener une enquête de terrain approfondie de

1955 à 1956 à l'hôpital Sainte-Elisabeth à Washington qui compte plus de sept mille lits[1], pour « étudier le monde social du reclus comme celui-ci l'expérimente subjectivement »[2]. S'il se présente officiellement comme l'assistant du directeur, ce qui signifie bien qu'il ne cherche pas à se faire passer pour fou, il ne porte pas pour autant l'uniforme du personnel. Il fréquente assidûment les malades sans chercher à leur dissimuler qu'il est là pour étudier la vie d'une communauté. Goffman ne s'intéresse donc pas au thème qu'il développera en 1969, dans « La folie dans la place », de l'inconvenance situationnelle identifiée comme symptôme de la folie, mais à la vie dans cette institution particulière qu'est l'asile. Alors que son œuvre constitue, de manière générale, une exploration minutieuse de l'infiniment petit, il change ici de strate pour étudier le niveau macro en déployant une analyse subtile des rapports de pouvoir et des discours idéologiques.

Ainsi faut-il bien comprendre, et cela permet de débouter un certain nombre de critiques qui ont été faites à Goffman[3], qu'il n'analyse nullement dans ce texte la folie comme telle, mais l'asile, pour autant qu'il s'agisse d'une institution tout à fait spéciale qu'il qualifie de totale[4], entendons une organisation tentaculaire dans laquelle toutes les activités des participants sont régies par un règlement uniformisant. L'asile l'intéresse non pas en raison de sa population mais de ses caractéristiques comme institution et de ses implications sur le *self* des internés. Il dédaigne par là même les raisons de leur internement pour se pencher sur l'altération de leur destin social. La spécificité de l'asile consiste à mettre en œuvre et expérimenter de manière plus ou moins hasardeuse, une structure qui n'existe pas dans la société normale : une organisation radicalement inégalitaire qui prive un certain nombre d'individus de leur *self* en interdisant les

1. Voir Y. Winkin, « Portrait du sociologue en jeune homme », *in* E. Goffman, *Les moments et leurs hommes*, *op. cit.*, p. 82-83.

2. E. Goffman, *Asiles*, *op. cit.*, p. 37, trad. mod.

3. Voir M. Siegler et H. Osmond, « Goffman's Model of Mental Illness », *British Journal of Psychiatry*, vol. 119, 1971, p. 419-424; N. Perry, « The Two Cultures and the Total Institution », *British Journal of Sociology*, vol. 25, n° 3, 1974, p. 345-355 ; R. M. Weinstein, « Goffman's *Asylums* and the Total Institution Model of Mental Hospitals », *Psychiatry : Interpersonal and Biological Processes*, vol. 57, n° 4, 1994, p. 348-367.

4. Nous choisissons de traduire ainsi l'adjectif anglais *total* en nous éloignant de la traduction officielle proposée par Claude et Liliane Lainé : l'adjectif totalitaire qu'ils ont choisi peut prêter à confusion en surdéterminant la notion.

interactions en face-à-face pour une partie de ses membres, de telle sorte qu'elle leur dénie le statut de personne[1].

### *La structure de l'institution totale*

Alors que dans la vie « normale », les activités se déroulent dans des institutions différentes, relativement indépendantes les unes des autres, de sorte qu'elles s'effectuent sur plusieurs scènes où les individus peuvent jouer des rôles multiples, l'existence dans l'asile se voit entièrement régie par une institution littéralement monstrueuse qui investit tous les champs d'activités des internés et sature la totalité de leurs besoins, en les uniformisant d'après un plan global d'organisation. En lieu et place de la multiplicité de la vie normale, l'institution totale se caractérise par l'unicité ; en lieu et place de la segmentation et de la différenciation, par la globalisation et l'uniformisation. Dans ces conditions, l'institution totale se définit comme « un lieu de résidence et de travail où un grand nombre d'individus placés dans la même situation, coupés du monde extérieur pour une période relativement longue, mènent ensemble une vie recluse dont les modalités sont réglées par l'administration »[2]. Les institutions totales se caractérisent par leur cadre de vie unique, par une idéologie consacrée qui sert de seule grille d'interprétation pour rendre compte de tous les aspects de la pratique quotidienne, par le grand nombre et la promiscuité des internés, par leur isolement dans un lieu fermé dont la coupure avec l'extérieur est assurée par des obstacles matériels (grilles, hauteur des murs, forêt...), ainsi que par la prise en charge de la totalité de leurs besoins par une autorité extérieure, unique et omniprésente. Cinq groupes d'institutions totales peuvent alors être distingués : ceux qui s'intéressent aux personnes inoffensives, incapables de subvenir à leurs besoins (orphelinats, hospices de vieillards, etc.) ; ceux qui s'occupent des individus involontairement dangereux pour la société, également incapables de subvenir à leurs besoins (léproseries, hôpitaux psychiatriques...) ; ceux qui enferment les personnes dont la menace pour la société est évaluée comme intentionnelle et ont pour but premier la protection de cette dernière (prisons, camps de concentration...) ; ceux dont l'organisation ne se justifie que pour la coordination d'une tâche précise (casernes, internats, forts coloniaux...) ; et enfin ceux qui assurent à leurs membres une retraite hors du monde (communautés religieuses par exemple). Goffman n'hésite pas à rapprocher l'usage qu'il fait de

1. Voir E. Goffman, « Fun in Games », *Encounters*, *op. cit.*, p. 17.
2. E. Goffman, *Asiles*, *op. cit.*, p. 41, trad. mod.

ce concept sociologique inédit de la méthode idéal-typique de Weber[1] : d'une part, aucun des différents traits structuraux ne se trouve partagé selon le même degré par les différentes institutions regroupées sous ce concept, d'autre part, aucun de ces traits structuraux n'est l'apanage exclusif des institutions totales, ils se retrouvent dans les institutions dites normales.

La première étude qui compose *Asiles*, « Les caractéristiques des institutions totales », propose une analyse indifférenciée de la vie des internés de ces diverses institutions. Si Goffman fait bien entendu usage des données qu'il a recueillies lui-même dans l'hôpital psychiatrique où il a réalisé son enquête, il s'appuie sur d'autres témoignages directs ou indirects de la vie dans les prisons, les monastères, les bateaux et autres institutions totales. Dans ces différents lieux, le rapport hiérarchique entre l'autorité unique et les reclus rend presque impossibles les interactions entre internés dans le cadre officiel, tandis que celles qui se déroulent entre le membre expert du personnel et le reclus ne sont jamais en face-à-face. Ce dernier se voit ainsi privé de la possibilité de jouer les rôles différenciés constitutifs de la personnalité. En effet, au sein de l'institution totale, la vie des personnes enfermées se déroule « en masse », si bien que les possibilités de s'extraire du groupe et de nouer des relations intersubjectives sont très faibles. Chacune d'elles appartient à un ensemble appréhendé par le personnel comme une entité globale et bénéficiant de ce fait d'un traitement uniforme. Les interactions s'exercent moins entre faces qu'entre une entité indifférenciée (les internés) et une équipe d'encadrement compétente (le personnel) et se déroulent sur une seule scène. Mais si cette réduction des interactions en face-à-face apparaît toujours dommageable, elle prend dans l'asile un aspect tragique.

Les interactions qui se déroulent entre le fou et le membre du personnel ne permettent jamais au premier de jouer un autre rôle que celui qui est permis et justifié par le cadre thérapeutique. Elles ne peuvent donc être qualifiées de face-à-face dans la mesure où l'internement a précisément pour conséquence de priver le reclus de sa face, de détruire son identité. En ce sens, les interactions qui se déroulent officiellement ne sont absolument pas caractérisées par la réciprocité constitutive de la syntaxe de

1. Voir E. Goffman, *Asiles*, *op. cit.*, p. 47. Si Weber développe le concept d'idéal-type dans ses premiers écrits, c'est dans la partie méthodologique d'*Économie et Société* qu'il le mentionne en tant que tel (voir *Économie et Société* (1921), vol. 1, trad. fr. J. Freund, Paris, Pocket, 1995, p. 28-29, 35, 48-52 et 55-57) et dans les *Essais sur la théorie de la science* (1904), trad. fr. J. Freund, Paris, Plon, 1965, p. 181 *sq.*, qu'il le définit. Construction conceptuelle, l'idéal-type n'existe pas en tant que tel dans la réalité mais capture la teneur essentielle d'un phénomène social en exagérant dans l'analyse certains de ses aspects.

l'interaction. Alors que dans la société normale l'on ne peut sauver sa face qu'en sauvant celle de l'autre, dans l'asile la personnalité de l'interné est tellement dégradée qu'elle ne réclame plus aucun respect, de telle sorte que seul l'interné doit manifester sa considération envers le personnel et absolument pas l'inverse. Ainsi, non seulement, les interactions sont réduites, mais en plus, elles se déroulent toujours dans une seule et même situation d'infériorité sociale qui peut être caractérisée comme une interaction entre une face consistante, celle du personnel, et un *self* dégradé, celui du fou. Le seul rôle que peut et doit jouer l'interné dans le cadre unique de l'institution totale est celui du fou, ce qui l'exclut inévitablement du cycle réciproque du *face-work*.

### *La mortification*

La notion charnière de mortification offre à Goffman une justification de sa thèse. Elle rend compte du fait que l'interné, condamné à ne vivre dans la vie officielle de l'institution qu'une seule situation – celle thérapeutique de rencontre entre un malade dont la pathologie requiert des soins, et un personnel compétent à même de les lui procurer – se voit privé de la possibilité de jouer les autres rôles qu'il pouvait interpréter dans la société normale. Son identité s'appauvrit de manière considérable jusqu'à se réduire au rôle unique qui lui est assigné par l'institution, ce qui le met totalement à sa merci : aucune parcelle de son être ne lui échappe. Le choix même du terme de mortification doit être pris au sérieux, dans la mesure où il souligne de manière négative la dimension vitale pour l'individu du pluralisme des situations, et donc des rôles consistants, c'est-à-dire de ceux qui en appellent à un traitement respectueux de la part des autres. Goffman use d'une gradation rhétorique pour rendre compte de ce processus : il parle d'abord des avilissements, puis des dégradations et des humiliations, avant d'insister sur la profanation du *self*[1]. En supprimant les lieux où se construisait sa personnalité dans la société normale, c'est-à-dire les rencontres avec les amis, la vie professionnelle et familiale, l'asile dépossède le malade des représentations qu'il se faisait de lui-même et fait vaciller ses certitudes sur sa propre valeur.

La mort civile du malade débute de manière rituelle par les formalités d'admission. Une citation biblique de saint Paul, souvent employée dans les communautés religieuses, exprime à la perfection la fonction de ces dernières : « Il faut tuer le vieil homme ». Goffman traque leurs différents

1. Voir E. Goffman, *Asiles*, *op. cit.*, p. 56.

visages: « Enregistrement du *curriculum vitae*, photographie, pesée, prise des empreintes digitales, assignation d'un matricule, fouille, inventaire des effets personnels, séance de déshabillage, de douche, de désinfection, de coupe des cheveux, distribution des vêtements de l'établissement, communication du règlement, affectation dans les nouveaux quartiers »[1]. Elles tiennent à la fois de la purification (il faut abandonner les anciens *selves*) et de l'étiquetage (le nouveau statut du reclus n'est nullement individuel mais collectif: il appartient dorénavant à une population globale, la population internée dont les différents membres ne peuvent être différenciés de manière fine). Ses anciens effets personnels qui le distinguaient dans la société civile, sont remplacés par un uniforme standardisé qui le fond au sein d'un groupe informe. Il se voit privé des différents moyens de contrôler sa présentation personnelle: produits de maquillage, parfum, bijoux, accessoires... Il est bien évident que cette purification, dans la mesure où elle prive l'interné de la possibilité de jouer ses anciens rôles par des conditions de vie dégradantes, s'apparente en réalité à une souillure et relève d'une « mise en condition » ou encore d'une « programmation », « parce qu'ainsi dépouillé, l'arrivant se laisse niveler et transformer en un objet qui peut être dévoré par la machine administrative de l'établissement de telle façon que rien ne vienne entraver la marche routinière des opérations administratives »[2]. Elle ne lui confère nullement un état plus enviable mais lui ravit ce qui le protégeait. Goffman n'hésite pas à emprunter des exemples à d'autres institutions que l'asile pour expliquer comment les institutions totales, afin de gérer au mieux la population qu'elles enferment, imposent des pratiques dégradantes qui contribuent à dissocier l'individu de son passé et à le conforter dans l'idée que l'individu respectable qu'il était est bel et bien mort: les malades dans l'asile sont parfois contraints de manger avec une cuillère comme des nourrissons en raison des risques que présenteraient une fourchette et un couteau; les détenus des prisons militaires sont obligés de demeurer au garde-à-vous chaque fois qu'un officier entre dans le quartier; les membres des communautés religieuses doivent sacrifier à des pratiques humiliantes de pénitence comme le fait de baiser les pieds d'autres membres ou de rester à genoux lors de nuits d'adoration.

De manière générale, les institutions totales empêchent les internés d'avoir une quelconque intimité: les repas, les toilettes dans les cellules carcérales, les promenades, les douches, les parloirs, etc., sont communs.

1. *Ibid.*, p. 59.
2. *Ibid.*, trad. mod.

Toutes les activités de la vie ordinaire se déroulent dans un même cadre, en public, et surtout devant le même public. Cette absence de séparation des scènes intègre l'interné dans un système global qui refaçonne autoritairement son *self* de part en part en ne laissant aucune de ses actions à son appréciation personnelle. Les internés des institutions totales se voient ainsi privés de toute autre personnalité que ce statut de reclus.

En raison de cet amoindrissement de leur être, ils sont alors traités par le personnel de l'institution comme appartenant à une population inférieure. Le ton et l'attitude adoptés envers eux sont extrêmement familiers : le personnel ne prend pas à leur égard les précautions qu'il prendrait envers toute autre personne et attend l'obéissance absolue. Les relations ne sont donc absolument pas réciproques mais profondément inégalitaires. Ni marques de politesse, ni respect de l'intimité de la personne, seulement l'exigence de la conformité docile vis-à-vis du règlement. C'est dans cette emprise de l'institution sur l'interné s'exprimant sous forme d'un règlement justifié par son statut inférieur, qu'il faut voir le mécanisme de dépersonnalisation le plus efficace. « (Aux yeux de l'administration) en effet, c'est l'institution qui doit posséder le reclus à l'exclusion de toute autre entité sociale qui aurait pu se constituer en son sein »[1]. Le règlement interdit toute initiative à l'interné : « (…) les institutions totales brisent ou dénaturent ces actes mêmes dont la fonction dans la société civile est de témoigner à l'acteur et aux autres en sa présence qu'il détient une certaine maîtrise sur son milieu, qu'il est une personne douée d'auto-détermination, d'autonomie et de liberté d'action "adultes" »[2], de sorte que Goffman n'hésite pas à parler de déni de maîtrise de soi[3]. Le seul rôle toléré par l'institution, sous peine de sanctions, est celui de l'inférieur qui doit obéir pour son bien, ce dernier étant fixé et évalué par la seule institution. Ainsi le fou doit-il renoncer publiquement à exprimer sa volonté pour se contenter d'obtenir ce que l'institution daigne lui accorder. Il devient entièrement dépendant d'elle qui prend en charge la totalité de ses besoins.

La vie officielle de l'institution totale possède donc une double incidence sur le *self* du reclus, dont les deux versants sont étroitement liés : elle le prive de la possibilité de jouer les rôles qui composaient sa personnalité dans la société normale et elle réduit cette dernière à un statut inférieur le

1. E. Goffman, *Asiles*, *op. cit.*, p. 114.

2. *Ibid.*, p. 87, trad. mod.

3. Voir *ibid.*, p. 82, trad. mod. : « Tout règlement dépouille le sujet de la possibilité d'ajuster ses besoins à ses objectifs de la manière qui lui paraît la plus efficace et rend sa ligne d'action passible de sanctions. C'est l'autonomie de l'acte lui-même qui est violée. »

condamnant à se soumettre mentalement et physiquement au personnel pour son bien, en étant exclu de la réciprocité de l'ordre de l'interaction. Alors que ses attentes ne méritent pas d'être respectées puisque le personnel ne leur accorde pas suffisamment de valeur pour se sentir obligé d'y répondre, le reclus lui-même, à l'inverse, est tenu d'honorer leurs exigences, sous peine de voir le discours psychiatrique interpréter cette rébellion comme une aggravation des symptômes mentaux qui justifient déjà le traitement inégalitaire dont il est victime.

La faiblesse ontologique du *self*, incapable de se maintenir en l'absence de relations réciproques, apparaît comme une ligne de force traversant les discours de la sympathie, de l'imitation et de la communication, quelles que soient les recompositions opérées. Certes, l'angle d'analyse varie entre la philosophie des sentiments moraux et la sociologie interactionniste : il n'est question dans cette dernière ni de passions indirectes ni de critique de la conception cartésienne du sujet. Il n'empêche. Abordant la question sous l'angle d'une enquête empirique, mettant l'accent sur le rôle des relations institutionnelles et non passionnelles, la sociologie interactionniste n'en parvient pas moins aux mêmes résultats : il n'existe pas de moi substantiel, autosuffisant et consistant en lui-même. Il n'existe qu'assuré et rassuré par le traitement des autres de telle sorte qu'il faut souligner sa nature réflexive en parlant de *self*.

### *Le discours idéologique comme justification de l'institution*

Goffman ne cesse de souligner l'importance de la rationalisation des procédures de mortification opérée par un certain type de discours pour les justifier. Dans le cadre de l'hôpital psychiatrique, elles sont appréhendées et théorisées comme pratiques thérapeutiques, alors que dans des contextes différents, d'autres principes entreront en jeu. Ainsi l'hygiène servira-t-elle de prétexte aux corvées de latrines dans les casernes ; la préservation de la vie sera invoquée en milieu hospitalier pour faire avaler de force les aliments ; l'aptitude au combat permettra de justifier les règlements militaires relatifs à la présentation du soldat ; des mesures coercitives en prison seront mises en place au nom de la sécurité[1], etc. Au sein de l'institution totale, les contraintes gestionnaires qui résultent de l'application d'une structure unique à une population nombreuse sont ainsi camouflées par un discours qui masque leur utilité pratique derrière une finalité plus haute se parant des atours de l'objectivité scientifique. Elles justifient des pratiques

1. Voir *ibid.*, p. 90.

condamnables. Alors que la fonction réelle de l'hôpital psychiatrique consiste avant tout à protéger la société des individus potentiellement dangereux, il invoque la nécessité de soigner les gens pour occulter que le service rendu à la collectivité puisse aller à l'encontre des droits de l'interné comme personne. Bien évidemment, ce besoin de justification de l'institution totale dans ses différentes manifestations ne peut apparaître qu'à l'époque moderne où l'on présuppose que tout individu possède de tels droits, puisque c'est précisément ce présupposé que le fonctionnement même de l'institution totale bat en brèche.

L'institution doit donc justifier les violations de la personnalité qu'elle commet au nom de l'amélioration qu'elle apporte aux reclus, et pour ce faire, leur attribuer une nature différente de celle du personnel, en mettant en évidence les avantages pour eux de l'institution. L'asile ne peut pas apparaître comme simplement bénéfique pour la société, ce que l'opinion aurait du mal à accepter, mais également pour le malade, dans la mesure où le règlement possède un objectif thérapeutique. Telle est la synthèse magique opérée par le discours psychiatrique dans l'idéal de service qu'il met en place : résoudre la tension entre d'un côté, la protection de la société impliquant la mise à l'écart et le contrôle d'une population déviante et de l'autre, la prise en considération des droits du malade, en élaborant une grille d'évaluation des actes de l'interné qui n'apparaîtront jamais comme obéissance ou révolte contre un système contraire à sa dignité comme personne, mais comme amélioration ou aggravation d'un statut objectif, établi scientifiquement, à l'origine de son internement (sa pathologie). Le tour de force de l'institution consiste à justifier l'existence même du règlement en l'appliquant.

> Le personnel part (...) du principe que tout entrant est – du fait même de son entrée – une de ces personnes pour lesquelles l'institution a été spécifiquement créée. (...) Cette identification automatique du reclus n'est pas seulement un moyen pratique de lui donner un nom, elle constitue l'un des facteurs essentiels du contrôle social [1].

Ainsi dans l'asile, le vocabulaire médical sera-t-il le registre linguistique privilégié par le personnel pour interpréter l'ensemble des actions des reclus. Tout acte qui pourrait apparaître comme une remise en cause du règlement en révélant son caractère dégradant et de fait, contraire aux droits de la personne, sera perçu par le personnel comme un signe d'aggravation des symptômes mentaux à l'origine de l'internement. Il faut

1. E. Goffman, *Asiles*, *op. cit.*, p. 132.

donc distinguer les deux types d'interprétation – médicale ou compréhensive –, tous deux cohérents et dotés de leurs propres critères, que peut susciter la conduite du malade. Des actes comme la fouille des ordures, ou encore le refus de parler aux autres malades ou aux membres du personnel, qui pourraient être interprétés comme symptômes du caractère du cadre dans lequel ils se déroulent – une situation de pénurie où l'image de soi est sans cesse dégradée –, sont analysés exclusivement en termes pathologiques. Loin d'être considérés comme significatifs des conditions de vie, ils sont appréhendés comme révélant une maladie mentale.

L'interprétation du personnel, exclusivement médicale, en conférant une valeur thérapeutique au règlement, fonde alors l'assertion si surprenante suivant laquelle la légitimité d'une application est renforcée par ses remises en cause. La puissance subversive de l'infraction se voit détournée par son interprétation en termes de pathologie, de telle sorte qu'elle renforce le contrôle. L'interné ne verra une amélioration de ces conditions de vie que s'il accepte ce discours et le diagnostic prononcé à son égard. Ainsi dans l'institution totale, l'interné apparaît-il peu à peu privé des moyens de sauver la face en manifestant distance, protestation ou révolte contre des ordres et des événements qui sont en contradiction avec l'image qu'il se fait de lui-même.

À partir de la mise en évidence de l'existence de ce discours officiel, Goffman peut alors considérer que l'usage de la catégorie de malade mental est justiciable d'une analyse exclusivement sociologique, puisque cette désignation modifie le destin social d'un certain nombre d'individus en les soumettant à un traitement uniforme et dépersonnalisant, leur octroyant un statut inférieur qui sert de justification au traitement lui-même. En ce sens le discours psychiatrique peut être qualifié d'idéologique. Sa fonction consiste à justifier une pratique sociale – l'enfermement – et la dégradation d'une catégorie d'individus, qui ne peut être tolérée dans la société actuelle que par l'imposition de la catégorie du pathologique, légitimant le traitement qui leur est fait comme curatif.

### *Conséquences morbides pour l'individu et la vie sociale*

Cette analyse met en évidence la menace de paralysie qui pèse sur le fonctionnement de l'institution totale et souligne de manière négative le caractère vivifiant de la syntaxe réciproque de l'ordre de l'interaction, tant pour l'individu que pour la vie sociale. Puisque les internés ne peuvent se protéger activement du traitement dégradant qu'ils subissent, tout acte de révolte étant ressaisi par le discours officiel comme une justification pour accentuer ses mesures avilissantes, ils sont alors tentés de ne plus agir, ou du moins de se borner aux actions les plus élémentaires, « ce qui constitue probablement une défense contre les agissements importuns des surveillants aussi bien que des autres malades »[1]. La peur perpétuelle de l'infraction et de ses conséquences peut ainsi entraîner le refuge dans l'apathie comme adaptation limite à l'institution. Ce refus « de recevoir comme de donner toute offre de communication »[2] consomme la dépersonnalisation du reclus et accentue l'emprise de l'institution. L'interné cesse de prêter attention à ce qui se passe autour de lui en refusant toute participation personnelle. On parlera alors d'une « régression » ou d'une dépersonnalisation aiguë, qui peut prendre des visages plus spécifiques, selon les lieux où un tel désengagement s'opère, comme la psychose des prisons ou le mal des soutiers.

L'interné ne pouvant se défendre contre la profanation continuelle de son *self* en vient à perdre toute estime de soi, de sorte que l'opinion que les autres peuvent se forger à son égard lui devient tout à fait indifférente. Il connaît alors un véritable relâchement moral en renonçant à toutes les règles de tenue puisqu'il n'a plus rien à perdre en matière de réputation et de droits. Les comportements les plus « inhumains » seront alors susceptibles d'être adoptés : les actes « honteux » comme la défécation, la masturbation ou la gloutonnerie se verront accomplis en public, les actes « immoraux » comme le fait d'avoir ouvertement une liaison avec une autre personne au sein de l'institution totale alors que la compagne ou le compagnon officiel continue à venir rendre visite, seront assumés comme tels, etc. De manière générale, les internés cherchent à satisfaire immédiatement leurs pulsions, puisque leur non-satisfaction témoignant d'une prise en compte des attentes d'autrui ne donne lieu à aucune contrepartie, à aucune valorisation. La réciprocité interactionnelle n'existant pas, ils cessent d'émettre des messages significatifs. L'absence de réponse les convainc de ne plus prendre la parole. « Une fois que (l'interné) sait ce que représente le fait d'être défini par la société comme un être au *self* inconsistant, cette définition, pleine de dangers – et c'est bien pourquoi les gens montrent tant d'attachement pour le *self* que la société leur reconnaît –, devient beaucoup plus tolérable »[3]. À l'autonomie et l'activité se substituent l'aliénation et la passivité. Si l'institution totale n'était pas corrigée par un autre système, elle détruirait totalement le *self* des internés, les réduisant au statut de machines obéissantes, entièrement prises en

1. E. Goffman, *Asiles*, *op. cit.*, p. 312, trad. mod.

2. *Ibid.*

3. *Ibid.*, p. 221, trad. mod.

charge par l'institution. La dégradation de la personnalité des reclus dans l'institution totale confirme de manière négative que la syntaxe de l'interaction joue un rôle véritablement vital pour le sujet, dans la mesure où elle lui confère un *self*. La communication réciproque anime l'individu. Sa suspension le prive du souffle de vie.

Mais ne faut-il pas relever comme effet d'une telle structure, la destruction non seulement du *self* des internés, mais aussi de la vie sociale ? En effet, une institution ne doit-elle pas susciter l'engagement et l'attachement de ses membres pour perdurer ? Ne faut-il pas qu'ils adhèrent à elle par leurs croyances et leurs désirs ? Pour être effective, toute structure a, en effet, besoin d'être supportée par les croyances et les désirs des individus. Or l'engagement et l'attachement qu'expriment ces derniers sont symbolisés par la participation publique à la vie de l'institution, au moment opportun, des membres qui la composent. Donc, si les internés participent le moins possible et de manière simplement contrainte, c'est-à-dire passive, à la vie de l'institution, si les relations sociales n'existent pas comme telles, mais sont réduites à des segments hiérarchiques, polarisés dans une seule direction, l'institution risque de devenir une structure désincarnée au sens littéral, privée de son point d'application. Comment des croyances peuvent-elles être crues, si elles dévalorisent une trop grande partie des croyants potentiels ? Elles ne peuvent demeurer vivaces.

Goffman souligne sans équivoque possible l'emprise seulement limitée qu'une institution peut exercer sur ses membres par la contrainte, et son échec programmé, si elle ne la contrebalance pas par un système de récompenses : « La peur de la sanction semble suffisante pour empêcher l'individu d'accomplir ou de ne pas accomplir certains actes. Mais il faut, semble-t-il, des récompenses positives si l'on veut obtenir un effort personnel soutenu et de longue portée »[1]. Puisque les internés sont privés de face, et que la face est le produit de l'emprise de la société sur les individus, l'institution se trouve prise de faiblesse, dépossédée de la force vive des croyances et des désirs. Dans cette perspective, Goffman n'hésite pas à la comparer à une « mer morte »[2]. Or c'est la vie sociale tout entière qui est menacée de léthargie dans l'asile puisqu'il n'existe qu'une seule scène où règne moins la communication que l'exécution autoritaire.

Ce caractère doublement sclérosant de l'institution totale pour le *self* et la vie sociale, les deux étant liés dans la synthèse opérée par la face entre intérêts personnels et intérêts collectifs, suscite une réaction qui est de

1. *Ibid.*, p. 235, trad. mod.
2. *Ibid.*, p. 115.

l'ordre de la survie : l'instauration d'interactions en face-à-face, sous la forme d'adaptations secondaires dans les franges du règlement, grâce à une interprétation subversive. Ce sursaut met en évidence une vitalité proprement sociale contre des penchants lénifiants, eux-mêmes sociaux. « De même que, selon les criminologistes, les règlements font naître les possibilités d'infractions et, donc, de corruption, les restrictions imposées par le régime de l'hôpital engendrent un désir actif qui peut susciter les moyens de sa propre satisfaction »[1]. Le *self* des individus ne doit pas être trop profané, faute de quoi c'est la vie sociale elle-même qui est menacée de mort.

Les adaptations secondaires constituent un cas radical d'interprétation subversive, selon la typologie précédemment dégagée, puisque dans ce cas, il ne s'agit pas seulement d'augmenter la valeur sacrée de la face, mais de la constituer en la recréant entièrement. Dans cette situation extrême apparaît clairement la logique générale de l'interprétation subversive : la re-sacralisation des faces – qu'elle soit totale lorsqu'elles ont été entièrement profanées, ou seulement partielle, lorsque leur valeur est juste inférieure à celles des autres interactants – constitue l'une des conditions pour que la vie sociale ne soit pas seulement végétative. Ainsi l'interprétation subversive participe-t-elle d'une logique sociale où l'une des strates du social joue contre une autre pour éviter la paralysie. Dans une situation où le niveau macro met en péril la face des membres qui prennent part à la vie de l'institution, une tendance elle-même sociale peut venir contrebalancer cette tendance destructrice. Puisque l'institution est menacée par l'exclusion officielle d'une partie de ses membres de l'ordre de l'interaction, le seul remède réside dans la mise en place par ces exclus d'un ordre de l'interaction clandestin. Il s'agit de faire entrer dans le cercle de la communication réciproque de l'interaction en face-à-face les personnes qui étaient condamnées au mutisme. La syntaxe de l'interaction constitue alors le levier qui permet de corriger des tendances collectives sclérosantes, puisque les deux strates du social sont corrélées l'une à l'autre dans l'interaction située. Elle apparaît donc comme le moteur d'une résistance possible aux institutions macrosociales. Sa rigidité peut introduire une souplesse paradoxale.

1. E. Goffman, *Asiles*, *op. cit.*, p. 337.

*Le rôle vital des adaptations secondaires dans l'asile*

La troisième partie de *Asiles*, « La vie clandestine d'une institution totale (des moyens de faire son chemin dans un hôpital psychiatrique) »[1], examine cette réaction suscitée par le règlement. Les adaptations secondaires y sont définies comme

> toute disposition habituelle permettant à l'individu d'utiliser des moyens défendus ou de parvenir à des fins illicites (ou les deux à la fois) et de tourner ainsi les prétentions de l'organisation relatives à ce qu'il devrait faire ou recevoir, et partant à ce qu'il devrait être. Les adaptations secondaires représentent pour l'individu le moyen de s'écarter du rôle et du *self* que l'institution lui assigne tout naturellement[2].

L'interné, sous peine de mort morale, cherche les moyens de se construire un *self* satisfaisant, au sein de niches en marge de l'institution et de son traitement dégradant. Ainsi « cette volonté de distanciation ne procède pas d'un mécanisme de défense accessoire, mais (...) constitue un élément essentiel du *self* »[3]. Pour préciser ce point, il convient de prêter une attention particulière à la manière dont Goffman qualifie l'adaptation secondaire. Elle peut devenir, selon lui, « un refuge pour le *self*, un *churinga* dans lequel l'âme est censée résider »[4]. Que signifie ce dernier terme ? Les premières mentions de ce mot se trouvent dans les études ethnographiques que Carl Strehlow, Baldwin Spencer et Francis James Gillen consacrèrent à un groupe aborigène australien, les Arandas, avant d'être repris par Émile Durkheim[5] et Marcel Mauss[6]. Pièce de bois ou de pierre sur laquelle des images totémiques sont gravées, le *churinga* est un objet rituel, perçu comme le corps d'un ancêtre ou comme son symbole, de telle sorte qu'il est censé abriter son âme. Cet objet matériel possède donc un caractère sacré. Comparer l'adaptation secondaire à un *churinga* revient à souligner sa fonction de rite envers la personnalité qui s'est nichée en elle. Une nouvelle fois, la sociologie interactionniste hybride la perspective philosophique du rôle constitutif de l'échange des symboles pour la

1. *Ibid.*, p. 227-374.
2. *Ibid.*, p. 245.
3. *Ibid.*, p. 372.
4. *Ibid.*, p. 99, trad. mod.
5. Voir É. Durkheim, *Les formes élémentaires de la vie religieuse*, *op. cit.*, p. 168 *sq*.
6. Voir M. Mauss, « Les tribus de l'Australie centrale et septentrionale » (1905), *Œuvres II*, *Représentations collectives et diversité des civilisations*, Paris, Minuit, 1969, p. 412-421 et « Les Aranda et Loritja d'Australie centrale I » (1910), *Œuvres II*, *op. cit.*, p. 434-439.

personnalité avec celle anthropologique de la sacralisation sociale de la personnalité.

Les interactions en face-à-face que sont les adaptations secondaires permettent aux internés de prendre leurs distances par rapport au statut dégradé, octroyé par l'institution, en instaurant une barrière protectrice qui délimite un sanctuaire inviolable destiné à re-sacraliser leur personnalité profanée et à animer leur existence.

> C'est lorsque l'existence se trouve réduite à un état quasi squelettique que se révèlent tous les procédés mis en œuvre par les gens pour donner chair à leur vie. Planques, moyens de transport, zones franches, territoires réservés, matériaux nécessaires aux échanges économiques et sociaux constituent quelques-unes des conditions minimales nécessaires pour se construire une vie [1].

Puisque le gain procuré par les adaptations secondaires apparaît avant tout symbolique, Goffman considère la plupart d'entre elles comme surdéterminées : les menues satisfactions offertes ne valent que par leur contribution à la restauration du *self* de leur bénéficiaire. « Indépendamment de leurs autres finalités, de pareilles pratiques semblent la manifestation, pour celui qui s'y livre sinon pour tout le monde, d'une personnalité et d'un minimum d'autonomie qui échappent à l'emprise tyrannique de l'organisation » [2].

Pour autant qu'elles soient interdites par le règlement et se déroulent dans ses marges, les adaptations secondaires constituent un acte de résistance à l'emprise de l'institution. Bien que leur ampleur soit relativement limitée en raison du caractère mortifère de cette dernière, il n'empêche qu'elles sont observables dans n'importe laquelle des institutions totales et qu'elles instaurent une solidarité minimale entre les internés unis pour se valoriser.

Si le bénéfice pour l'interné est évident, leurs répercussions sur la vie sociale ne doivent pas être sous-estimées. Alors que l'institution contribuait à créer un groupe sans véritable cohésion dans la mesure où le statut indifférencié de ses membres les fondait en un magma indistinct, elles modifient la structure du groupe en la différenciant de manière immanente par la personnalité qu'elles confèrent à ses membres. Relations égalitaires et réciproques entre internés, elles permettent à chacun de prendre du champ par rapport à la place fixée par l'institution sans en bouger.

1. E. Goffman, *Asiles*, *op. cit.*, p. 358, trad. mod.
2. *Ibid.*, p. 367, trad. mod.

Ce faisant, elles revivifient la vie sociale de l'institution totale par l'invention d'authentiques relations entre faces porteuses de croyances et de désirs. En effet, l'aspect vivant d'une société est consubstantiel aux relations concrètes entre ses membres.

Les adaptations secondaires mettent en évidence le rôle doublement vivifiant de la construction des faces pour l'individu et la vie sociale à son niveau le plus élémentaire. Au sein de l'asile, elles sont presque totalement découplées du niveau macrosocial puisqu'elles se déroulent hors des structures sociales de la vie ordinaire qui ne sont plus valables dans l'institution totale qui a aboli tous les statuts antérieurs au profit du seul statut d'interné. Elles éclairent de manière radicale le processus souligné dans les analyses précédentes sur les mouvements des suffragettes et des droits civiques : la syntaxe de l'interaction permet à ses participants d'interpréter différemment la situation en choisissant un autre couplage entre ordre interactionnel et ordre macrosocial que celui attendu. La réciprocité du *face-work*, non seulement ne préjuge pas de la quantification institutionnelle des faces en présence, mais permet de prêter attention ou non aux indices situationnels porteurs de cette normativité. L'interprétation du fou apparaît comme une interprétation de combat : refusant d'être un individu privé de face et jugé socialement incompétent, il revendique le statut d'une personne à part entière, dotée de valeur, conservant une certaine autonomie qui la rend susceptible de nouer des relations égalitaires avec les autres et donc de jouer des rôles différenciés sur plusieurs scènes. Pour ce faire, il ignore les éléments de la scène asilaire le ravalant, lui, ainsi que les personnes avec lesquelles il prétend communiquer, au rang de malade, qu'ils soient tangibles (l'uniforme, le mobilier, son aspect physique, etc.) ou imperceptibles (le règlement) et choisit de prêter attention à ce qui peut donner lieu à une autre interprétation de la situation : sa capacité et celle des autres à échanger des symboles significatifs.

Or cette interprétation va contribuer à modifier de manière ténue mais significative sa place dans l'hôpital psychiatrique. En effet, l'on voit que certains membres du personnel sont à leur tour aspirés par cette dynamique de la réciprocité : observant les stratégies d'ajustement mises en place par les fous, ils en viennent à nouer d'authentiques relations en face-à-face avec eux, en reconnaissant leur valeur. Si de telles interactions demeurent limitées et ne modifient pas de fond en comble l'institution, elles dynamitent cependant de l'intérieur l'organisation totalitaire qui aura toujours tendance à officialiser ces adaptations secondaires, dès qu'elles auront acquis une certaine consistance. L'asile est prêt à se modifier pour ne pas être totalement débordé :

> (...) il faut remarquer que les organisations ont tendance à s'accommoder des adaptations secondaires, non seulement en rendant la discipline plus stricte, mais aussi en les légitimant partiellement avec l'espoir de regagner ainsi de l'autorité et du pouvoir, même au risque d'abandonner certains de leurs droits sur les participants [1].

*Se libérer du social par le social*

Restaurant la personnalité, les adaptations secondaires trahissent également « chacune à sa manière une aspiration à la liberté » [2]. Ainsi faut-il poser, à l'image de celle de la société durkheimienne, une contrainte libératrice immanente à l'ordre de l'interaction. En effet, les interactions en face-à-face mises en place dans les franges du règlement par les internés obéissent à une structure syntaxique réciproque qui désaliène les individus. Si elles impliquent une normativité propre, cette dernière contribue à dégager le fou des liens institutionnels. Dans ces conditions, il convient de noter l'originalité de l'analyse interactionniste dans le champ de la théorie sociale : alors que Durkheim considère que la personnalité anime l'individu en le libérant des contraintes corporelles [3], autrement dit naturelles, Goffman parvient à poser qu'elle insuffle vie à l'individu en le libérant de contraintes institutionnelles. Ainsi la mise en évidence de la nature proprement sociale des relations intersubjectives à partir de la perspective communicationnelle permet-elle à la sociologie interactionniste de complexifier l'analyse sociale traditionnelle en distinguant différentes strates et différentes articulations. Goffman ne dirait donc pas comme Durkheim que ce qui fait de nous des êtres vraiment humains, c'est « ce que nous parvenons à nous assimiler de cet ensemble d'idées, de sentiments, de croyances, de préceptes de conduite que l'on appelle la civilisation » [4], mais plus simplement, et peut-être plus essentiellement, que ce sont les interactions réciproques reposant sur la confiance et un espace commun d'attentes échangées et partagées. Le social est ici appréhendé à son niveau minimal mais fondamental pour autant qu'il puisse servir de levier pour lutter contre sa fossilisation induite par des structures trop inégalitaires.

1. E. Goffman, *Asiles*, *op. cit.*, p. 252.

2. *Ibid.*, p. 358.

3. Voir É. Durkheim, *De la division du travail social* (1893), Paris, P.U.F., 1986, p. 381. Voir également « Détermination du fait moral », *Sociologie et philosophie*, *op. cit.*, p. 79.

4. Voir É. Durkheim, « Détermination du fait moral », *Sociologie et philosophie*, *op. cit.*, p. 79.

Les adaptations secondaires possèdent indéniablement, en ce sens, une vertu vivifiante.

*Les matériaux*

Les interprétations subversives de la situation asilaire se saisissent principalement de trois ressources disponibles. En premier lieu, l'objet qui tombe sous la main et se trouve utilisé à des fins différentes de celles fixées par l'institution afin de modifier les conditions de vie (par exemple, utiliser les serviettes de toilette pour s'en faire un tapis de bain afin de ne pas sentir la fraîcheur du carrelage, ou encore se servir de la poudre dentifrice comme substitut à la poudre de riz dont on est privé, etc.). Si cette utilisation ne requiert pas nécessairement une interaction, il faut cependant noter que la fin visée en implique une : il s'agit d'améliorer l'image de soi en se présentant aux autres comme un individu de valeur dont on prend soin. Culte peut-être minime et dérisoire, mais culte néanmoins. L'amélioration matérielle ou physique possède une fonction symbolique bien supérieure au gain objectif.

En second lieu, les activités légitimes de l'institution qui sont poussées au-delà des limites prévues par le règlement, pour en détourner la finalité officielle à des fins personnelles. Ces techniques d'exploitation du système hospitalier nécessitent une meilleure connaissance des règles de l'institution que dans le cas de l'expédient simple, afin d'en tirer le bénéfice maximum (mettre de côté et dissimuler de la nourriture pour obtenir du "rab" ; venir seulement à la fin des spectacle de charité pour avoir des cigarettes sans avoir à subir la représentation dans sa totalité ; s'approprier avant l'heure du ramassage des ordures les rebuts intéressants, etc.). Le malade peut également exploiter les affectations imposées par le règlement (ainsi les lieux de travail comme les cuisines permettent de se procurer des suppléments de nourriture ; les lieux de soin, comme un atelier thérapeutique animé par une dame particulièrement aimable, deviennent l'occasion de se voir procurer des douceurs à foison ; un atelier-théâtre garantit la promiscuité avec des personnes du sexe opposé en permettant de profiter de l'obscurité pour des rapprochements plus intimes ; des lieux de vie, comme la salle de gymnastique, offrent un tapis particulièrement moelleux pour dormir tranquillement bien au chaud...). Ces techniques d'exploitation visent soit à procurer à leur utilisateur un certain confort dont la valeur symbolique est strictement la même que dans le cas de l'expédient, soit à faire éclater le cadre unique de l'institution totale pour pouvoir retrouver une partie des rôles que l'on jouait dans la « vraie » vie et dont on a été privé.

Enfin, les adaptations secondaires peuvent prendre la forme d'un échange social élémentaire entre détenus, qui utilise un matériel négatif, l'absence de surveillance. Alors que le règlement leur dénie toute compétence sociale et toute identité propre, les internés instaurent entre eux une socialité rudimentaire déployant les relations habituelles de la vraie vie : amitié, rivalité, amour, etc.

### *La géographie clandestine*

Le point commun aux différents lieux *underground*, véritable « géographie de la liberté »[1], dans lesquels se déroulent ces adaptations secondaires, réside dans leur caractère d'espaces de vie différenciée où peuvent se nouer des relations en face-à-face échappant au traitement mortifère de l'institution totale. Lorsque Goffman relève parmi ces zones franches, un espace particulièrement circonscrit qu'est le territoire personnel, offrant le loisir de valoriser sa personnalité sans cependant nouer des relations avec les autres, il insiste sur la vulnérabilité de ce refuge lorsqu'il est occupé en solitaire, montrant de manière négative que la restauration de la personnalité en passe par la communication avec les autres. La mise en place d'un havre de paix solitaire constitue l'ultime convulsion d'un *self* que l'institution totale a fini par broyer. La fonction de l'abri n'est pleinement opératoire que lorsque la personnalité de l'individu qui l'occupe est par ailleurs confirmée, c'est-à-dire attestée dans l'échange de l'interaction.

Goffman s'intéresse en premier lieu aux zones franches qui échappent au contrôle du personnel : couloir souterrain, bois derrière l'hôpital, pavillon d'entrée de l'asile où les internés parviennent à nouer entre eux des interactions en face-à-face et à se témoigner le respect dont ils sont privés par l'institution… Les malades y discutent, boivent, jouent ou flirtent. Les zones franches offrent à l'interné des scènes différenciées où il peut jouer un autre rôle que celui officiel : le rôle de l'homme aimable, de l'amoureux, du rebelle, etc. Elles cessent d'être saturées par le cadre de l'institution totale pour devenir le lieu de situations de loisirs ou de socialité. « Tous ces endroits semblent exhaler une atmosphère de détente et d'auto-détermination qui contraste avec l'impression de malaise régnant dans certains quartiers. Ici l'on peut être son maître »[2]. Au sein de ces zones franches, il faut distinguer les territoires réservés qu'un groupe de malade considère comme son espace exclusif. Cette appropriation repose sur la

1. Voir E. Goffman, *Asiles*, *op. cit.*, p. 286.
2. *Ibid.*, p. 286, trad. mod.

complicité tacite du personnel qui en vient à véritablement communiquer avec les malades et à se mêler à eux dans ces espaces, sur un pied d'égalité. Le cadre institutionnel de certaines zones de l'asile se voit ainsi transformé par un bouleversement de la hiérarchie entre les représentants de l'institution et les internés, autrement dit par une modification des statuts hiérarchiques.

### *Une version matérialiste de la structure communicationnelle des archives précédentes*

La dimension symbolique du matériau impliqué dans les adaptations secondaires éclaire leur structure sociale en donnant à comprendre les écarts opérés par la sociologie interactionniste à l'égard des formations discursives antérieures.

Les expédients, le détournement des activités officielles de l'institution, la mise en place de relations informelles investissent un certain nombre d'objets d'une valeur bien supérieure à leur valeur marchande ou d'usage, qui rejaillit sur la personnalité de leur propriétaire. Cette analyse rejoint très précisément celle des relations en public sur les territoires personnels : la personnalité n'est pas cantonnée au corps de l'individu mais s'étend jusqu'aux objets qui symbolisent la valeur de leur utilisateur. Or, dans l'asile, la rareté des biens et la dureté des conditions de vie sont telles, que des objets aussi ordinaires que les cigarettes, un journal ou des allumettes, sont appréhendés comme des objets précieux auréolant leur propriétaire et leur utilisateur, qu'il convient de « planquer » au personnel pour que le règlement ne les souille pas.

Cette valeur symbolique permet de préciser les conditions de fonctionnement des adaptations secondaires, notamment la mise en place d'un système de communication aux caractéristiques originales. En effet, l'objet précieux doit circuler entre la planque et le lieu de son utilisation, la zone franche. La nécessité de cette transmission apparaît aisément compréhensible dans la mesure où la valeur de l'objet n'est pas objective mais réside dans le confort ou l'agrément que son utilisation peut procurer. Il faut donc qu'il parvienne jusqu'au lieu adéquat pour être utilisé. Circule donc en vérité moins l'objet que sa force sacrée, ou plus exactement l'objet pour autant qu'il possède une force sacrée. Ce système détermine la structure sociale des adaptations secondaires comme une structure d'échanges dont l'efficacité exige l'implication d'autrui [1] et qui se

1. Voir *ibid.*, p. 317.

caractérise avant tout, dans cette perspective, par son caractère réciproque. En effet, « si un individu s'identifie à l'état ou la situation dans laquelle se trouve un autre, ou à ses conditions d'existence, il peut vouloir lui venir en aide ou lui témoigner par une cérémonie sa considération ; aux yeux de l'observateur, ce comportement constitue d'abord un signe, ensuite un symbole de solidarité. » Or « de tels signes ou symboles de sollicitude sont en général payés de retour puisque la personne qui bénéficie d'un tel soutien nourrit le plus souvent des sentiments identiques à l'égard de celui qui lui vient en aide. » On peut donc qualifier l'échange de services de « généralement bien équilibré en raison du caractère égalitaire des relations »[1]. Les échanges sociaux se présentent ainsi comme un type de relations privilégiées, telles les relations d'amitié, de protection ou encore d'amour. On se prêtera de l'argent, des cigarettes, des vêtements, des livres, on s'efforcera d'être affecté ensemble dans un meilleur quartier d'enfermement, de profiter au mieux des failles du système, on se portera secours en cas de coups durs…

La sociologie interactionniste donne ici une version inédite de la structure communicationnelle immanente aux relations intersubjectives, telle qu'elle apparaissait dans le discours de la sympathie. Là où la philosophie des sentiments moraux considérait les signes comportementaux comme les simples effets d'états mentaux intérieurs, de sorte qu'il fallait distinguer le signifiant physique du signifié psychologique en pensant une transmission à distance, le discours de l'interaction matérialise la signification en considérant que sans l'échange physique, concret et tangible de certains objets, la valeur ne saurait être transmise. Si l'externalisation de la signification se voyait déjà opérée dans les archives pragmatistes considérant qu'elle consistait avant tout en une manière de répondre et donc de se comporter face à un symbole, le discours de l'interaction achève ici de prendre la tangente à l'égard du parallélisme psychophysique, dans la mesure où la signification du symbole colle à sa matérialité. Si « idée » il y a, elle est ici moins impliquée dans le symbole comme manière d'agir à son égard, selon la perspective meadienne, qu'immanente à son objectivité.

1. E. Goffman, *Asiles*, *op. cit.*, p. 329, trad. mod.

### *Solidarité et confiance ou la reconfiguration de la dimension morale de la sympathie*

Identifiant les adaptations secondaires à des échanges sociaux réciproques, la sociologie interactionniste renoue avec la dimension morale du concept de sympathie, mais envisagée cette fois-ci sous l'angle de la pratique et non plus du jugement. Alors que le livre III du *Traité de la nature humaine* révélait le rôle de ce principe de la nature humaine dans le cadre d'une réflexion sur l'instance en charge de l'évaluation du caractère bon ou mauvais de nos actions et de la personnalité d'autrui, l'interactionnisme pense la dimension éthique de la capacité à communiquer avec autrui au sein même de l'effectivité des relations sociales. Conservant l'imbrication entre le moral et le social dans la lignée de la philosophie des sentiments moraux et de la psychologie expérimentale française, la sociologie interactionniste la radicalise en annexant la moralité à la sphère sociale, pour autant que l'enquête permette de déterminer empiriquement la nature du respect dû aux personnes et la manière dont il se manifeste. Si l'analyse humienne des bonnes manières faisait signe vers une dimension morale active de la sympathie dans la détermination de nos actions et pas simplement passive dans l'évaluation, il n'empêche que le présupposé dualiste du philosophe, battu en brèche par le pragmatisme, le conduisait à consacrer une analyse explicite au jugement moral dont l'interactionnisme ne saurait se soucier dans la mesure où, selon lui, il n'y a tout simplement pas de sens à le distinguer de la conduite.

Les échanges sociaux réciproques apparaissent comme la structure la mieux adaptée à la circulation des matériaux utilisés dans les adaptations secondaires. En effet, puisque leur fonction consiste à restaurer la face des internés, que cette restauration s'effectue par un transfert de valeur de l'objet à son utilisateur et que ce transfert implique une utilisation de l'objet et donc son acheminement vers le lieu d'utilisation, elles reposent sur la mise en place de relations égalitaires et solidaires entre internés. Les internés doivent s'entraider pour déplacer les objets. Cette solidarité se voit renforcée du fait que la valorisation est proportionnelle à la reconnaissance, l'attestation et l'approbation des autres. Autrement dit, la satisfaction propre à la jouissance de l'objet prohibé croît d'autant plus qu'elle est utilisation en public ou en commun. Ainsi l'utilisateur de l'objet a-t-il doublement besoin de l'autre : pour l'aider à mener l'objet à bon port et pour témoigner de la valorisation procurée par son utilisation, ce qui peut conduire à le partager avec lui. Les malades « cherchent souvent un camarade, même peu sûr, devant qui exhiber les preuves de leur réussite ». Différents exemples affleurent dans *Asiles :* celui du patient qui « au retour d'une expédition nocturne dans la ville, se vante, le lendemain, de sa performance auprès de qui veut l'entendre » ; celui qui « prend à part ses amis pour leur montrer l'endroit où il a caché la bouteille d'alcool dont il a avalé le contenu pendant la nuit, ou pour leur exhiber les préservatifs qu'il garde dans sa sacoche »[1], etc.

Cette double solidarité engage un cycle de réciprocité où l'élément de la confiance joue un rôle fondamental. Si chacun compte tacitement dans son for intérieur sur l'effort de l'autre pour réaliser ses propres plans, il s'engage en retour à l'aider. Et inversement, celui qui en aide un autre, prend le risque de s'en remettre à lui. Il fait un pas dans sa direction, croit en lui, sans avoir aucune preuve du caractère opportun de cette croyance. Dans cette relation de confiance n'existe aucun accord préalable sur l'objet et le service rendu (comme la communication des nouvelles du dehors auquel un interné n'a pas accès, la manifestation de marques d'affection, etc.) ou le moment opportun. À un engagement de type contractuel se substitue une entente implicite et indéterminée, pouvant s'énoncer de la manière suivante : tu peux compter sur moi maintenant et j'ai foi en toi ; tu m'aides et tu as raison d'espérer.

Se référant à « L'essai sur le don » de Marcel Mauss, Goffman considère l'objet ou le service rendu en retour comme un nouveau don et non comme l'acquittement d'une dette[2]. Lorsque le premier don (l'*opening gift* pour rependre des termes de Malinowski dans l'étude qui inspira Mauss)[3] est effectué, il s'agit bien, en effet, comme son nom l'indique, d'une offre sans aucune garantie de retour, d'une ouverture à l'autre tissant un lien de l'ordre d'une attente partagée où celui qui a été aidé attend le moment de donner à son tour, et celui qui a donné attend d'être aidé. La force du don réside principalement dans la confiance aveugle de l'offrant qui suscite un autre don parce qu'il n'exige pas de paiement. La projection dans l'avenir apparaît de l'ordre d'une espérance dont l'envers réciproque relève de la promesse. Le cycle se poursuit puisque le service rendu en appelle, à son tour, un autre, de sorte que dans la réciprocité de l'attente se crée un espace de convergences, liant de manière durable les individus : un espace social. Si la confiance se présente en quelque sorte comme un pari puisqu'elle

1. E. Goffman, *Asiles*, *op. cit.*, p. 365-366.

2. Voir *ibid.*, n. 137, p. 329.

3. Voir M. Mauss, « Essai sur le don », *Sociologie et anthropologie*, Paris, P.U.F., 1950, p. 184 et n. 2, p. 184. Il emprunte l'expression à B. Malinowski dans *Argonauts of the Western Pacific*, Londres, Routledge, 1922, p. 345 *sq.*

anticipe sur un futur indéterminé, sa contrepartie réside dans le lien qu'elle instaure entre les individus.

Ainsi faut-il considérer que l'interactionnisme hérite de la dimension morale de la sympathie, tout en l'infléchissant en vertu de la recomposition des formations discursives antérieures. En effet, les adaptations secondaires donnent à penser non seulement l'importance décisive des interactions en face-à-face pour la vie sociale, dans la mesure où elles redynamisent l'institution et peuvent engager des changements en son sein, mais également pour la vie individuelle puisqu'elles valorisent les personnes engagées dans la relation en leur octroyant une personnalité. L'accent mis sur la confiance permet d'envisager de manière inédite le respect dû aux personnes en lui donnant un contenu concret et déterminé de manière empirique au cours d'une relation processuelle. Il ne se pense pas, ici, à partir de la faculté en charge de l'obligation, de la passion de bienveillance ou de la loi morale, mais à ras de terre et à fleur de peau, à partir des menus gestes quotidiens qui le constituent au sens premier. Il n'existe que dans les services rendus et les gestes en apparence dérisoires dont Goffman révèle toute la portée.

> Le fait de recevoir ou de donner du feu constitue un type très particulier de relation, le geste qui matérialise la relation paraissant en constituer en même temps toute la substance : il s'agit donc d'une sorte de relation rituelle. Semblable au « cycle de la cigarette », mais en plus petit, il y a le réseau des malades qui s'adressent un regard en se croisant dans le parc de l'hôpital : quel que soit leur sexe ou leur âge, les malades qui se rencontrent et qui reconnaissent à quelque signe qu'ils se trouvent bien entre malades se saluent d'un signe de tête, d'un « bonjour » ou d'un sourire[1].

*Asiles* réactualise la portée morale des bonnes manières mise au jour dans le *Traité de la nature humaine* en les abordant sous l'angle des relations sociales. Ainsi peut-on considérer que l'interactionnisme élabore une véritable sociologie de la personne et de la personnalité où la politesse accède au rang de relation morale. Mais ceci, moins en raison de son obéissance à des obligations et des impératifs que parce qu'elle anime les individus en leur conférant un *self*.

1. E. Goffman, *Asiles*, *op. cit.*, n. 146, p. 336, trad. mod.

*L'égalisation des conditions comme altération sociale*

Prenant appui sur un certain nombre de territoires qu'il réagence en une carte originale, l'interactionnisme permet donc, à son tour, l'exploration de nouvelles contrées, notamment celle de l'aspect dynamique et moral des interactions en face-à-face, qui éclaire de manière très pertinente un certain nombre de mobilisations collectives contemporaines. Formalisant les différentes notions des discours antérieurs en les infléchissant pour les rendre compatibles, il se trouve, en effet, en mesure de traiter l'un des plus épineux problèmes de la sociologie: comment rendre compte des changements qui affectent la société, alors qu'elle se présente comme un système ordonné où règne la contrainte? De manière ironique, ce qui constitue l'un des apports les plus importants de cette branche de la sociologie se voit abordé de biais à partir du croisement de deux perspectives: le nécessaire dépassement de la psychologie mentaliste humienne et l'attention à la constitution de la personnalité au sein des relations sociales.

Faisant de l'attention et du cadrage de l'expérience le moteur de l'interaction, l'interactionnisme se trouve en mesure d'envisager les ratés et les subversions de la communication. Le message peut être brouillé mais aussi contesté. Que l'interaction soit un système ordonné et contraignant n'empêche pas qu'il soit le lieu de la coordination d'actions authentiques. Érigeant l'interaction comme le lieu, au sens propre, de la valorisation des individus, l'interactionnisme met en évidence la dimension morale des relations égalitaires et réciproques. Si le discours de la sympathie sourd bien dans la sociologie interactionniste, c'est donc à la fois comme rivière souterraine mais aussi comme fleuve où se déversent de nombreux affluents modifiant la composition initiale sans jamais la dénaturer totalement.

L'étude des adaptations secondaires dans l'asile apparaît à l'intersection de ces deux analyses: d'une part, elle permet de comprendre la logique sociale dans laquelle s'inscrit l'interprétation subversive, en en présentant un visage radical où l'interprétation n'augmente pas seulement la valeur sacrée d'une face mais la recrée entièrement; d'autre part, elle souligne la solidarité des intérêts individuels et sociaux convergeant dans la personnalité des acteurs. L'interprétation constitutive de l'adaptation secondaire couple la situation avec une règle macrosociale autre que celle attendue, nous rappelant que les normes ne s'appliquent jamais de manière mécanique mais demandent toujours à être interprétées: elle substitue au statut institutionnel du fou comme non-personne celui de personne autonome pouvant revendiquer un traitement égalitaire de la part du personnel. L'apport le plus important de l'interactionnisme consiste à montrer que cette adaptation secondaire ne constitue pas seulement la réaction de l'individu à une institution qui profane sa personnalité mais aussi une réaction sociale à des tendances morbides, elles-mêmes sociales, où une strate peut jouer contre une autre. En effet, si une partie des membres de l'institution totale sont privés de face en raison des relations inégalitaires qui y règnent, ils sont peu à peu exclus de la vie sociale de l'institution. Mais alors les règles et croyances propres à l'institution ne peuvent plus susciter l'adhésion des personnes qu'elles mettent hors jeu. Leur contenu inégalitaire s'appliquant à une population internée extrêmement nombreuse les condamne paradoxalement à devenir lettre morte : elles ne sont plus crues et perdent toute efficace. Dans la mesure où dans l'institution sociale, la vie sociale est entièrement saturée par cet ensemble unique de règles et de croyances, c'est donc elle, tout entière, qui se paralyse lentement mais inexorablement. En ce sens, les intérêts sociaux et individuels apparaissent solidaires, donnant à comprendre comment l'institution peut être remise en cause à partir du niveau micro : alors que les individus sont socialement animés par l'octroi d'une personnalité qui les valorise, la vie sociale d'une institution sera elle-même d'autant plus intense qu'ils adhèrent à des croyances. Les premiers donnent chair à la seconde par leurs comportements. Autrement dit, la vitalité d'une institution apparaît proportionnelle au degré de personnalisation de ses membres qui doivent être intégrés par l'existence de relations réciproques entre eux et non de vecteurs hiérarchiques. C'est lorsque des structures macrosociales rendent impossibles de manière institutionnelle d'authentiques interactions en face-à-face (les Afro-Américains dans les bus ségrégés, les femmes sur le lieu du scrutin, les étudiants sur les campus universitaires dans les années 60 avec leurs professeurs, etc.) qu'elles peuvent être remises en cause. Comme ces revendications valorisent les interactants et redynamisent la vie sociale, il faut alors dire que l'individu qui défend ses droits, en réclamant plus d'égalité, défend du même coup des intérêts sociaux.

L'interactionnisme semble ainsi en mesure d'aborder la question du changement social à partir des processus d'égalisation des conditions dont relèvent les différents exemples d'interprétation subversive de Goffman, qu'il s'agisse des mouvement des Noirs américains pour la reconnaissance des droits civiques ou de ceux féministes et hippies qui revendiquent à partir de l'inconvenance systématisée, c'est-à-dire du dynamitage des attentes sur la manière de se comporter, une égalité de traitement et l'abolition des différences de statut institutionnel. L'égalisation constitue le mouvement par lequel sont réduites les contradictions sociales internes entre des règles institutionnelles inégalitaires faisant de certaines catégories de personnes une quantité négligeable, et la face comme construction valorisante, résultant de l'adhésion aux règles. Sitôt que ces règles excluent un trop grand nombre de personnes, elles se voient affaiblies. La correction de ces règles à partir de la syntaxe de l'interaction se présente donc comme une altération sociale où la strate macrosociale se voit modifiée à partir de la strate micro. Ainsi les conditions de possibilité du processus d'émergence et d'acceptation des nouvelles modulations du *face-work* dans telle ou telle situation deviennent-elles évidentes : l'interprétation subversive est acceptée sur le long terme et entraîne un éventuel changement dans les structures macrosociales lorsqu'elle participe de cette logique sociale, c'est-à-dire lorsqu'elle porte en elle une revendication d'égalité.

## VIE PUBLIQUE ET BIEN COMMUN

Cette analyse du changement social amène l'interactionnisme à radicaliser la compréhension humienne du politique, intimement liée au statut moral de la sympathie. À la suite du philosophe, les archives de la sociologie interactionniste, en accordant toute son importance à la capacité à se mettre à la place de l'autre et à communiquer avec lui en partageant ses impressions, ont déployé une compréhension originale de la *res publica* se manifestant à un niveau anté-institutionnel dans l'ordinaire des rencontres les plus banales où se constitue un espace partagé et partageable. Elles en sont venues à renouveler la thèse d'Aristote, si classique dans l'histoire de la philosophie, de la vocation morale de la communauté ainsi formée qui tend vers le Souverain Bien. Il appartient à la sociologie interactionniste de déployer toutes les potentialités de l'articulation entre le politique et le moral ainsi comprise : moins l'organisation politique institutionnelle que les moments quotidiens où nous expérimentons le vivre-ensemble et la manière dont chacun peut y prendre place ; moins la vertu souveraine que la valorisation de l'individu comme personne.

Si le discours de la sympathie franchit un seuil de scientificité dans l'œuvre goffmanienne en se transformant en analyse de l'interaction, celle-ci déborde largement cette localisation, preuve qu'elle constitue moins la pensée d'un homme ou même une discipline, qu'un ensemble de concepts, d'énoncés et de méthodes se référant d'une certaine manière à une expérience particulière, et susceptible, à ce titre, de parcourir d'autres unités discursives que celle des textes du sociologue américain. Le discours de l'interaction, devenu scientifique, irrigue un ensemble hétérogène d'analyses qui invitent à penser les enjeux politiques de cet ordre des rencontres informelles qu'est l'ordre civil : ethnographies du vivre-ensemble, sociologie de l'action collective ou encore réflexions sur l'aménagement de la ville et l'accessibilité des espaces publics. En ce sens, il permet de prendre au sérieux une autre manière de penser le moral et le politique que celle traditionnellement déployée en philosophie et en théorie sociale, en réactivant le discours des sentiments moraux dans un cadre étranger à son lieu natif, celui de l'analyse de l'espace public, amendé par une compréhension non subjective de la communication à l'œuvre en son sein.

### *Penser politiquement l'ordre civil*

En prenant acte d'un autre croisement entre la philosophie et la sociologie que ceux traditionnellement explorés, notre analyse de l'interaction dévoile une perspective originale sur les relations entre monde social et monde politique. Ils cessent d'apparaître comme des régions opposées, sinon éloignées, pour devenir des territoires étroitement imbriqués, au sein desquels la vie quotidienne se pense comme une succession de moments de politisation où les concepts consacrés de justice, d'égalité, de vivre-ensemble s'incarnent en situation.

En effet, la philosophie manifeste souvent une propension à établir une frontière stricte entre les deux domaines. La société civile tend à apparaître au mieux, selon la perspective hégélienne[1], comme un état anté-politique en appelant à une régulation étatique sans laquelle il ne pourrait subsister, au pire, selon la perspective arendtienne[2], comme une menace pour le politique, où le privé manifesterait une volonté de destruction du public. De fait, la philosophie politique semble focaliser son intérêt sur la question de l'origine du pouvoir et sur sa légitimité, identifiant ainsi de manière stricte le politique aux institutions, à la sphère parlementaire et gouvernementale, selon une démarche dont le contractualisme des Lumières apparaît comme le parangon. Or, de manière remarquable, les sciences sociales tendent, à leur tour, à accréditer cette idée d'un partage tranché, en présentant les formes d'appartenance sociale comme des obstacles à une action libre et authentiquement politique, en raison de leur caractère

1. Voir G.W.F. Hegel, *Principes de la philosophie du droit* (1820), trad. fr. J.-F. Kervégan, Paris, P.U.F., 1998, p. 259 *sq*.

2. Voir H. Arendt, *La condition de l'homme moderne* (1958), Paris, Pocket, 1994, p. 59 *sq*.

déterminant[1]. Bien évidemment, les philosophes n'ignorent pas que les communautés politiques ne peuvent exister sans le partage d'expériences communes et soulignent, avec des modalités diverses, l'influence des mœurs sur la société politique. Une telle perspective se voit développée dès l'Antiquité, lorsque Platon établit un parallèle entre la constitution de l'âme et celle de la Cité[2] et qu'Aristote fait coïncider la finalité de la communauté politique avec celle de l'individu, en liant vertu et citoyenneté[3]. Il n'empêche : à l'exception de Tocqueville dans la seconde partie de *La démocratie en Amérique*[4], les philosophes ne font pas de la sphère civile leur lieu d'investigation privilégié pour aborder le politique. Lorsqu'ils lui accordent une importance en ce sens, ce n'est jamais comme espace premier où le politique se manifesterait de manière exemplaire mais toujours comme espace second (lieu d'émergence avec lequel il faudrait rompre, condition de possibilité, sphère d'efficace, etc.).

Or la méthode archéologique appliquée à l'interaction bouscule cette tradition de pensée en n'abordant pas le politique à partir des institutions, quand bien même il ne s'y réduirait pas, mais en le faisant d'abord et avant tout par le bas, sans passer au niveau de l'organisation gouvernementale. Cette reconfiguration du champ politique à partir de celui des pratiques et de l'expérience quotidiennes permet de rompre avec deux idées reçues : celle selon laquelle le libéralisme conduirait Hume à privilégier l'économique au politique[5] et celle selon laquelle l'approche microsociologique condamnerait Goffman à une analyse non seulement partielle mais surtout réductrice du monde des affaires humaines, en oubliant les enjeux institutionnels et macrosociaux[6]. Se dessine de la sorte une conceptualisation différente du politique depuis l'ordre civil, où non seulement la question du vivre-ensemble apparaît tout aussi importante que celle de la justification de l'autorité, mais aussi où la question si traditionnelle de la justice se voit abordée à partir de la manière dont on prend ou on cède sa place dans une

1. Voir M. Berger et C. Gayet-Viaux, « Du politique comme chose au politique comme activité », *Du civil au politique*, Bruxelles, Peter Lang, 2011, p. 19.

2. Voir Platon, *La République*, trad. fr. R. Baccou, Paris, GF-Flammarion, 1966, p. 117 *sq.*

3. Voir Aristote, *Éthique à Nicomaque*, trad. fr. J. Tricot, Paris, Vrin, 1997, p. 217 *sq.*

4. Voir A. de Tocqueville, *De la démocratie en Amérique* (1835-1840), Paris, GF-Flammarion, 1981, p. 205 *sq.*

5. Voir F. Hayek, *Studies in Philosophy, Politics and Economics*, London, Routledge and Kegan Paul, Chicago, University of Chicago Press, 1967, repris *in* V. C. Chappell (ed.), *Hume : a Collection of Critical Essays*, London, Macmillan, 1968, p. 335-360.

6. Voir L. Boltanski, « Erving Goffman et le temps du soupçon », *Information sur les sciences sociales*, vol. 12, n° 3, 1973, p. 127-147.

interaction, et non plus à partir de la légitimité du pouvoir, des droits de l'individu ou encore des mécanismes de distribution des richesses. Ce déplacement ne signifie donc nullement l'oubli des enjeux politiques au sens traditionnel, mais leur prise en compte dans l'expérience ordinaire, celle des rencontres en face-à-face. Loin d'être évincée, la question de l'organisation juste de la société se voit ainsi posée d'une double manière : tout d'abord, à partir de son expression dans les relations intersubjectives par le biais des différentes catégories d'identification entrant en jeu dans l'interaction (rang social, sexe, âge, ethnie, etc.) ; ensuite, à partir de sa modification par ces mêmes relations intersubjectives, pour autant que les ruptures de cadre révèlent le caractère arbitraire ou contestable de certaines représentations collectives et de leurs expressions institutionnelles.

### *De la philosophie des sentiments moraux à l'interactionnisme ou la reconfiguration de la sphère politique*

La place du politique dans la philosophie de la nature humaine s'avère justiciable d'une double lecture. La première, la plus évidente, accrédite l'idée d'un Hume ultralibéral, à partir de sa compréhension de l'utilité du gouvernement. Selon une formule bien connue du livre III du *Traité de la nature humaine*, « bien que le gouvernement soit une invention très profitable et même, dans certaines circonstances, absolument nécessaire à l'espèce humaine, elle n'est pas nécessaire dans toutes les circonstances, et les hommes ne sont pas dans l'impossibilité de maintenir un certain temps la société sans avoir recours à cette invention »[1]. Ainsi, est-on enclin à faire de Hume un promoteur de la société civile au sens hégélien, c'est-à-dire de la part non politique du vivre en commun[2], considérant de fait l'ordre économique comme plus important que celui politique dont la pertinence ne serait que contingente selon les circonstances[3]. Pourtant, une telle compréhension résulte d'un présupposé que l'analyse humienne vient précisément contester : celui de l'identification exclusive de la sphère politique à la sphère étatique.

En effet, l'analyse de la société dite civile dans le *Traité de la nature humaine* révèle qu'elle n'est pas simplement l'espace de la coprésence et des échanges naturels, mais aussi le lieu où se mettent en place des règles de justice, autrement dit des conventions et des artifices qui viennent réguler

1. D. Hume, *Traité de la nature humaine*, *op. cit.*, III, 2, 8, 1, p. 150.

2. Voir G. F. W. Hegel, *Principes de la philosophie du droit*, *op. cit.*, p. 259-312.

3. Voir N. Waszek, *The Scottish Enlightenment and Hegel's Account of Civil Society*, Dordrecht, Kluwer Academic Publishers, 1988.

les relations humaines dès la sphère familiale[1] et qui font l'objet d'une approbation morale dans la mesure où les acteurs sociaux leur reconnaissent un intérêt collectif[2]. Dans ces conditions, une deuxième interprétation de la place du politique dans la philosophie humienne apparaît légitime : loin de le cantonner à un rôle secondaire, voire superflu, Hume étendrait au contraire son champ d'extension pour penser l'ordre civil, celui des rencontres et des relations ordinaires non institutionnelles, comme déjà investi par cette dimension, coïncidant, dès lors, non plus avec une organisation étatique, puisque la société civile peut exister sans elle, mais avec la mise en place d'un collectif où se pose la question du bien commun. Si Hume renoue avec la tradition aristotélicienne de l'articulation entre moral et politique, il s'en écarte dans le détail pour enraciner la question du bien vivre dans les formes les plus frustes du vivre-ensemble où il n'est pas encore totalement actualisé : les communautés inférieures du livre I des *Politiques*. Une telle subversion de la notion invitant à reconsidérer l'importance de certaines strates du monde des affaires humaines apparaît dans le titre de ses essais économiques, *Discours politiques* : ils peuvent être qualifiés de tels, dans la mesure où l'économie excède la sphère domestique parce qu'elle est un sujet d'ordre général, intéressant le système des relations sociales dans son ensemble. Bien que la science de la nature humaine analyse de manière précise les modalités d'action du gouvernement sur la société civile, notamment par le biais de l'imposition des sanctions, elle prend avant tout au sérieux la manière non seulement dont le premier se déploie à partir de la seconde[3], mais aussi dont il est supporté par elle. En ce sens, elle révèle le caractère éminemment politique de l'opinion publique capable de faire et de défaire les gouvernements[4] et accorde une place centrale, dans l'*Histoire d'Angleterre*, aux moments de politisation qui traversent la sphère civile et remettent en cause l'ordre établi au niveau sociétal mais aussi institutionnel. Ainsi faut-il moins voir dans le rôle second et subordonné conféré par Hume à l'instance étatique une minoration de la dimension politique de la vie humaine qu'une relativisation du rôle des institutions. Loin d'épuiser le politique, elles n'en sont qu'un aspect et peut-être pas le plus fondamental.

1. Voir D. Hume, *Traité de la nature humaine*, *op. cit.*, III, 2, 2, 14, p. 93.

2. Voir *ibid.*, III, 2, 2, 25, p. 101.

3. Voir notamment D. Hume, « L'origine du gouvernement », *Essais et traités sur plusieurs sujets*, t. 1, *op. cit.*, p. 97.

4. Voir *ibid.*, p. 93.

Dans cette perspective, la définition humienne de la politique comme étude des « hommes unis en société et dépendants les uns des autres »[1] prend tout son sens et permet de comprendre les enjeux politiques de l'interactionnisme et de ses archives : les relations sociales posent d'une part la question de la formation, de l'unité et de la visée du collectif, et d'autre part celle de la place et de la reconnaissance des individus en son sein. Coupant le cordon ombilical entre bien commun et État, cette conceptualisation originale en histoire de la philosophie ouvre la voie à une micropolitique et à une subtile analyse des jeux de pouvoir qu'elle ne développe pourtant nullement elle-même. Elle crée des conditions d'émergence qui pourront être actualisées en raison des recompositions notionnelles et des champs d'investigation des autres énoncés. De la psychologie expérimentale française où Ribot cherche à enraciner la question de la justice dans les sentiments sociaux[2] au pragmatisme américain où la démocratie se pense comme un régime d'expériences quotidien et non comme un régime institutionnel[3], en passant par les subtiles analyses de Tarde sur la puissance subversive de l'opinion publique capable de déstabiliser des organes étatiques[4], se dessine un ensemble discursif aussi cohérent qu'inédit sur le politique envisagé à partir de la capacité à communiquer avec l'autre, à échanger des significations et à partager certaines conventions, dont la sympathie humienne apparaît comme la formulation philosophique.

Bien que l'interactionnisme n'affiche pas explicitement une intention politique[5], sa contribution à l'analyse du changement social, à partir de la mise en évidence du pouvoir subversif de l'ordre interactionnel dans les différentes mobilisations collectives du XX^e^ siècle et l'institution asilaire, se saisit cependant des potentialités offertes par les discours précédents pour les radicaliser et offrir un appareillage conceptuel, aussi précis que rigoureux, pour étudier cette dimension qui excède la lecture immédiate de nos expériences quotidiennes. Comprendre l'ordre civil comme déjà

1. D. Hume, *Traité de la nature humaine*, *op. cit.*, I, « Introduction », 5, p. 33.

2. Voir T. Ribot, *La psychologie des sentiments*, *op. cit.*, p. 270 *sq.*

3. Voir J. Dewey, « Creative Democraty – The Task Before Us » (1939), *The Later Works*, vol. 14, *op. cit.*, p. 226.

4. Voir notamment G. Tarde, *L'opinion et la foule* (1901), Paris, P.U.F., 1989, p. 38.

5. Non sans provocation, Goffman revendiquait le simple droit d'écouter la manière dont les gens ronflent à défaut de vouloir les réveiller (voir *Les cadres de l'expérience*, *op. cit.*, p. 22) et se proclamait anarchiste (voir W. Gamson, « Le legs de Goffman à la sociologie politique » (1985), trad. fr. D. Cefaï, *in* D. Cefaï et L. Perreau (éd.), *Goffman et l'ordre de l'interaction*, *op. cit.*, p. 55).

politique signifie que dans la manière dont nos rencontres s'organisent, apparaissent la possibilité ou les obstacles du vivre-ensemble. Les analyses goffmaniennes révèlent toute l'importance du terme de dépendance dont use Hume pour définir le caractère politique des relations intersubjectives : dans des interactions en face-à-face égalitaires, cette dépendance prendra la forme d'une solidarité où la valorisation d'un interactant ne peut se faire sans celle de l'autre, comme l'exprime l'expression de *face-work* où l'identité du possesseur de la face est indifférente ; dans des interactions inégales, elle prendra la forme d'une relation asymétrique où une figure se trouve à la merci de l'autre. Non seulement l'ordre de l'interaction interroge les écarts entre les statuts des participants et les jeux de pouvoir à travers la manière dont les différentes catégories de personnes peuvent prendre place dans la situation ou s'en voir refuser l'accès, mais il constitue aussi un espace pour les remettre en question. Il se présente donc à la fois comme un révélateur des rapports de force, un terrain particulièrement propice pour les analyser dans leur expression quotidienne et située, sans doute plus intuitive et concrète que dans le champ macrosocial, et comme une ressource pour sinon les inverser, du moins les niveler. Ainsi intéresse-t-il aussi bien le chercheur que le militant.

Le déni goffmanien du caractère politique de ses analyses ne doit donc pas occulter la fécondité des perspectives qu'il ouvre, dont témoignent les différents travaux en sociologie et théorie politique se réclamant de sa méthode et de ses concepts. L'ensemble d'énoncés dont nous avons pu retracer les contours, hybridations et infléchissements depuis le discours de la sympathie jusqu'à celui de l'interaction, déborde bien l'unité de chaque œuvre et *a fortiori* les intentions de chaque auteur pour reconfigurer la sphère politique, en se référant d'une manière particulière aux relations intersubjectives à travers un jeu de notions : justice, conventions, mœurs, sentiments moraux, imitation, pratique démocratique, adaptation secondaire, face-à-face, etc. Il dessine un « espace commun où divers objets se profilent et continûment se transforment »[1].

1. M. Foucault, « Sur l'archéologie des sciences. Réponse au cercle d'épistémologie » (1968), *Dits et écrits*, t. 1, Paris, Gallimard, 2001, p. 739.

### *L'approche écologique et l'analyse des cadres comme outils méthodologiques*

Le discours de l'interaction continue, ce faisant, d'être vivace dans deux types d'études de la dimension politique des relations ordinaires : les ethnographies du vivre-ensemble qui se réclament de sa compréhension naturaliste des situations et l'analyse des mobilisations collectives qui s'appuie, pour sa part, sur l'étude des cadres.

Par ethnographie du vivre-ensemble[1], on entend une enquête sur les différents lieux de la vie collective où la démarche descriptive détermine les phénomènes au fur et à mesure de son déroulement au lieu de les supposer déjà donnés. En effet,

> l'ethnographe, c'est là son seul avantage, n'a pas, comme les juristes, les juges, les philosophes ou les sociologues (...), à supposer le problème résolu pour ensuite l'expliquer, le commenter, le réformer, l'améliorer ou l'approfondir. Il peut donc prendre toutes les précautions nécessaires afin de saisir ce qui se passe tout en s'efforçant de ne pas le comprendre trop vite[2].

Dans une telle démarche, l'enquêteur doit veiller à se tenir au plus près des situations observées, de la manière dont les agents les vivent et les configurent, pour que le commentaire et l'extrapolation théorique naissent du mouvement même de la description et n'apparaissent pas comme des analyses importées, plaquées arbitrairement sur une réalité qu'elles viendraient défigurer. L'ethnographie assume ainsi une part d'indétermination, fixant peu à peu les contours de ses notions et de ses analyses, au cours de la saisie de « ce qui se passe ici ». Si la démarche ethnographique excède largement la méthodologie goffmanienne, s'enracinant dans une longue tradition inaugurée par les récits de voyage et poursuivie par les études anthropologiques, jusqu'à faire le pari que l'étude descriptive initialement appliquée aux groupes humains les plus éloignés possède une réelle pertinence pour appréhender les différents phénomènes de la société dont les enquêteurs sont eux-mêmes issus, il n'en demeure pas moins qu'un certain nombre d'analyses s'en réclament, lorsqu'il s'agit d'explorer

1. Nous empruntons l'expression au titre d'un remarquable volume collectif en partie d'inspiration goffmanienne : M. Berger, D. Cefaï et C. Gayet-Viaud (éd.), *Du civil au politique. Ethnographies du vivre ensemble*, *op. cit.* Voir notamment la conclusion de D. Cefaï, « Vers une ethnographie du politique », *op. cit.*, p. 545 *sq.*

2. B. Latour, *La fabrique du droit. Une ethnographie du Conseil d'État*, Paris, La Découverte, 2002, p. 139.

ce qui émerge dans les relations en public[1], les moments ordinaires de politisation et les micro-jeux de pouvoir. Que les ethnographies d'inspiration goffmanienne n'aient pas toutes cette portée politique et que toute ethnographie du politique ne soit pas goffmanienne, loin s'en faut[2], n'empêche pas que c'est bien dans ce type d'enquête, rendu possible par la pensée de Goffman sans en être pourtant un prolongement direct, que se manifestent la fécondité du discours de l'interaction ainsi que sa capacité à dessiner un champ d'analyse et de phénomènes où les concepts s'émancipent de l'unité des œuvres.

Au sein des ethnographies du politique, il convient ainsi d'isoler, à côté des descriptions adoptant une posture praxéologique, phénoménologique ou encore ethnométhodologique, celles privilégiant une perspective naturaliste sur les situations où il s'agit d'observer l'accomplissement des activités *in situ*, en étant attentif au positionnement des corps, aux rituels mis en place pour qu'ils puissent ou non s'accorder, à la manière dont ils se présentent et se mettent en scène, etc. Une telle approche prend au pied de la lettre le désengagement politique avoué par Goffman, pour considérer qu'il faut enrichir sa compréhension de la situation en posant qu'elle « n'est pas toute dans l'ici et maintenant de la coprésence mais (qu') (...) elle condense en elle des chaînes de causes dont elle est la conséquence provisoire et se déploie déjà vers d'autres conséquences »[3], autrement dit qu'il est possible d'interroger ce qui l'excède à partir d'elle, pour autant qu'il lui soit corrélé. Mais en vérité, cette précision méconnaît l'effort du sociologue pour prendre en compte la manière dont l'ordre macro est sélectionné par le niveau interactionnel et penser le déroulement de l'action comme un symptôme ou encore une métonymie de hiérarchies sociales qu'il exprimerait à son niveau propre de réalité. Cet amendement ne fait, en réalité, que prolonger le geste goffmanien. Il s'agit donc moins d'une correction que d'une amplification attentive aux structures sociales

1. Pour la France, voir les travaux d'Isaac Joseph qui ont contribué à populariser la démarche goffmanienne auprès d'un certain nombre de sociologues, notamment dans le cadre de l'enquête sur les espaces publics et leur accessibilité, sur les activités quotidiennes et les relations de service. Le livre publié sous la direction de D. Cefaï et C. Saturno, *Itinéraires d'un pragmatiste. Autour d'Isaac Joseph*, Paris, Economica, 2007, dresse un panorama de cet héritage.

2. Voir L. Joseph, M. Mahler et J. Auyero (eds.), *New Perspectives in Political Ethnography*, New York, Springer, 2007 et E. Schatz (ed.), *Political Ethnography : What Immersion Contributes to the Study of Power*, Chicago, Chicago of University Press, 2009.

3. D. Cefaï, « Vers une ethnographie du politique », *in* M. Berger, D. Cefaï et C. Gayet-Viaud (éd.), *Du civil au politique. Ethnographies du vivre-ensemble*, *op. cit.*, p. 548.

et historiques se cristallisant dans les situations, sur lesquelles Goffman ne focalisait pas son analyse.

De telles ethnographies s'emploieront à saisir le politique là où on ne l'attend pas, en montrant, par exemple, que des relations qui semblent aller de soi expriment en vérité une asymétrie et peuvent éventuellement basculer dans un ordre politique explicite, lorsque cette dernière devient pleinement consciente et objet de contestation, ou encore que différents rituels mineurs, certaines civilités tièdes peuvent repriser un lien social qui s'effiloche et jouent, à ce titre, un rôle éminemment démocratique. L'ambiguïté de la dimension essentiellement politique de la dépendance entre les hommes dont parlait Hume dans l'introduction au *Traité de la nature humaine*, oscillant entre hiérarchie et solidarité, se voit prise en charge *in situ*. Dans de telles enquêtes, la dimension écologique, si souvent oubliée dans les différentes approches du politique, s'avère décisive. Comment l'aménagement spatial de la scène contribue-t-il à renforcer ou à inverser des rapports de force en invitant les corps à prendre place d'une certaine manière dans la situation ? Comment ces corps se positionnent-ils les uns par rapport aux autres ? Les enquêteurs prêteront ainsi une attention minutieuse à des détails souvent négligées, dans lesquels le diable vient pourtant se nicher, comme chacun sait. Dans les assemblées de démocratie participative, la rencontre entre élus, spécialistes et simples citoyens possède-t-elle les caractéristiques du rassemblement centré décrit dans *Comment se conduire dans les lieux publics*[1], garant d'une authentique interaction en face-à-face, ou s'inscrit-elle dans un ordre spatial hiérarchisant où les représentants de l'autorité sont sur le devant de la scène dans une disposition nullement réciproque[2] ? Dans les relations de service, quelle distance physique adopter entre prestataire et bénéficiaire ? Comment créer une relation égalitaire entre eux, question particulièrement délicate dans le cadre de l'aide d'urgence où la relation de service tend parfois à devenir relation de socialité en réintégrant dans l'ordre de l'interaction ceux qui en sont exclus : comment aller vers, sans imposer ni s'imposer[3] ? Autant de questions qui émergent au cours de la description

1. Voir E. Goffman, *Comment se conduire dans les lieux publics*, *op. cit.*, p. 83 *sq.*

2. Voir les analyses de Mathieu Berger sur les assemblées d'urbanisme participatif à Bruxelles, « Micro-écologie de la résistance », *in* D. Cefaï, M. Berger et C. Gayet-Viaud (éd.), *Du civil au politique*, *op. cit.*, p. 122-129.

3. Voir l'importance accordée aux gestes de tact des « maraudeurs » du Samu social vis-à-vis des personnes sans domicile dans l'enquête de É. Gardella et E. Le Mener, « On n'est pas là pour sauver le monde ! La maraude d'urgence sociale à la lumière du refus d'hébergement » (*ibid.*, p. 85-94).

patiente et engagée des situations analysées et qui convoquent les notions satellites du discours de l'interaction : le face-à-face, l'asymétrie, les rituels, les cadres, l'engagement, l'interprétation, la modalisation, etc. Elles révèlent la manière dont le civil est déjà du politique en montrant que l'au-delà de l'interaction ne constitue jamais son autre radical. La distinction entre deux strates consistantes du monde social ne doit pas empêcher de prendre en compte l'articulation du niveau micro avec le niveau macro : le premier modalise sa syntaxe en fonction des normes du second et peut les remettre en cause à partir du potentiel éminemment politique de la réciprocité du *face-work*. Le discours de l'interaction dessine ainsi une approche microécologique du politique, attentive à la distribution spatiale des corps et à la manière dont elle exprime des relations de pouvoir, saisies ici par capillarité, dans le grain et la chair même des individus.

Sa fécondité se mesure également dans un autre type d'analyse se réclamant de sa méthode et de ses concepts : l'analyse de l'action collective et des mouvements sociaux[1]. Longtemps dominée par le paradigme de la mobilisation des ressources, élaboré par Anthony Oberschall, Mayer N. Zald et John D. McCarthy[2], elle a pu adopter, notamment à la suite de David Snow et Robert D. Benford au début des années quatre-vingt, une *frame perspective*, attentive au « travail de la signification » des militants et des participants aux mouvements sociaux, approche forgée à partir d'une certaine lecture des *Cadres de l'expérience* de Goffman.

> Il est apparu que le concept de *frame* pouvait être étendu à l'étude des mouvements sociaux et qu'il offrait une prise conceptuelle sur les processus d'alignement et sur les aspects signifiants, discursifs des interactions, à la fois à l'intérieur des mouvements et entre les mouvements et d'autres acteurs organisés (adversaires, élites, publics, contre-mouvements) et à l'intérieur du champ dans lequel ils s'affrontent[3].

Ce type d'analyse se saisit des provinces de l'attention, de la communication et de l'interprétation, si importantes dans le territoire de l'interaction, pour envisager les actions militantes comme des propositions de

1. Voir la « Présentation » de D. Cefaï et D. Trom (éd.), *Les formes de l'action collective*, Paris, éditions de l'EHESS, 2001, p. 7 *sq*.

2. La théorie de la mobilisation des ressources repose sur une anthropologie utilitariste identifiant les acteurs des mouvements sociaux à des *homines economici* : comment conquièrent-ils un marché de causes à défendre, mobilisent-ils les ressources disponibles, déploient-ils leurs stratégies, etc. ? Elle évince totalement les raisons de militer.

3. D. Snow, « Analyses de cadres et mouvements sociaux », *Les formes de l'action collective*, *op. cit.*, p. 33.

significations différentes de celles habituellement conférées à une situation, en mettant en évidence le caractère arbitraire du cadrage consacré. Ainsi la *frame perspective* de l'analyse des mouvements sociaux fait-elle de la question « Que se passe-t-il ici ? », véritable cœur de l'introduction des *Cadres de l'expérience*, le levier de sa perspective : les différentes mobilisations collectives, qu'elles soient structurées ou non par des associations, vont être analysées à partir du sens que ses acteurs vont attribuer à un événement et de la manière dont ils le transmettent pour mobiliser et démobiliser. Par là même, elle réactive la perspective communicationnelle immanente au discours de l'interaction et à ses archives : les relations intersubjectives, que ce soit à l'intérieur des mouvements étudiés mais aussi entre ces derniers et d'autres acteurs, sont significatives ; comprenant une sémantique et une syntaxe, elles interpellent et exigent une réponse.

Si, selon Snow, cette sociologie de l'action collective minore ce qu'il appelle l'orientation structuraliste de l'œuvre goffmanienne, à savoir la mise en évidence du caractère institutionnel et toujours déjà là des cadres, pour accentuer son approche « interprétativiste » ou encore « constructionniste », il n'en demeure pas moins que « les cadres de l'action collective, comme les processus dont ils procèdent, sont insérés dans un contexte culturel plus large » et « fonctionnent de manière analogue à un code linguistique »[1]. Autrement dit, cette approche se présente, en réalité, comme un prolongement de ce que nous avons appelé l'analyse de l'interaction subversive : loin d'inventer *ex nihilo* un nouveau cadrage, les suffragettes, les militants des droits civils et autres aliénés de l'asile ne font que proposer une interprétation virtuellement disponible de la situation, faisant fond sur la syntaxe essentiellement réciproque de l'interaction, pour sélectionner un couplage micro-macro interdit de manière arbitraire à certaines catégories de personnes. Il s'agit moins d'une construction de cadre que du choix d'un cadre inattendu, mais néanmoins rendu possible par la situation dans laquelle on se trouve, sitôt que l'on prête attention à certaines de ses caractéristiques et que l'on en oblitère d'autres, en les considérant comme non signifiantes. Le changement de cadrage résulte d'un changement de perspective sur une situation donnée. Bien que l'on puisse reprocher à cette branche de la sociologie de l'action collective son approche trop stratégique et psychologique du « travail de signification », en comprenant l'attention plus comme un état psychologique que comme

1. *Ibid*, p. 35.

un régime d'action[1] – perspective pourtant défendue par Goffman –, et de négliger la dimension écologique de la situation[2], le discours de l'interaction continue cependant de sourdre en elle. En effet, elle contribue à répondre à la question de la possibilité du changement des mœurs et des institutions dans une société normée.

Dans une perspective archéologique, l'hybridation du discours de l'interaction avec d'autres perspectives, comme l'approche dialogique de Mikhaïl Bakhtine[3] ou l'analyse culturelle[4] et ses inflexions, voire ses affadissements, doivent moins apparaître comme des infidélités à la lettre du texte goffmanien qu'il excède aussi bien dans ses archives que dans ses prolongements, que comme la marque de son unité paradoxale. Cette dernière n'est pas tant assurée par la permanence d'un objet que par un jeu réglé de différences et de dispersions, de relations et d'écarts, dont les cadres de justice et d'injustice, de droits civiques ou de retour à la démocratie mobilisés par la *frame perspective* sur les dynamiques de mobilisation, apparaissent comme un moment méthodologique.

*La République des personnes*

Dans la reconfiguration de la sphère politico-morale qu'il opère, le discours de l'interaction invite à interroger notre condition urbaine. En effet, la constitution de l'interaction en concept scientifique opératoire suppose d'isoler au sein des phénomènes du monde humain un certain type de lien social dont les relations dans l'espace public apparaissent comme emblématiques. Les différentes archives traversées s'intéressent toutes à leur manière à la sociabilité, cet art d'être ensemble sans avoir aucun intérêt à l'être, qu'elles nomment bonnes manières[5], contagion sans contact[6] ou encore processus de communication[7]. Chacune met l'accent sur ce qui se passe entre des inconnus ou des anonymes appelés à se côtoyer dans un salon, une rue, ou un transport en commun, alors qu'ils ignorent tout l'un de

1. Voir D. Cefaï, « Les cadres de l'action collective. Définitions et problèmes », *Les formes de l'action collective*, *op. cit.*, p. 51 *sq.*

2. Voir D. Trom, « Grammaire de la mobilisation et vocabulaire des motifs », *Les formes de l'action collective*, *op. cit.*, p. 100.

3. Voir M. W. Steinberg, « Tilting the frame : considerations on collective framing from a discursive turn », *Theory and Society*, vol. 27, 1998, p. 845-872.

4. Voir R. D. Benford et D. Snow, « Framing Processes and social movements : an overview and assessment », *Annual Review of Sociology*, vol. 26, 2000, p. 611-639.

5. Voir D. Hume, *Enquête sur les principes de la morale*, *op. cit.*, VIII, 1, p. 121.

6. Voir G. Tarde, *L'opinion et la foule*, *op. cit.*, p. 10 *sq.*

7. Voir G. H. Mead, *L'esprit, le soi et la société*, *op. cit.*, p. 68 *sq.*

l'autre et que rien ne les réunit, sinon le fait de se trouver dans la même situation, de prendre place dans le même cadre. Le discours de l'interaction se présente comme un discours des relations urbaines, de ces échanges anonymes et impersonnels où la communication normée engendre des communautés éphémères de situation, des fragiles univers de sens partagés par des individus ne possédant pourtant pas les mêmes références, dont les enjeux politiques apparaissent manifestes. Ils autorisent à transcender des clivages pour créer quelque chose de commun. Ainsi l'interactionnisme permet-il d'élaborer une véritable culture de la ville, où l'urbanité, précisément, ne désigne pas simplement de manière descriptive ce qui est lié à cette entité spatiale mais fait signe vers une manière d'être et des valeurs dépassant les cultures particulières des différents habitants de la cité et leur donnant les moyens de vivre ensemble. Le discours de l'interaction dessine alors les contours d'une ville que l'on peut qualifier à la suite du sociologue Isaac Joseph de « déconcertante »[1] et « sans qualités »[2], mais aussi, et peut-être surtout, de potentiellement démocratique. « Déconcertante », en effet, dans la mesure où l'interprétation des situations et des différentes scènes traversées n'est jamais, comme nous l'avons vu, automatique et mécanique, mais toujours affaire de tact et de doigté. L'agencement des corps et leur mise en scène, l'ordre de la présence et de la coprésence ne vont pas de soi mais constituent un processus précaire où les messages échangés risquent toujours de se brouiller, dont l'équilibre fragile repose sur de subtils rouages d'ajustement qui suscitent l'admiration et l'étonnement lorsqu'on prend la peine de les regarder. « Sans qualités » également, puisque la syntaxe fondamentalement réciproque du *face-work* ne préjuge pas du statut des gens appelés à nouer des interactions mais invite chacun à y prendre place quel qu'il soit. « Potentiellement démocratique » en outre, dans la mesure où l'égalité se manifeste, s'incarne et se réalise dans les processus de reconnaissance des interactants en situation.

S'il appartient à Goffman d'avoir exploré sans relâche dans son œuvre les relations en public, en faisant de la ville un véritable laboratoire pour comprendre la manière dont les hommes peuvent communiquer entre eux, le discours de l'interaction ouvre la voie à une micro-politique de l'urbain[3]

1. Voir I. Joseph, « La ville déconcertante », *Pouvoirs locaux*, I, 1989, p. 99-103.

2. Voir I. Joseph, *La ville sans qualités*, La Tour d'Aigues, Éditions de l'Aube, 1998.

3. Voir notamment les travaux d'Isaac Joseph et des différents membres de l'Association de recherches, d'interventions et d'études sociologiques et ethnologiques. Pour une

débordant la pensée du sociologue, où les espaces publics apparaissent non seulement comme des lieux stratégiques pour penser les modalités d'un vivre-ensemble entre gens venant de différents horizons et instituer une république au sens littéral du terme, mais aussi des scènes où l'individu peut devenir une personne en revalorisant sa face profanée. Dans ces espaces, le moral vient alors s'articuler au politique.

### *L'espace et l'équipement publics comme biens communs*

Puisque la ville apparaît comme le lieu où se déploie la syntaxe du *face-work* dans sa forme la plus pure, le discours de l'interaction peut faire entrer, dans la carte notionnelle qu'il structure, un nouveau territoire, celui de l'espace public, en insistant sur son caractère concret et physique. Alors que Jürgen Habermas intitule sa thèse de doctorat en 1961, *Strukturwandel der Öffentlichkeit* (littéralement *Le changement de structure de la sphère publique*, titre qui sera traduit en français en 1978 par *L'espace public*) en mettant ainsi l'accent avant tout sur l'opinion publique et en s'intéressant seulement, dans un second temps, aux lieux où elle se cristallise (salons, clubs, cafés, sociétés savantes, etc.), le discours de l'interaction spatialise résolument la notion puisque Goffman accole l'adjectif de public à celui de *places* dans le titre anglais de son ouvrage de 1963, *Comment se conduire dans les lieux publics*. Que signifie cet accent mis sur le premier terme de l'expression « espace public », qui fait toute l'originalité du discours de l'interaction ?

Descendant dans la rue, empruntant les transports en commun et fréquentant les lieux de service public, ce discours a peu à peu quitté la sphère feutrée des salons des Lumières où règne l'art de la conversation selon la perspective humienne, pour prendre la dite conversation au sérieux lorsqu'elle s'exerce entre des gestes, selon la perspective pragmatiste. En effet, bien que la sympathie humienne repose sur un échange de signes corporels, c'est pourtant essentiellement dans le cadre de l'échange verbal que le philosophe étudie les mécanismes de régulation entre inconnus[1], ce qui le conduit à privilégier le langage au corps et à passer sous silence l'importance de son inscription spatiale. Mais la dépsychologisation de la communication opérée par le pragmatisme conduit précisément le discours de l'interaction à se préoccuper du positionnement physique et

présentation de cette perspective de recherche, voir la préface de D. Cefaï, *in* I. Joseph, *L'athlète moral et l'enquêteur modeste*, Paris, Economica, 2007, p. 1-47.

1. Voir D. Hume, *Traité de la nature humaine*, *op. cit.*, III, 3, 1, 16, p. 204 *sq*.

des ajustements qui peuvent s'opérer entre personnes ne se parlant pas nécessairement, ce qui déplace son analyse sur un nouveau terrain : la sphère de la coprésence charnelle qu'est l'espace public. Ainsi le fait-il entrer dans le champ scientifique en ne l'appréhendant pas comme une « sphère publique bourgeoise », selon la perspective philosophique de Habermas, mais comme une étendue physique pourvue de prises et de dispositifs dans lesquels sont enchâssées un certain nombre de normes d'usage interpellant les usagers et exigeant de leur part une réponse déterminée.

Est-ce à dire que la dimension politique soit absente de ce propos et que l'espace public intervienne seulement dans l'analyse comme le cadre mettant en forme les actions des individus qui le traversent ? Nullement. En effet, ce qu'esquisse l'œuvre de Goffman et que continuent à dessiner les différentes ethnographies de l'espace public se réclamant de ses concepts et de ses méthodes – et participant, à ce titre, de plein droit à ce discours de l'interaction dont nous nous efforçons de retracer les conditions de possibilité et les effets dans le champ scientifique –, c'est le potentiel démocratique de ce cadre. L'espace public se révèle le lieu où peuvent se réaliser les processus d'égalisation sous-tendus par la syntaxe du *face-work* qui structure l'ordre de l'interaction. Ne préjugeant pas des règles macrosociales auxquelles elle peut se corréler, elle possède le pouvoir de les suspendre un temps, voire de les contester, dans la mesure où elle est suffisamment normative pour organiser par elle-même les rencontres dans un jeu d'échanges réciproques de la face. Loin d'empêcher la consistance du lien, le caractère éphémère et superficiel des relations instaurées au sein de l'espace public permet de mettre en rapport des gens n'ayant rien en commun sinon cet espace, et d'instituer une relation sur cette base. L'espace public peut ainsi éviter la fragmentation de la ville en une mosaïque de territoires cloisonnés, en devenant un lieu commun, partagé et partageable, permettant à chacun de s'affranchir d'un certain nombre d'identités collectives pour autant qu'on le fréquente comme simple usager amené à en côtoyer d'autres. Lorsqu'il se fait plaque tournante entre différents territoires identitaires, il parvient à instaurer des effets de réseau qui peuvent combler les brèches d'un tissu urbain de plus en plus morcelé par des blocs homogènes d'un point de vue fonctionnel, social ou ethnique, mais hétérogènes entre eux. Ainsi possède-t-il un potentiel de désenclavement, introduisant continuité et réciprocité, sitôt que son aménagement permet de nouer d'authentiques interactions en face-à-face, ce qui suppose son accessibilité physique, sociale et culturelle, et donc son hospitalité pour tous, garantissant une pluralité d'usages. Il n'assure donc pas simplement un lien entre différents quartiers ou zones urbaines, mais aussi et surtout entre différents individus, en mettant entre parenthèses leurs biographies pour révéler une pratique qui leur est commune : leur usage d'un lieu, créant un destin partagé. Usagers sans qualité mais non déqualifiés, jouissant dans le même temps d'un droit à l'indifférence et d'une reconnaissance de leur capacité à user des équipements proposés. Dans ces conditions, le discours de l'interaction conduit à envisager l'espace public comme une véritable *res publica*, au sens où non seulement il doit potentiellement appartenir à tous pour autant que chaque usager puisse y accéder et désire y séjourner, mais aussi où il constitue un véritable bien pour la collectivité puisqu'il assure son unité. Il politise littéralement les caractéristiques physiques de l'espace public et de son équipement en révélant leur rôle dans l'institution du vivre-ensemble, de telle sorte que ce dernier apparaît comme un véritable « espace-providence » dont il convient de prendre soin, en possédant la conscience vive tant de sa fragilité que de son pouvoir.

Le discours de l'interaction possède, à ce titre, une portée opératoire puisqu'il permet de déterminer des modalités d'aménagement. Il interpelle les concepteurs de l'espace public, urbanistes et architectes [1], en les incitant à matérialiser son hospitalité pour tout un chacun, dans la mesure où elle n'est pas seulement gage de mieux-être individuel mais aussi de bien-vivre collectif au sens aristotélicien. Ces professionnels sont priés de veiller, dans le même temps, à son accessibilité et à sa générosité pour qu'il puisse offrir des usages à tout le monde. Il s'agit de réaliser un espace dans lequel l'on ne puisse pas simplement circuler mais aussi séjourner pour que les interactions en face-à-face soient le plus riches possible et que le potentiel démocratique puisse pleinement s'actualiser.

Ne se contentant pas de révéler le caractère politique de l'écologie urbaine, l'interactionnisme interpelle donc également *in fine* les décideurs publics et invite à penser, comme outil de l'action publique, une véritable « mission des services urbains » qui « consiste concrètement à réactiver la rhétorique de l'intérêt général (...), à créer de l'espace public à partir de la relation de service entre agents et usagers, c'est-à-dire à développer le droit à la ville à partir des prestations ordinaires, de leur continuité et de leur régularité, à renforcer la coordination entre différents services et la

1. Voir L.-P. Grosbois, *Handicap et construction*, Paris, Le Moniteur, 1996 et I. Joseph (éd.), *Prendre place. Espaces publics et culture dramatique*, Colloque de Cerisy, Paris, Plan Urbain, 1995.

concertation entre prestataires et usagers »[1]. Ainsi pensé, l'espace public deviendra un véritable lieu de services publics.

### *Devenir une personne*

Si les espaces publics possèdent une incontestable portée politique, ils jouent également un rôle moral fondamental, en permettant aux individus qui en usent de devenir des personnes, dans la mesure où ils sauvent leur face et accèdent à la reconnaissance d'autrui. L'interactionnisme déplace donc la compréhension aristotélicienne de l'articulation entre politique et morale en interprétant le Souverain Bien visé par la communauté politique moins comme vertu souveraine ou bonheur que comme valorisation personnelle de l'individu. Si la reconnaissance en jeu dans l'usage des équipements publics n'est pas pensée en termes d'authenticité[2] mais de « compétences sociales relatives à l'interaction »[3], il n'en demeure pas moins que la compréhension sociale et normée de la personnalité n'invalide en aucune manière son rôle vital pour l'individu, comme le rappelle de manière tragique « la mort morale » des aliénés de l'asile qui en sont précisément privés. Révélant les enjeux politiques de l'aménagement spatial dans sa matérialité la plus concrète, l'interactionnisme nous invite donc également à prendre conscience de son importance pour l'individu.

Le discours de l'interaction, depuis la philosophie de la nature humaine humienne jusqu'à l'œuvre de Goffman, en passant par la philosophie pragmatiste, n'a cessé de souligner que le *self* de l'agent ne préexiste pas aux relations intersubjectives et ne se constitue que lorsque ce dernier satisfaisant l'ordre de l'interaction parvient à établir et à conserver une face. Il est donc subordonné aux compétences de l'agent et, par là même, à la compatibilité entre ces dernières, qu'elles soient physiques ou sociales, et les exigences de la situation. Goffman fournit une lumineuse analyse de ce schisme dans *Stigmate* lorsqu'il explore la question des différentes marques d'infamie individuelles, qu'elles soient physiques (cécité, paraplégie, surdité, etc.) ou sociales (alcoolisme, homosexualité, marginalité, etc.). Il attribue l'impossibilité de certains individus à devenir des

1. I. Joseph, « Politique de la ville – Le bien commun des villes », *L'athlète moral et l'enquêteur modeste*, *op. cit.*, p. 279.

2. Voir A. Honneth, *La lutte pour la reconnaissance* (1992), trad. fr. P. Rusch, Paris, Cerf, 2000 et C. Taylor, *Multiculturalisme. Différence et démocratie* (1992), trad. fr. D. Armand, Paris, Champs/Flammarion, 1993.

3. A. Le Goff, « Identité, reconnaissance et ordre de l'interaction chez Erving Goffman », *in* D. Cefaï et L. Perreau (éd.), *Goffman et l'ordre de l'interaction*, *op. cit.*, p. 385.

personnes – entendons à sauver leur face –, moins à leur être profond qu'à un décalage entre ce qu'ils sont et ce qui est attendu, ce dont il ne faut pas s'étonner étant donnée sa compréhension de la reconnaissance subordonnée à la satisfaction des normes immanentes à une situation. Nul essentialisme, nul fatalisme mais un rapport contingent à certaines normes. Goffman rend raison, par là même, au témoignage récurrent des individus atteints dans leur intégrité physique ou sociale, se disant moins gênés par leur handicap ou leur dénuement que par le regard d'autrui, fût-il de gêne, de dégoût ou encore de compassion intrusive[1]. Dans ces conditions, l'adoption d'un « modèle social » et plus simplement médical du handicap, dont témoigne la loi du 11 février 2005 sur « L'égalité des droits et des chances, la participation et la citoyenneté handicapée », le comprenant comme une interaction défectueuse entre un organisme singulier et un environnement trop exigeant, peut être, à son tour, rattachée à ce discours dont nous faisons l'archéologie.

L'interactionnisme invite alors à penser un aménagement des situations d'interaction, de manière à pouvoir plus aisément satisfaire leurs exigences pour réduire ce décalage à l'origine du déni de personnalité[2]. Si toutes les attentes ne peuvent être modifiées, celles liées à l'écologie du lieu sont, pour leur part, aisément amendables. Le discours de l'interaction ouvre donc la voie à une réflexion sur la conception de l'espace public[3] pour que son cadre écologique normatif soit suffisamment hospitalier en offrant des prises et dispositifs qui permettent à chacun d'exercer ses capacités interactionnelles et d'intégrer ses attributs potentiellement déviants au cours d'action. L'espace public doit pour cela garantir le droit à l'indifférence à tout un chacun en son sein. Il lui faut être non seulement accessible, ce qui met en jeu la manière dont on peut le pratiquer de manière autonome quelles que soient ses dépendances physiques et sociales, mais aussi généreux dans les activités qu'il propose pour que tous puissent s'y retrouver. Dans ces conditions, l'espace public pourra permettre aux individus de se personnaliser. À ce titre, la question de son accessibilité et de son hospitalité déborde celle du simple confort d'usage pour jouer un rôle

1. Voir M. Nuss, « Un autre regard », *in* R. de Riedmatten (éd.), *Une nouvelle approche de la différence. Comment repenser le « handicap » ?*, *Cahiers médico-sociaux*, 4e trimestre 2001, p. 213-226.

2. Voir C. Bonicco-Donato, « Le handicap, miroir de la vulnérabilité de notre ordinaire », *in* M. Jouan (éd.), *Voies et voix du handicap*, Grenoble, Presses Universitaires de Grenoble, 2013, p. 21-39.

3. Voir L.-P. Grosbois, P. Sautet *et al.*, *Habiter une ville accessible. Des usages à la conception*, Paris, Ministère de l'Équipement, des Transports et du Logement, 2002.

moral essentiel pour les individus : revaloriser des faces profanées en faisant entrer, de nouveau, dans l'ordre de l'interaction ceux qui en sont parfois exclus en raison d'une incompétence qui les rend incapables de satisfaire certaines attentes sociales, seules à même de les auréoler de leur halo sacré. Le droit à la ville, cher à Henri Lefebvre [1], ne doit pas s'entendre comme une simple revendication spatiale superficielle mais comme une exigence anthropologique fondamentale.

1. H. Lefebvre, *Le droit à la ville*, Paris, Seuil, 1968.

# CONCLUSION

Se donnant pout tâche d'aborder l'interactionnisme non pas comme une discipline autonome qui surgirait *ex nihilo* dans le champ des sciences humaines, avec une épistémologie et une ontologie pour le moins baroques, mais comme un discours scientifique rendu possible par un certain nombre d'énoncés antérieurs, cette archéologie a imposé un décalage à ce que l'on entend traditionnellement en philosophie par condition de possibilité. En effet, les différentes archives exhumées ne sont pas apparues comme des fondements absolus mais comme des commencements insidieux et multiples dont les transformations internes et les recompositions s'avèrent tout aussi déterminantes que la teneur théorique intrinsèque.

Les jeux de concepts, les hybridations et les séries de choix épistémologiques des différentes régions arpentées, depuis la philosophie humienne des sentiments moraux jusqu'à la sociologie urbaine de l'école de Chicago en passant par la psychologie expérimentale, la sociologie de l'imitation et le pragmatisme, se sont articulés pour dessiner la carte d'un certain savoir. À la suite de Michel Foucault, il peut être qualifié d'« espace dans lequel le sujet peut prendre position pour parler des objets auxquels il a affaire dans son discours » ou encore de « champ de coordination et de subordination des énoncés où les concepts apparaissent, se définissent, s'appliquent et se transforment »[1]. Dans ce territoire, les relations intersubjectives peuvent être décrites et analysées sous l'angle d'une communication de symboles sociaux permettant aux individus impliqués de former un collectif. Ce savoir a franchi un seuil de scientificité et de formalisation dans les textes de Goffman où s'instaure véritablement la sociologie

1. M. Foucault, *L'archéologie du savoir*, *op. cit.*, p. 247.

interactionniste : le resserrement de l'analyse sur l'effectivité du processus situé de l'interaction oblige à développer une méthodologie et une épistémologie spécifiques pour en rendre compte. Celles-ci déploient un édifice formel inédit pouvant s'ouvrir aux ethnographies du vivre-ensemble, aux théories de l'action collective ou encore à une approche micropolitique des relations urbaines.

Le geste goffmanien, ou plus exactement devrait-on dire le seuil franchi dans ses textes par les différents discours étudiés, consiste à aller au bout de la logique de communication inaugurée par le *Traité de la nature humaine*, en analysant ce qui se joue entre les individus comme un véritable langage doté d'une sémantique – le vocabulaire de la théorie expressive du comportement – et d'une syntaxe qui structure l'interaction – le *face-work* –. Cette amplification s'accompagne d'un infléchissement important : la communication émotive et opinative envisagée par la philosophie des sentiments moraux se voit déplacée dans la sphère des attitudes et du comportement dont la signification apparaît alors externalisée, puisqu'elle se loge simplement dans la ligne de conduite en situation. En ce sens, si les analyses humiennes sur la sympathie apparaissent bien comme le texte décisif qui constitue pour l'interactionnisme son acte de naissance, il importe de bien prendre la mesure des transformations qui se sont opérées dans le jeu des différenciations immanentes aux différents énoncés qu'elles ont initiés, rendant impossible leur reprise littérale. Alors que la sympathie philosophique assure la diffusion des impressions au moyen de symboles physiques les exprimant, la relation cognitive envisagée dans « L'ordre de l'interaction » permet de partager les positionnements pertinents dans la situation, de sorte que le symbolisme du corps n'exprime que la manière dont la personne se situe par rapport à l'action. La communication se voit dépsychologisée, à fleur de peau, en raison des hybridations notionnelles, notamment de la notion humienne avec la conversation de gestes de la philosophie pragmatiste. La transformation d'un principe psychologique en principe cognitif se solde par une désindividualisation et une délocalisation des opérations mentales dans la situation. Ces écarts énonciatifs entre la sociologie interactionniste et ses territoires archéologiques doivent être abordés non seulement comme une radicalisation et un déplacement, mais aussi comme un débordement.

*Radicalisation* dans la compréhension de la normativité sociale et dans ses implications sur la subjectivité. En amplifiant la théorie de la communication déployée par ses archives pour envisager les relations intersubjectives à partir de la mise au jour d'une syntaxe, la sociologie interactionniste se donne les moyens de comprendre les règles auxquelles doivent souscrire nos comportements pour pouvoir s'accorder les uns aux autres. La normativité sociale se voit analysée au niveau de sa mise en œuvre la plus élémentaire : dans les menus ajustements de la vie quotidienne. Si le *Traité de la nature humaine* développait une théorie sociale des valeurs, il appartient à l'interactionnisme d'isoler la régulation immanente à l'ordre de l'interaction sous le nom de *face-work* et la manière dont il peut s'articuler à des contraintes relevant d'autres couches du monde social. Ce faisant, il prolonge la refonte des concepts de règle et de lien social déjà à l'œuvre dans le livre III du traité philosophique. Le premier apparaît comme un ajustement progressif dont l'infraction comprend une sanction interne et le second comme un processus spontané dont on peut décrire l'élaboration. La théorie de la constitution sociale de la subjectivité se voit par là même affinée : il ne s'agit pas simplement de renoncer à une compréhension substantielle de l'identité, en posant que le *self* s'élabore au cours d'un dialogue avec autrui permettant à l'individu de prendre conscience de lui-même à travers son regard, mais plus radicalement de poser que l'individu se personnalise et acquiert un *self* lorsqu'il se plie aux contraintes de la situation dans laquelle il se trouve, ce qui permet d'envisager la dimension sociale de la personnalité. Dans ces conditions, le moral et le social ne doivent pas simplement être pensés comme imbriqués, selon le modèle des archives précédentes : de manière plus précise, l'interactionnisme annexe la moralité, ou du moins l'une de ses dimensions, dans la sphère sociale. Loin de signifier que les règles morales n'ont qu'un caractère social arbitraire, cette prise de possession permet de dégager les enjeux véritablement moraux d'une certaine régulation sociale : obéir à la syntaxe réciproque du *face-work* permet de se voir investi d'une valeur sacrée. Envisager la personnalisation comme un fait social donne alors les moyens de déterminer empiriquement la nature du respect dû aux personnes. Il s'agit de leur laisser la possibilité de jouer un des rôles adéquats dans une situation se caractérisant par la réciprocité du traitement que chacun a le droit de revendiquer. En ce sens, les intérêts de la société et de l'individu convergent : lorsque la syntaxe réciproque et égalitaire du *face-work* peut se déployer, l'interaction se présente comme un système social ordonné où les attentes collectives sont honorées et l'individu valorisé.

*Déplacement* dans l'élaboration d'une théorie inédite de l'expérience à partir de cadres cognitivo-pratiques. En effet, le basculement de la sympathie depuis le champ de la psychologie vers celui du comportement place l'interactionnisme devant une zone d'ombre qu'il se trouve incapable d'éclairer en empruntant des concepts à ses prédécesseurs : comment rendre compte du déroulement du processus de l'interaction, alors qu'il est impossible de recourir à un mécanisme d'inférence mental et individuel qui impliquerait une subjectivité antésociale dont l'existence a été invalidée par le pragmatisme? Il ne peut résoudre cette difficulté qu'en inventant son propre appareil conceptuel. Puisque la carte du savoir dessinée par ses différents territoires archéologiques a exclu les opérations décrites par Hume dans le livre II du *Traité* en les cantonnant dans d'autres aires géographiques, il faut forger des notions inédites mais qui peuvent s'articuler avec les régions déjà découvertes, pour explorer ces terres inconnues. Ce seront les cadres, principes tout à la fois sociaux, matériels, cognitifs et pratiques. Ils organisent les situations et la manière dont nous les interprétons, inaugurant une compréhension originale de l'expérience. Loin de s'identifier à la manière dont une psychologie individuelle se rapporte au monde extérieur, que ce soit sous un mode actif ou passif, l'expérience se définit dans l'interactionnisme comme la manière dont l'organisation matérielle et sociale d'une situation constitue un dispositif d'attribution de sens pour l'individu agissant en elle. L'expérience s'aborde alors moins à partir des opérations mentales la rendant possible qu'à partir de l'environnement et de ses contraintes qui l'organisent. Si l'interactionnisme accorde une place décisive à une certaine relation cognitive, celle-ci s'entend comme une intelligence du dehors au dehors : elle se manifeste et se maintient dans un foyer externe et commun d'attention éclairant la situation.

*Débordement* dans la résolution apportée à un problème absent des archives précédentes. En effet, la conceptualisation inédite de l'expérience conduit l'interactionnisme à embrasser et résoudre la question de la possibilité du changement social envisagé à un certain niveau, malgré l'existence de règles. Puisque la communication à l'œuvre dans l'interaction se voit assurée par l'instauration d'un foyer commun d'attention entre les participants, des déplacements de signification peuvent s'introduire lors de la remise en cause d'une organisation arbitraire de la situation dans laquelle on se trouve. L'interprétation subversive ou interprétation de combat montre que la préséance des places n'appartient pas de manière intrinsèque à l'ordre de l'interaction : alors que le *face-work* organise de manière égalitaire et réciproque les situations d'interaction, cet ordre microsocial peut être corrélé à des règles macrosociales de statut institutionnel qui vont demander à être prises en compte dans les manières pertinentes de sauver la face. Or il est possible de contester cet engrenage d'un niveau dans l'autre en faisant valoir la cohérence de l'organisation strictement situationnelle de l'expérience, ce qui conduit à discuter et ébranler de manière plus profonde le niveau supérieur. L'ordre de l'interaction constitue, dans ces conditions, un levier de changement social. Donnant à lire au sociologue la manière dont les hiérarchies s'éprouvent en situation, il forme également pour le militant un outil stratégique. L'interactionnisme enrichit par là même l'articulation entre le moral et le social en lui adjoignant un versant politique : dans les relations ordinaires se déploient des jeux de pouvoir où l'égalité et l'inégalité apparaissent moins comme des notions juridiques que comme des expériences vécues dans la chair la plus intime des individus et la manière dont leurs corps se positionnent les uns par rapport aux autres. Sur le potentiel moral de l'ordre de l'interaction, lorsque sa syntaxe se déploie dans sa forme la plus pure comme réciprocité valorisant et sacralisant les individus en présence, se greffe donc un enjeu démocratique. S'il faut garder la notion de Souverain Bien, c'est à condition de comprendre que la finalité de la communauté politique – qu'il ne faut pas distinguer de la communauté sociale – coïncide avec la valorisation de l'individu comme personne. La capacité à communiquer avec l'autre, à échanger des significations et à partager des comportements n'est ni simplement sociale ni simplement morale mais relève aussi de relations de pouvoir.

Cette enquête débutait en soulignant l'importance de la communication au cœur du savoir dessiné par les différentes sources de l'interactionnisme et sa différence avec le paradigme de Habermas. Elle s'achèvera tout naturellement sur le nouveau territoire qu'il invite à explorer : l'espace public, entendu non comme la sphère abstraite et dialogique de discussion que le philosophe allemand a magistralement analysée mais comme la scène physique où nous nouons des relations les uns avec les autres. Moins le lieu de l'opinion publique que la place des relations en public. L'interactionnisme incite de la sorte à se pencher sur l'aménagement des espaces publics dans leur matérialité la plus brute et sur les usages qui s'y déploient dans leur séquentialité strictement comportementale, pour dégager les enjeux sociaux, politiques et moraux qui s'y logent. Lieu d'articulation mais aussi de dispersion, l'œuvre goffmanienne ouvre de nouvelles contrées dont d'autres analyses commencent à se saisir mais qui demandent à être parcourues non seulement par les chercheurs mais aussi les praticiens de l'espace. En ce sens, notre archéologie de l'interaction ne se donne pas seulement une visée rétrospective de compréhension des conditions d'instauration d'une science mais aussi une visée prospective de compréhension des conditions de délimitations de nouveaux objets et de nouvelles méthodes dans le champ de l'expérience. En outre, prenant acte de l'articulation mise au jour par Foucault entre savoirs et pratiques, elle possède également une visée opérationnelle : accorder de l'importance à la dimension spatiale de l'espace public peut initier une nouvelle manière de penser et de mettre en œuvre sa construction. Ainsi invite-t-elle le théoricien comme le praticien à concevoir autrement cet espace.

# BIBLIOGRAPHIE

ARENDT H., *La condition de l'homme moderne* (1958), trad. fr. G. Fradier, Paris, Pocket, 1994.

ARISTOTE, *Éthique à Nicomaque*, trad. fr. J. Tricot, Paris, Vrin, 1997.

BAIN A., *Les émotions et la volonté* (1859), trad. fr. P.-L. Le Monnier, Paris, L'Harmattan, 2006.

BALGUY J., *The Foundation of Moral Goodness* (1728-1729), New York, Garland Press, 1976.

BATESON G., « Une théorie du jeu et du fantasme », *Vers une écologie de l'esprit* (1972), trad. fr. F. Drosso, L. Lot et E. Simion, Paris, Seuil, 1977, vol. 1, p. 209-224.

BENFORD R. D. et SNOW D., « Framing Processes and social movements : on overview and assessment », *Annual Review of Sociology*, vol. 26, 2000, p. 611-639.

BERGER M., « Micro-écologie de la résistance », *in* D. Cefaï, M. Berger et C. Gayet-Viaud (éd.), *Du civil au politique*, Bruxelles, Peter Lang, 2011, p. 122-129.

— et GAYET-VIAUX C., « Du politique comme chose au politique comme activité », *in* D. Cefaï, M. Berger et C. Gayet-Viaud (éd.), *Du civil au politique*, Bruxelles, Peter Lang, 2011, p. 9-24.

BERGSON H., « Préface aux *Pages choisies de Gabriel Tarde* » (1909), *Mélanges*, Paris, P.U.F., 1972, p. 812.

– « Discours sur Gabriel Tarde » (1909), *Mélanges*, Paris, P.U.F., 1972, p. 799-801.

BLONDEL C., *Introduction à la psychologie collective*, Paris, Colin, 1928.

BLUMER H., « Social Attitudes and Nonsymbolic Interaction », *Journal of Educational Sociology*, vol. 9, n° 9, 1936, p. 515-533.

BOLTANSKI L., « Erving Goffman et le temps du soupçon », *Information sur les sciences sociales*, vol. 12, n° 3, 1973, p. 127-147.

BONICCO-DONATO C., « La question des normes chez Hume ou comment la convention devient valeur », *in* B. Frydman et A. Van Waeyenberge (éd.), *Gouverner par les standards et les indicateurs – De Hume aux* rankings, Bruxelles, Bruylant, 2013, p. 279-304.

– « Le handicap, miroir de la vulnérabilité de notre ordinaire », *in* M. Jouan (éd.), *Voies et voix du handicap*, Grenoble, Presses Universitaires de Grenoble, 2013, p. 21-39.

BOURDIEU P., « À propos de la famille comme catégorie réalisée », *Actes de la recherche en science sociales*, n° 100, 1993, p. 32-36.

BROWN P. et LEVINSON S. C., *Politeness : some universals in language usage*, Cambridge, Cambridge University Press, 1987.

CEFAÏ D., « Type, typicalité, typification », *in* B. Fradin, L. Quéré et J. Widmer (éd.), *L'enquête sur les catégories*, *Raisons pratiques*, n° 5, 1994, p. 105-128.

– « Les cadres de l'action collective. Définitions et problèmes », *in* D. Cefaï et D. Trom (éd.), *Les formes de l'action collective*, Paris, EHESS, 2001, p. 51-98.

– « Vers une ethnographie du politique », *in* M. Berger, D. Cefaï et C. Gayet-Viaud (éd.), *Du civil au politique. Ethnographies du vivre ensemble*, Bruxelles, Peter Lang, 2011, p. 545-598.

— et SATURNO C. (éd.), *Itinéraires d'un pragmatiste. Autour d'Isaac Joseph*, Paris, Economica, 2007.

CHAPOULIE J.-M., « Robert Ezra Park, la tradition de Chicago et l'étude des relations entre les races », *Sociétés contemporaines*, n° 33-34, 1999, p. 139-157.

– *La tradition sociologique de Chicago*, Paris, Seuil, 2001.

CHURCHLAND P. M., « Eliminative Materialism and the Propositional Attitudes », *Journal of Philosophy*, vol. 78, n° 2, 1981, p. 67-90.

CLARKE S., *Discourse concerning the Unchangeable Obligations of Natural Religion* (1706), in *Works*, London, 1738, fac. New York, Garland Press, 1978, vol. 2, p. 579-733.

COOLEY C. H., *Human Nature and the Social Order*, New Brunswick, Transaction Publi., 1902.

CORCUFF P., *Les nouvelles sociologies*, Paris, Nathan, 1995.

DAVY G., « Les sentiments sociaux et les sentiments moraux », *in* G. Dumas *et alii* (éd.), *Nouveau Traité de psychologie*, t. 6, Paris, Alcan, 1939, p. 153-240.

DEWEY J., « The Reflex Arc Concept in Psychology » (1896), *The Early Works, 1882-1898*, vol. 5, Carbondale, Southern Illinois University Press, 1972, p. 96-109.

– *Ethics* (1908), *The Middle Works, 1899-1924*, vol. 5, Carbondale, Southern Illinois University Press, 1977.

– « The Logic of Judgments of Practice » (1915), *The Middle Works, 1899-1924*, vol. 8, Carbondale, Southern Illinois University Press, 1979, p. 236-271.

– « Foreword to *Human Nature and Conduct* » (1930), *The Middle Works, 1899-1924*, vol. 14, Carbondale, Southern Illinois University Press, 1983, p. 228-230.

– *Theory of the Moral Life* (1932), New York, Irvington Publishers, Inc., 1980.

– *L'art comme expérience* (1934), trad. fr. coordonnée par J.-P. Cometti, Paris, Folio, 2010.

– « Creative Democraty – The Task Before Us » (1939), *The Later Works, 1925-1953*, vol. 14, Carbondale, Southern Illinois University Press, 1988, p. 224-230.

– « Experience, Knowldege and Value : A Rejoinder » (1939), *The Later Works, 1925-1953*, vol. 14, Carbondale, Southern Illinois University Press, 1988, p. 3-90.

— et BENTLEY A. F., *Knowing and the Known*, Boston, Beacon Press, 1949.

DIDEROT et D'ALEMBERT (éd.), *Encyclopédie*, Paris, Briasson, David, Le Breton, Durand, 1751-1772.

DOS PASSOS J., *Manhattan Transfer* (1925), trad. fr. M.-E. Coindreau, Paris, Gallimard, 2001.

– *42e Parallèle* (1930), trad. fr. N. Guterman, Paris, Gallimard, 2002.

DUMAS G. (dir.), *Traité de psychologie*, Paris, Alcan, 1923-1924.

– *La vie affective : physiologie, psychologie, socialisation*, Paris, P.U.F., 1948.

DURKHEIM É., *De la division du travail social* (1893), Paris, P.U.F., 1986.

– *Les formes élémentaires de la vie religieuse* (1912), Paris, P.U.F., 1960.

– *Sociologie et Philosophie*, Paris, P.U.F., 1924.

ÉPICTÈTE, *Entretiens*, trad. fr. R. Muller, Paris, Vrin, 2015.

FINE G. A., *A Second Chicago School ? The Development of a Postwar American Sociology*, Chicago, The University of Chicago Press, 1995.

FOUCAULT M., « Sur l'archéologie des sciences. Réponse au cercle d'épistémologie » (1968), *Dits et écrits*, t. 1, Paris, Gallimard, 2001, p. 724-759.

– *L'archéologie du savoir*, Paris, Gallimard, 1969.

GAMSON W., « Le legs de Goffman à la sociologie politique » (1985), trad. fr. D. Cefaï, *in* D. Cefaï et L. Perreau (éd.), *Goffman et l'ordre de l'interaction*, Paris, Curapp-ESS, 2012, p. 55-75.

GARDELLA É. et LE MENER E., « On n'est pas là pour sauver le monde ! La maraude d'urgence sociale à la lumière du refus d'hébergement », *in* D. Cefaï, M. Berger et C. Gayet-Viaud (éd.), *Du civil au politique*, Bruxelles, Peter Lang, 2011, p. 85-94.

GARFINKEL H., *Recherches en ethnométhodologie* (1967), trad. fr. coordonnée par M. Barthélémy et L. Quéré, Paris, P.U.F., 2007.

GIDDENS A., « Goffman as a systematical social theorist », *in* P. Drew et A. J. Wotton (eds.), *Erving Goffman : Exploring the Interaction Order*, Cambridge, Polity Press, 1988, p. 250-279.

GILBERT M., *Marcher ensemble*, trad. fr. coordonnée par A. Bouvier, Paris, P.U.F., 2003.

GOFFMAN E., « Les symboles du statut de classe » (1951), trad. fr. L. Perreau et D. Cefaï, *in* D. Cefaï et L. Perreau (éd.), *Goffman et l'ordre de l'interaction*, Paris, Curapp-ESS, 2012, p. 15-29.

– « Calmer le jobard : quelques aspects de l'adaptation à l'échec » (1952), trad. fr. P. Joseph, *in* I. Joseph *et alii*, *Le parler frais d'Erving Goffman*, Paris, Minuit, 1989, p. 277-300.

– *Communication Conduct in an Island Community. A Dissertation submitted to the Faculty of the Division of the Social Sciences in Candidacy for the Degree of Doctor of Philosophy*, University of Chicago, Department of Sociology, 1953.
– *La presentation de soi* (*La mise en scène de la vie quotidienne*, t. 1) (1959), trad. fr. A. Accardo, Paris, Minuit, 1973.
– *Asiles. Études sur la condition sociale des malades mentaux* (1961), trad. fr. L. et C. Lainé, Paris, Minuit, 1968.
– *Encounters : Two Studies in the Sociology of Interaction*, Indianapolis, Bobbs-Merril, 1961.
– *Comment se conduire dans les lieux publics ? Notes sur l'organisation sociale des rassemblements* (1963), trad. fr. D. Cefaï, Paris, Economica, 2013.
– « La situation négligée » (1964), trad. fr. Y. Winkin, *Les moments et leurs hommes*, Paris, Seuil/Minuit, 1988, p. 143-149.
– *Les rites d'interaction* (1967), trad. fr. A. Kihm, Paris, Minuit, 1974.
– *Stigmate* (1968), trad. fr. A. Kihm, Paris, Minuit, 1975.
– *Strategic Interaction*, Philadelphia, University of Pennsylvania Press, 1969.
– *Les relations en public* (*La mise en scène de la vie quotidienne*, t. 2) (1972), trad. fr. A. Kihm, Paris, Minuit, 1973.
– « Le travail de terrain » (1974), trad. fr. D. Cefaï et P. Joseph, *in* D. Cefaï et L. Perreau (éd.), *Goffman et l'ordre de l'interaction*, Paris, Curapp-ESS, 2012, p. 451-458.
– *Les cadres de l'expérience* (1974), trad. fr. I. Joseph en collaboration avec M. Dartevelle et P. Joseph, Paris, Minuit, 1991.
– *L'arrangement des sexes* (1977), trad. fr. H. Maury, Paris, La Dispute, 2002.
– *Gender Advertisements*, New York, Harper and Row, 1979.
– « Réplique à Denzin et Keller » (1981), trad. fr. L. Quéré, *in* I. Joseph *et alii*, *Le parler frais d'Erving Goffman*, Paris, Minuit, 1989, p. 277-300.
– *Façons de parler* (1981), trad. fr. A. Kihm, Paris, Minuit, 1987.
– « Program Committee Encourages Papers on Range of Methodologies », *American Sociological Association*, Footnotes, vol. 6, n° 9, 1981, p. 4.
– « L'ordre de l'interaction » (1983), trad. fr. Y. Winkin, *Les moments et leurs hommes*, Paris, Seuil/Minuit, 1988, p. 186-230.
– « Microsociologie et Histoire », *in* P. Fritsch (éd.), *Le sens de l'ordinaire*, Paris, éditions du CNRS, 1983, p. 197-202.
GOLDSCHMIDT V., *Le système stoïcien et l'idée de temps*, Paris, Vrin, 1953.
GROSBOIS L.-P., *Handicap et construction*, Paris, Le Moniteur, 1996.
— et SAUTET P. *et al.*, *Habiter une ville accessible. Des usages à la conception*, Paris, Ministère de l'Equipement, des Transports et du Logement, 2002.
HABERMAS J., *Théorie de l'agir communicationnel* (1981), trad. fr. J.-L. Schlegel, Paris, Fayard, 1987.
HAYEK F., *Studies in Philosophy, Politics and Economics*, London/Chicago, Routledge and Kegan Paul/University of Chicago Press, 1967.

HEGEL G.W.H., *Principes de la philosophie du droit* (1820), trad. fr. J.-F. Kervégan, Paris, P.U.F., 1998.

HONNETH A., *La lutte pour la reconnaissance* (1992), trad. fr. P. Rusch, Paris, Cerf, 2000.

HUGHES E., « Tarde's *Psychologie économique* : an Unknown Classic by a Forgotten Sociologist », *American Journal of Sociology*, vol. 66, n° 6, 1961, p. 553-559.

HUME D., *Œuvres philosophiques*, 5 volumes, trad. fr. J.-B. Merian et J. B. R. Robinet, J. H. Schneider, Amsterdam, 1758-1760.

– *Traité de la nature humaine* (1739-1740), livre 1 et appendice, trad. fr. P. Baranger et P. Saltel, Paris, GF-Flammarion, 1995.

– *Traité de la nature humaine*, livre 2, précédé de la *Dissertation sur les passions*, trad. fr. J.-P. Cléro, Paris, GF-Flammarion, 1991.

– *Traité de la nature humaine*, livre 3, trad. fr. P. Saltel, Paris, GF-Flammarion, 1993.

– *Enquête sur l'entendement humain* (1748), trad. fr. M. Malherbe, Paris, Vrin, 2008 ; éd. bilingue, poche, Paris, Vrin, 2016.

– *Enquête sur les principes de la morale* (1751), trad. fr. M. Malherbe, in *Essais et traités sur plusieurs sujets*, t. 4, Paris, Vrin, 2002.

– « De l'intérêt » (1752), *Essais et traités sur plusieurs sujets*, t. 2, trad. fr. M. Malherbe, Paris, Vrin, 2009, p. 75-84.

– « Du contrat primitif » (1752), *Essais et traités sur plusieurs sujets*, t. 2, Paris, Vrin, 2009, p. 209-226.

– *Histoire d'Angleterre* (1754-1761), trad. fr. J.-B.-D. Desprès, Paris, Janet et Cotelle, 10 volumes, 1819-1822.

– « L'origine du gouvernement », *Essais et traités sur plusieurs sujets* (1777), t. 1, trad. fr. M. Malherbe, Paris, Vrin, 1999, p. 97-100.

– « De la liberté civile », *Essais et traités sur plusieurs sujets*, t. 1, Paris, Vrin, 1999, p. 147-154.

– « De l'origine et du progrès des arts et des sciences », *Essais et traités sur plusieurs sujets*, t. 1, Paris, Vrin, 1999, p. 167-190.

– « Le caractère des nations », *Essais et traités sur plusieurs sujets*, t. 1, Paris, Vrin, 1999, p. 241-250.

– « De la règle du goût », *Essais et traités sur plusieurs sujets*, t. 1, Paris, Vrin, 1999, p. 265-284 ; éd. bilingue, poche, Paris, Vrin, 2010.

HYMES D. H., *Vers la compétence de communication* (1972), trad. fr. F. Mugier, Paris, Hatier, 1984.

JAMES W., *Précis de psychologie* (1892), trad. fr. N. Ferron, Paris, Les Empêcheurs de penser en rond, 2003.

– *Essais d'empirisme radical* (1912), trad. fr. G. Garreta et M. Girel, Paris, Champs-Flammarion, 2007.

JOSEPH I., « La ville déconcertante », *Pouvoirs locaux*, I, 1989, p. 99-103.

– (dir.), *Prendre place. Espaces publics et culture dramatique*, Colloque de Cerisy, Paris, Plan Urbain, 1995.

– *Erving Goffman et la microsociologie*, Paris, P.U.F., 1998.
– *La ville sans qualités*, La Tour d'Aigues, Éditions de l'Aube, 1998.
– *L'athlète moral et l'enquêteur modeste*, Paris, Économica, 2007.
— *et alii*, *Le parler frais d'Erving Goffman*, Paris, Minuit, 1989.

JOSEPH L., MAHLER M. et AUYERO J. (eds.), *New Perspectives in Political Ethnography*, New York, Springer, 2007.

JOUFFROY T., *Mélanges philosophiques*, Paris, Paulin, 1860.

KISTIAKOWSKY T., *Gesellschatf und Einzelwesen*, Berlin, Liebmann, 1899.

LATOUR B., *La fabrique du droit. Une ethnographie du Conseil d'État*, Paris, La Découverte, 2002.

LE BON G., *Psychologie des foules*, Paris, Alcan, 1905.

LE GOFF A., « Identité, reconnaissance et ordre de l'interaction chez Erving Goffman », *in* D. Cefaï et L. Perreau (éd.), *Goffman et l'ordre de l'interaction*, Paris, Curapp-ESS, 2012, p. 369-390.

LEFEBVRE H., *Le droit à la ville*, Paris, Seuil, 1968.

MALEBRANCHE N., *Traité de morale* (1684), O. C., t. 11, Paris, Vrin, 1966.

MALHERBE M., « La notion de circonstance dans la philosophie de Hume », *Hume Studies*, vol. 9, n° 2, 1983, p. 130-149.

MALINOWSKI B., *Argonauts of the Western Pacific*, Londres, Routledge, 1922.

MAUSS M., « Essai sur le don », *Sociologie et anthropologie*, Paris, P.U.F., 1950, p. 145-279.
– « Les tribus de l'Australie centrale et septentrionale » (1905), *Œuvres II*, *Représentations collectives et diversité des civilisations*, Paris, Minuit, 1969, p. 412-421.
– (en collaboration avec É. Durkheim), « Les Aranda et Loritja d'Australie centrale I » (1910), *Œuvres II*, Paris, Minuit, 1969, p. 434-439.

MEAD G. H., « The Definition of the Psychical », *Decennial Publications of the University of Chicago*, First Series, vol. 3, 1903, p. 77-102.
– *Social Psychology. Typescript of notes by G. Shelburg, from the course by Mead, Winter Quarter, 1927*, Papers [Box 3, Folder 4], Special Collections Research Center, University of Chicago Library.
– « Cooley's Contribution to American Social Thought », *American Journal of Sociology*, vol. 35, 1930, p. 693-706.
– *The Philosophy of the Present*, A. E. Murphy (ed.), La Salle, Open Court Publi., 1932.
– *L'esprit, le soi et la société* (1934), trad. fr. D. Cefaï et L. Quéré, Paris, P.U.F., 2006.
– *Movements of Thought in the Nineteenth Century*, Chicago, University of Chicago Press, 1936.
– *The Philosophy of the Act*, Chicago, University of Chicago Press, 1938.
– *On Social Psychology*, Chicago, University of Chicago Press, 1964.

MUCCHIELLI L., *Mythes et histoire des sciences humaines*, Paris, La Découverte, 2004.

NUSS M., « Un autre regard », *in* R. de Riedmatten (éd.), *Une nouvelle approche de la différence. Comment repenser le « handicap » ?*, *Cahiers médico-sociaux*, 4e trimestre 2001, p. 213-226.

OGIEN A., *Les règles de la pratique sociologique*, Paris, P.U.F., 2007.

PARK R. E., *The Crowd and the Public* (1903), Chicago and London, The Chicago of University Press, 1972.

– « The City : Suggestions for the Investigation of Human Behavior in the Urban Environment », *in* R. E. Park, E. W. Burgess, R. D. McKenzie (eds.), *The City*, Chicago, The University of Chicago Press, 1925, p. 1-46.

– « La communauté urbaine. Un modèle spatial et un ordre moral » (1926), *in* Y. Grafmeyer et I. Joseph (éd.), *L'école de Chicago* (1979), Paris, Champs-Flammarion, 2004, p. 208-209.

– « Human Nature and Collective Behavior », *The American Journal of Sociology*, vol. 32, n° 5, 1927, p. 733-741.

– « Human Migration and the Marginal Man », *American Journal of Sociology*, vol. 33, n° 6, 1928, p. 881-893, repris in *id.*, *Race and Culture*, New York, Routledge, 2005, p. 345-356.

– « Cultural Conflict and the Marginal Man », Introduction to E.V. Stonequist, *The Marginal Man*, New York, Charles Scribner's Sons, 1937, p. XIII-XVII, repris in *id.*, *Race and Culture*, New York, Routledge, 2005, p. 372-376.

— et BURGESS E. W., *Introduction to the Science of Sociology*, Chicago and London, The University of Chicago Press, 1921.

PARSONS T., *The Structure of Social Action* (1937), New York, The Free Press, 1968.

PERRY N., « The Two Cultures and the Total Institution », *British Journal of Sociology*, vol. 25, n° 3, 1974, p. 345-355.

PLATON, *La République*, trad. fr. R. Baccou, Paris, GF-Flammarion, 1966.

RADCLIFFE-BROWN A. R., « Le Tabou » (1939), *Structure et fonction dans la société primitive*, trad. fr. F. et L. Marin, Paris, Minuit, 1969.

RIBOT T., *La psychologie anglaise contemporaine*, Paris, Librairie philosophique De Ladrange, 1870.

– *La psychologie des sentiments*, Paris, Alcan, 1896.

ROUSSEAU J.-J., *Discours sur l'origine et les fondements de l'inégalité parmi les hommes* (1755), Paris, Gallimard, 1966, O. C., t. 3, p. 111-240.

ROYCE J., « Preliminary Report on Imitation », *Psychological Review*, vol. 2, n° 3, 1895, p. 217-235.

– « The place of the Self in Being » (1904), *Selected Writings* (ed. by J. E. Smith and W. Kluback), Mahwah, Paulist Press, 1988, p. 122-150.

SAPIR E., « Culture et langage », *Anthropologie*, t. 1 (1917-1938), trad. fr. C. Baudelot et P. Clinquart, Paris, Minuit, 1967.

SCHATZ E. (ed.), *Political Ethnography : What Immersion Contributes to the Study of Power*, Chicago, Chicago of University Press, 2009.

SENNETT R., « Two on the Aisle », *in* G. A. Fine et G. W. H. Smith (eds.), *Erving Goffman*, Sage Publications, « Sage masters of modern social thought », London/Thousand Oaks/New Delhi, 2000, vol. 1, p. 320-328.

SIMMEL G., « Métropoles et mentalité » (1903), *in* I. Joseph et J. Grafmeyer (éd.), *L'école de Chicago*, Paris, Champs-Flammarion, 2004, p. 61-67.

– *Sociologie* (1908), trad. fr. L. Deroche-Gurcel et S. Muller, Paris, P.U.F., 1999.

– « Digressions sur l'étranger » (1908), *in* I. Joseph et J. Grafmeyer (éd.), *L'école de Chicago*, Paris, Champs-Flammarion, 2004, p. 53-59.

– *Sociologie et épistémologie* (1917), trad. fr. L. Gasparini, Paris, P.U.F., 1981.

SMITH G. W. H., « Enacted Others : Specifying Goffman's Phenomenological Omissions and Sociological Accomplishments », *Human Studies*, vol. 28, n° 4, 2006, p. 397-415.

SIEGLER M. et OSMOND H., « Goffman's Model of Mental Illness », *British Journal of Psychiatry*, vol. 119, 1971, p. 419-424.

SNOW D. « Analyses de cadres et mouvements sociaux », *in* D. Cefaï et D. Trom (éd.), *Les formes de l'action collective*, Paris, EHESS, 2001, p. 27-50.

SOENS É., « La théorie de Hume sur la connaissance et son influence sur la philosophie anglaise », *Revue néo-scolastique*, n° 8, 1895, p. 385-401.

STEINBERG M. W., « Tilting the frame : considerations on collective framing from a discursive turn », *Theory and Society*, vol. 27, 1998, p. 845-872.

STRONG P. M., « The importance of being Erving Goffman, 1922-1982 », *in* G. A. Fine et G. W. H. Smith (eds.), *Erving Goffman*, London/Thousand Oaks/New Delhi, Sage Publications, « Sage masters of modern social thought », 2000, vol. 1, p. 38-47.

TARDE G., *Les lois de l'imitation* (1890), Paris, Les empêcheurs de penser en rond, 2001.

– *Les transformations du droit* (1891), Paris, Berg International Éditeurs, 1994.

– *Monadologie et sociologie* (1893), Paris, Les empêcheurs de penser en rond, 1999.

– *La logique sociale* (1895), Paris, Les empêcheurs de penser en rond, 1999.

– *Essais et mélanges sociologiques*, Paris, Masson, 1895.

– *L'opposition universelle* (1897), Paris, Les empêcheurs de penser en rond, 1999.

– *Études de psychologie sociale*, Paris, Giard et Brière, 1898.

– *L'opinion et la foule* (1901), Paris, P.U.F., 1989.

– « L'inter-psychologie », *Bulletin de l'Institut général psychologique*, n° 2, 1903, p. 90-118.

TAYLOR T., *Multiculturalisme. Différence et démocratie* (1992), trad. fr. D. Armand, Paris, Champs/Flammarion, 1993.

TOCQUEVILLE A. de, *De la démocratie en Amérique* (1835-1840), Paris, GF-Flammarion, 1981.

TROM D., « Grammaire de la mobilisation et vocabulaire des motifs », *in* D. Cefaï et D. Trom (éd.), *Les formes de l'action collective*, Paris, EHESS, 2001, p. 99-134.

VERHOEVEN J.C., « An Interview with Erving Goffman, 1980, *in* G.A. Fine et G.W.H. Smith (eds.), *Erving Goffman*, London/Thousand Oaks/New Delhi, Sage Publications, « Sage masters of modern social thought », 2000, vol. 3, p. 213-236.

WASZEK N., *The Scottish Enlightenment and Hegel's Account of Civil Society*, Dordrecht, Kluwer Academic Publishers, 1988.

WEBER M, *Essais sur la théorie de la science* (1904), trad. fr. J. Freund, Paris, Plon, 1965.

– *Économie et société* (1921), trad. fr. J. Freund *et alii*, vol. 1, Paris, Pocket, 1995.

WEINSTEIN R.M., « Goffman's *Asylums* and the Total Institution Model of Mental Hospitals », *Psychiatry : Interpersonal and Biological Processes*, vol. 57, n° 4, 1994, p. 348-367.

WEST C., « Une perspective féministe sur Goffman », trad. fr. C. Danino, *in* D. Cefaï et L. Perreau (éd.), *Goffman et l'ordre de l'interaction*, Paris, Curapp-ESS, 2012, p. 31-53.

WINKIN Y., « Portrait du sociologue en jeune homme », *in* E. Goffman, *Les moments et leurs hommes*, Paris, Seuil/Minuit, 1988, p. 13-92.

WIRTH L., « Urbanism as a Way of Life », *American Journal of Sociology*, vol. 44, n° 1, 1938, p. 1-24.

## TABLE DES MATIÈRES

Achevé d'imprimer par Corlet Numérique - 14110 Condé-sur-Noireau
N° d'Imprimeur : 131079 - Dépôt légal : août 2016 - *Imprimé en France*